ES REX
JVDAEO
RVM
V DICIS
ET REGNI
EJVS
NON
ERIT FI
NIS
REX
REGVM ET
DOMINVS
DOMI
NANTIVM

A. MONGE - G. ZIELLA

LA PLUS BELLE HISTOIRE
DU MONDE

ILLUSTRATIONS DE
G. DE LUCA

MÉDIASPAUL

EDITIONS PAULINES

L'original de cet album a paru aux **Edizioni Paoline** de Rome sous le titre
La più bella storia mai raccontata.

Traduction de l'italien par **Max Lionnet.**

Nihil obstat
Versailles, le 6 juin 1972
Marcel Lebailly, cens. dep.

Imprimatur
Versailles, le 12 juin 1972
A. Groz, deleg.

MÉDIASPAUL, 8 rue Madame, 75006 PARIS

ISBN 2-7122-0038-1

EDITIONS PAULINES, 3965 est, boulevard Henri-Bourassa, MONTREAL.
P. Québec, CANADA

ISBN 0-88840-460-3

Dèpôt légal 1er trimestre 1982
Bibliothèque nationale du Québec
Bibliothèque nationale du Canada

INTRODUCTION

LE LIVRE DES LIVRES

Les trois astronautes qui pour la première fois dans l'histoire du monde ont tourné sur orbite autour de la lune se sont relayés pour lire le premier chapitre d'un livre, le seul qu'ils aient emporté avec eux : la Bible. Et du silence des espaces infinis parvinrent ces paroles : « Au commencement Dieu créa le ciel et la terre. »

« Si, pendant un naufrage, il vous avait été possible de sauver un seul livre, lequel auriez-vous choisi ? » A cette question, les lecteurs d'un journal répondirent, il y a quelques années, de diverses façons. Les uns exprimaient leur préférence pour les grands écrivains du passé, les autres pour les auteurs contemporains, français et étrangers, prosateurs et poètes. Un lecteur avoua, je ne sais si c'est par plaisanterie ou sérieusement, que le seul livre qu'il aurait emporté et sauvé du naufrage aurait été « Pinocchio », tandis qu'un autre préférait « Don Quichotte ». Mais la majorité furent d'accord : le livre le plus important à emporter avec soi est la Bible, ou du moins l'Evangile.

J'imagine, jeunes lecteurs, que vous auriez, vous aussi, l'embarras du choix, si l'on vous demandait le nom de votre livre préféré. Car les pages imprimées que vous dévorez chaque jour sont nombreuses. Si chacun entassait l'un sur l'autre tous les livres qui lui passent par les mains, il finirait par dresser un gratte-ciel, car nous nous nourrissons tous de mots imprimés presque avant de manger du pain. Les livres sont des amis ; et comme les amis, il y en a de bons et de moins bons. Les vrais amis se comptent sur les doigts de la main : de même les livres vraiment bons, vous vous en apercevrez un jour. Je souhaite que celui que vous feuilletez maintenant et que, devenus grands, vous lirez entièrement, soit votre livre préféré. Les hommes n'ont jamais eu besoin d'un titre spécial pour désigner ce livre : ils l'appellent la Bible, c'est-à-dire « le Livre », pour signifier qu'il s'agit du Livre par excellence, qui dépasse tous les autres. Collection de livres, plus exactement (le grec « ta Biblia » est un pluriel), appartenant à divers genres littéraires et composés par différents auteurs. Mais livre Unique par ce qu'il dit, et par Celui qui l'a inspiré.

L'HISTOIRE DE DIEU ET DES HOMMES

Le Livre contient l'histoire d'un pacte conclu entre Dieu et un peuple destiné à préparer la voie à Jésus, le Sauveur **(Ancien Testament).** Ce dernier devait renouveler le pacte d'alliance **(Nouveau Testament)** entre la terre et le ciel.

C'est Dieu qui a raconté cette merveilleuse histoire : la Bible est le message de Dieu aux hommes. Il a inspiré Moise et les autres écrivains jusqu'aux Apôtres pour qu'ils racontent ce que nous lisons encore après des siècles. L'Eglise, dépositaire des quarante-cinq livres sacrés de l'Ancien Testament et des vingt-sept du Nouveau, garde jalousement le texte de cette longue lettre de Dieu aux hommes. Dès ses débuts, elle a composé un catalogue précis (en grec **canon**), pour que nous sachions distinguer les livres inspirés (dits « livres canoniques ») de ceux qui ne le sont pas.

En fouillant les ruines des monuments anciens, les archéologues ont trouvé les traces des grandes civilisations du passé. Il en va de même pour nous. En ouvrant cette histoire, nous découvrons les empreintes de Dieu : la route par laquelle, dans le Nouveau Testament, Jésus passera pour venir sauver les hommes, est tracée dans l'Ancien Testament.

Dieu parle aux hommes, non seulement avec les mots, mais avec les faits et les événements qui composent son message écrit dans la Bible. La Providence qui a choisi et guidé le peuple élu au milieu des adversités est la même qui préside à notre destin. Le Messie d'Israël est devenu notre Sauveur. Les chants de joie et de douleur jaillis de la cithare de David sont aujourd'hui les prières du nouveau peuple élu, l'Eglise.

LA PAROLE QUI NE PASSERA PAS

Le Livre de Dieu est toujours actuel ; il est le plus lu. Malgré l'énorme diffusion de la chose imprimée, il dépasse le tirage des livres les plus répandus. Il est impossible d'en calculer le nombre d'exemplaires, depuis le jour où Gutenberg, inventant l'imprimerie, choisit la Sainte Ecriture comme premier texte pour la nouvelle technique. Il n'est pas possible non plus de compter toutes les traductions qui, selon certains, dépassent le nombre de mille cent cinquante langues. Et que de peintres et de sculpteurs l'ont traduite en images et en statues !

A une époque où beaucoup ne savaient ni lire ni écrire, le livre était un luxe que peu de personnes pouvaient se permettre. Le peuple apprenait l'Histoire Sainte sur les fresques, sur les portails ou sur les bas-reliefs des cathédrales : la Bible des pauvres, disait-on. De nos jours, on s'emploie à la traduire en films bibliques ou à la diffuser en livraisons illustrées. Le dessinateur Jean De Luca a su la commenter ici par des illustrations originales. Le succès témoigne que, comme disait Jésus, la Parole de Dieu ne passera jamais. Et vous, jeunes lecteurs, vous devez parcourir ces pages pour bien apprendre les actions des patriarches, des prophètes, ou les épisodes émouvants qui concernent des garçons comme vous : Abel, Isaac, Joseph, Samuel, Jonathan, David, Daniel, ou bien les actions de Jésus et de ses Apôtres. Mais sachez aussi recueillir les enseignements que Dieu donne à travers ces événements, et sachez surtout voir, de la première à la dernière page, la présence de Jésus, promis depuis l'aube du monde et préfiguré dans la personne des patriarches et des prophètes. « Ignorer la Bible, c'est ignorer Jésus », a dit un grand docteur des saints Livres, saint Jérôme, qui au quatrième siècle abandonna Rome pour se fixer en Palestine, à Bethléem. Il devint extrêmement maigre, car il dérobait des heures au sommeil et aux repas pour traduire les pages saintes. Je vous souhaite de connaître et d'aimer la Bible comme cet autre saint, ce martyr d'Antioche auquel les persécuteurs avaient arraché quelques rouleaux du Livre Saint pour les jeter au feu : « Peu importe ! s'écria-t-il. Nous chrétiens, nous portons ces pages écrites dans notre cœur... » Portons donc dans notre cœur cette longue lettre que Dieu nous a écrite !

l'ancien testament

Le récit des origines du monde et de l'homme, ainsi que l'histoire des grands patriarches du peuple élu, sont contenus dans la **Genèse,** mot qui signifie « génération » : c'est le premier des cinq livres regroupés sous le nom grec de **Pentateuque,** écrit pour retracer la vocation particulière du peuple hébreu : préparer la voie au Messie.

au commencement...

LA CRÉATION

Il y a des milliards d'années, l'univers et les merveilles qu'il contient n'existaient pas, si ce n'est dans la pensée de Dieu. *Au commencement Dieu créa le ciel et la terre.* C'est par ces mots que débute la Genèse, le premier livre de la Bible, écrit par Moïse. Dieu, infiniment bon, veut communiquer la vie et il commence par la création de l'univers. La terre était encore une masse informe, enveloppée de ténèbres et recouverte par les eaux. L'Esprit de Dieu planait sur les eaux

Le premier jour le Seigneur dit : *Que la lumière soit.* Et la lumière apparut, se frayant une voie à travers l'obscurité et dissipant les ténèbres. Le Seigneur sépara alors la lumière des ténèbres ; il appela « jour » la lumière et « nuit » les ténèbres. Le deuxième jour Dieu créa le firmament, la voûte bleue du ciel.

Le troisième jour Dieu rassembla en un seul lieu les eaux tumultueuses et les appela « mer », et il fit émerger le sec qu'il appela « terre ». C'est de là que les océans et les continents, avec leur flore, tirèrent leur origine. La terre s'orna de prairies aux fleurs multicolores et couvertes d'arbres fruitiers ; des forêts s'épaissirent. De hautes frondaisons se dressèrent vers le ciel pour attester la grandeur, la magnificence du Créateur.

LES ASTRES DU CIEL

Le quatrième jour, Dieu peupla le ciel d'astres ; parmi ceux-ci, les plus importants par rapport à la terre furent le soleil et la lune. Dieu dit : *Qu'il y ait des luminaires dans le firmament du ciel pour séparer le jour de la nuit : qu'ils servent de signes, tant pour les fêtes que pour les jours et les années ; qu'ils soient des luminaires au firmament du ciel pour éclairer la terre.* Ils produiront la lumière et la chaleur ; ils sépareront le jour de la nuit. Ainsi furent posées les conditions qui permettent à la vie d'éclore et de se développer.

Le cinquième jour Dieu créa les animaux aquatiques et ceux qui peuplent les airs. Les gouffres marins fourmillèrent d'êtres vivants ; des poissons de toute espèce remplirent les profondeurs des mers, et des nuées d'oiseaux se mirent à voler. Et Dieu dit encore : *Que la terre produise des êtres vivants selon leur espèce, animaux domestiques, reptiles et bêtes sauvages.* Et quand ils furent créés, Dieu les bénit et dit : *Croissez et multipliez-vous.*

ADAM ET ÈVE

La terre était prête à recevoir le roi de la création : l'homme. Le sixième jour, le Créateur se recueillit comme dans un conseil solennel et dit : *Faisons l'homme à notre image et à notre ressemblance, pour qu'il commande aux poissons de la mer, aux oiseaux du ciel et aux animaux de la terre.* Alors Dieu prit de la boue, forma l'homme et il lui donna la vie en lui infusant une âme. Cependant Dieu ne voulut pas que l'homme fût seul et, pendant qu'Adam dormait, il forma Eve d'une de ses côtes. Le septième jour, Dieu se reposa.

2

LE PÉCHÉ ORIGINEL

Dès le commencement, Dieu avait planté un jardin de délices, le Paradis terrestre ; il y plaça Adam et Eve. Les fruits étaient produits spontanément par la terre. L'homme pouvait travailler et cultiver la terre, sans peine. Les animaux lui étaient soumis. Au milieu du jardin, il y avait deux arbres mystérieux : celui de la vie et celui de la connaissance du bien et du mal. Dieu défendit sévèrement à nos premiers parents de toucher aux fruits de ce dernier arbre : *Si vous en mangez, vous mourrez !*

La grande épreuve eut une issue malheureuse. Le rusé serpent, le démon envieux, réussit à tromper nos premiers parents en les invitant à manger le fruit défendu : *Vous ne mourrez pas ! Au contraire, vous deviendrez semblables à Dieu.* Eve ne résista pas : elle détacha le fruit de l'arbre et en mangea ; puis elle le porta à Adam, qui le goûta lui aussi. Alors Adam et Eve eurent peur et coururent se cacher. Ils se rejetèrent la faute l'un sur l'autre devant Dieu et accusèrent le serpent. Le châtiment fondit sur eux et sur leurs descendants.

Les conséquences de cette faute furent la perte de la grâce de Dieu, la condamnation au travail pénible, aux souffrances et à la mort. *Tu gagneras ton pain à la sueur de ton front,* dit Dieu à Adam ; et il dit à Eve : *Tu deviendras mère au prix de grandes souffrances.* L'ange de Dieu, une épée flamboyante à la main, les chassa du Paradis. Un dur exil sur la terre commença alors pour Adam et Eve.

LA PROMESSE

Si Dieu a puni aussi durement le péché de désobéissance, il n'a pourtant pas exclu complètement nos premiers parents et leurs descendants de la possession du Paradis. Tandis qu'Adam et Eve, honteux, s'en allaient sur le chemin de l'exil, la promesse d'un Sauveur les accompagnait. Dieu dit au serpent : *Une femme t'écrasera la tête !* C'est ainsi qu'apparut, dans une vision réconfortante, la douce image de l'Immaculée. de laquelle devait naître Jésus, le Rédempteur.

CAIN ET ABEL

Dieu donna deux fils à Adam et Eve : Caïn et Abel. Le second se consacra au métier de berger. Caïn travaillait la terre. Abel était doux de caractère. Cain, coléreux et méchant, leur causait, au contraire, bien du souci. Tous les deux offrirent en sacrifice à Dieu une partie des produits de leur travail. Mais alors que Dieu acceptait les offrandes d'Abel, il dédaigna celles de Caïn, parce qu'elles étaient médiocres. C'est pourquoi Caïn détesta Abel.

La jalousie grandit dans le cœur de Caïn jusqu'à lui donner la sinistre idée de tuer son frère. La voix de Dieu l'incita à renoncer à son vilain projet : *Si tu fais le bien, tu en seras récompensé ; mais si tu fais le mal, ton péché ne te laissera pas en paix.* En vain... Un jour, Caïn invita son frère à le suivre à la campagne, et il le tua. La terre horrifiée de ce crime fratricide reçut avec effroi pour la première fois le sang d'un innocent.

CAIN PREND LA FUITE

Nos premiers parents connurent ainsi, pour la première fois, la dure réalité de la mort dans la personne de leur fils préféré. Eve, brisée, pleura longtemps sans doute devant le corps inanimé d'Abel. Larmes sans espérance. Pendant ce temps, Caïn, marqué par l'infamie du premier homicide, tenaillé par le remords, en proie au désespoir, prenait la fuite et se croyait poursuivi à mort par le ciel et la terre.

La voix de Dieu l'invita à se repentir, mais Caïn ne l'écouta pas et continua à fuir à l'aventure : la main invisible de Dieu le poursuivait partout, et le remords le rongeait. Il eut l'idée de se défendre, lui et ses descendants, et il bâtit la première ville, à laquelle il donna le nom de son fils Hénok. La cité construite par des mains encore tachées de sang hérita de la méchanceté de son fondateur, et le péché devint la loi de ses habitants.

NOÉ

La Bible appelle ces descendants de Caïn *enfants des hommes*, par opposition avec les descendants de Seth, troisième fils d'Adam, qui sont restés pieux et appelés *fils de Dieu*. Les descendants de Caïn firent des découvertes utiles, comme celle des métaux. Mais leurs mauvaises actions attirèrent sur eux le mécontentement de Dieu. Parmi tant d'hommes méchants, il s'en trouva un seul qui soit resté bon : c'est Noé (nom qui signifie « Consolateur »). Noé avait trois fils : Sem, Cham et Japhet.

L'ARCHE

Quand la perversité des hommes fut à son comble, Dieu, comme poussé à bout, décida : *Je vais exterminer l'homme que j'ai créé.* Pourtant il donna ordre à Noé de construire une Arche, un grand bateau étanche, enduit de bitume. Noé fit tout ce que Dieu lui avait commandé et il entra dans l'Arche avec sa famille : sa femme, ses fils Sem, Cham et Japhet ainsi que ses trois belles-filles. Il embarqua aussi un couple d'animaux de chaque espèce.

LE DÉLUGE UNIVERSEL

Dieu lui-même verrouilla de l'extérieur l'unique porte de l'Arche. Puis les cataractes du ciel s'ouvrirent et des pluies diluviennes s'abattirent ; les fleuves débordèrent et les mers envahirent la terre. Les eaux montèrent tellement qu'elles dépassaient les plus hautes montagnes. Ce cataclysme sans précédent dura quarante jours et quarante nuits. Tous les êtres terrestres périrent noyés. Seule l'Arche flottait, ballottée sur les flots déchaînés.

Les eaux recouvrirent toute la surface de la terre ; elles ressemblaient à un linceul boueux, étendu pour ensevelir l'humanité. Au bout de cent cinquante jours, l'ouragan s'apaisa : les eaux s'évaporaient au souffle d'un vent chaud, la crue descendit. Spectacle affreux : des cadavres disséminés un peu partout ; pas un signe de vie. L'Arche de Noé, intacte, s'était échouée sur le sommet d'une montagne.

LA COLOMBE

Une colombe envoyée en reconnaissance par Noé revint à l'Arche avec un rameau d'olivier dans le bec : la vie recommençait à éclore sur la terre. Alors Noé sortit de l'Arche avec sa famille et, en signe de reconnaissance, sacrifia sur un autel de pierre quelques-uns de ses plus beaux animaux. Dieu agréa cet acte de dévotion et fit cette promesse au Patriache : *Tant que durera la terre, il n'y aura plus de déluge.* Dessinant une courbe dans le firmament, l'arc-en-ciel scella la promesse de Dieu.

La terre se couvrit de verdure et Noé la cultiva. Les plantes poussèrent à nouveau, les fruits réapparurent ; quelques grappes de raisin, qui pendaient aux sarments, attirèrent l'attention de Noé. Il en tira un jus piquant, au parfum enivrant ; le Patriarche, ignorant la force de l'alcool en but jusqu'à l'ivresse ; puis il s'endormit tout nu. Cham se moqua de son père, mais Sem et Japhet le recouvrirent.

SENS PROPHÉTIQUE DU DÉLUGE

Noé vécut encore de longues années. Peut-être reçut-il de Dieu la révélation prophétique de ce que symbolisait le Déluge. Peut-être vit-il en pensée une Arche gigantesque naviguer sur une mer de tempête, symbole de l'Eglise à venir, au sein de laquelle les hommes trouveraient le salut. Car l'apôtre Pierre évoque le Déluge dans sa lettre aux premiers chrétiens : *Si quelques personnes furent sauvées par l'eau c'est le baptême qui nous sauve à présent.*

LA TOUR DE BABEL

Les hommes désobéirent à l'ordre que Dieu leur avait donné de se disséminer sur toute la terre. Ils voulurent ériger une tour si haute qu'elle toucherait le firmament. Elle devait être le symbole de leur puissance et de leur union en une seule nation. Mais Dieu punit cette rébellion et ce défi sacrilège en confondant les langues des constructeurs, de sorte qu'un grand désordre s'établit parmi eux : personne ne comprenait plus ce que disait son compagnon.

ABRAHAM

Avec le temps, les hommes dispersés sur la terre oublièrent Dieu et ils s'adonnèrent à l'idolâtrie. Abraham, toutefois, descendant de Sem, de la ville de Ur des Chaldéens, adorait le vrai Dieu. Un jour Dieu appela Abraham et lui dit : *Abandonne ton pays... Va dans la région que je te montrerai.* L'obéissance à cet ordre supposait un sacrifice, mais sa foi était grande et Abraham se mit en route.

Voici Abraham quittant sa patrie et ses propriétés. Avec sa femme Sara, son neveu Lot et une escorte de bergers, gardiens de ses troupeaux, il s'achemina vers la terre que Dieu lui avait promise. La caravane allait... où donc ? Abraham n'avait pas encore un but déterminé, mais il obéissait à la volonté de Dieu. Aucune ombre d'incertitude, ni la moindre inquiétude, ni la moindre plainte ne vinrent ternir sa confiance.

LE PEUPLE ÉLU

A Sichem, en Canaan, Dieu parla à Abraham et lui dit qu'il serait le père du « peuple élu ». Celui-ci se multiplierait comme le sable de la mer et c'est de lui que naîtrait le Messie Rédempteur. Abraham, reconnaissant, offrit un sacrifice à Dieu. Cependant la bonne entente entre Abraham et son neveu Lot fut rompue par le manque de pâturages. Les bergers d'Abraham et ceux de son neveu se querellèrent ; pour conserver la paix, Abraham et Lot se séparèrent.

Abraham resta dans la terre de Canaan et Lot partit vers la vallée du Jourdain. Mais là une guerre éclatera bientôt : les rois de la vallée, battus, s'enfuirent ; certains d'entre eux tombèrent dans des puits de bitume. Lot lui-même fut fait prisonnier par les rois d'Orient. Quand Abraham l'apprit, il accourut à son aide avec un groupe de partisans armés. Il tomba sur les ennemis à l'improviste, les mit en déroute, leur reprit le butin. Lot et tous les prisonniers furent aussi délivrés.

MELCHISÉDECH

Comme Abraham revenait vainqueur dans ses terres, Melchisédech, roi de Salem (ville qui deviendrait plus tard Jérusalem), vint à sa rencontre pour le féliciter et le complimenter. Melchisédech, qui était aussi prêtre, offrit *du pain et du vin*, puis il bénit le patriache et sa famille. Abraham donna au roi et prêtre la dîme (le dixième) de tout ce qu'il possédait. L'oblation de pain et de vin offerte à Dieu par Melchisédech est une image de l'Eucharistie.

LES TROIS ANGES

Un jour, épuisé par la chaleur étouffante, Abraham était assis à l'entrée de sa tente. Soudain il vit devant lui trois voyageurs. Il alla aussitôt au-devant d'eux, leur offrit l'hospitalité et leur servit un repas. Puis il accompagna ses hôtes le long de la route qui mène à la ville de Sodome. Durant le parcours, les hôtes mystérieux se firent connaître : c'étaient des Anges ; ils confièrent à Abraham que le Seigneur avait décidé de détruire Sodome et Gomorrhe, en raison des vices de leurs habitants.

SODOME ET GOMORRHE

Avant l'exécution du terrible châtiment de Dieu, un Ange avertit Lot de s'éloigner de Sodome où il habitait avec sa femme et ses deux filles. Quand la famille de Lot eut quitté la ville, la terre trembla sur ses bases et des explosions épouvantables annoncèrent le cataclysme qui devait punir la méchanceté des habitants de Sodome. Puis une pluie de feu et de soufre tomba du ciel et détruisit hommes, bêtes et toutes choses.

En avertissant Lot et sa famille, l'Ange avait interdit à ceux qui sortiraient de la ville de se retourner. Mais la femme de Lot désobéit à l'ordre de l'Ange et se retourna pour regarder l'incendie. Elle mourut sur-le-champ et son corps devint une statue de sel, dressée au-dessus de la plaine ravagée par le feu. Au lieu où s'élevaient jadis les villes de Sodome et Gomorrhe s'étend aujourd'hui la mer Morte.

ISAAC

Dieu avait promis un fils à Abraham et, finalement, le premier vagissement de l'héritier attendu retentit sous la tente du patriarche. C'était Isaac. Immense fut la joie d'Abraham et de sa femme Sara pour ce fils né presque par miracle au déclin de leur vie... Les plus beaux animaux furent abattus et l'on festoya : tout le monde devait fêter l'heureux événement. Bien des années plus tard, Dieu allait soumettre la foi du patriache à une dure épreuve.

Il faisait nuit ; dans la tente d'Abraham tout le monde dormait. Des myriades d'étoiles scintillaient au ciel. Tout d'un coup, une voix, celle de Dieu, rompit le silence de la nuit et réveilla le père de famille : *Abraham ! Prends ton fils bien-aimé, Isaac, et va dans le pays de Moria ; sur la colline que je t'indiquerai, tu offriras l'enfant, ton fils Isaac, en sacrifice. Je suis ton Seigneur.*

VERS LE SACRIFICE

Abraham bouleversé regarda son fils Isaac endormi : pas de doute : Dieu avait parlé, il fallait obéir. Abraham réveilla l'enfant et ses serviteurs ; il mit le bât sur l'âne et le chargea de bois coupé. Il prit ensuite le couteau et le feu et, en silence, se mit en route. Chemin faisant, Isaac l'interrogea : *Père, je ne vois pas la victime que tu offriras en sacrifice. — Dieu y pourvoira mon fils,* répondit Abraham le cœur battant. Ils continuèrent leur marche, côte à côte.

LE SACRIFICE D'ABRAHAM

Après trois jours de marche, Abraham atteignit le lieu que Dieu lui avait indiqué. Le moment était venu de révéler à Isaac le redoutable secret : la victime, ce devait être lui. Son père allait le placer sur le bûcher et l'offrir en sacrifice. Sans doute Isaac embrassa-t-il son père, non sans larmes. Peut-être aussi porta-t-il son regard au loin, vers Bersabée où sa mère était restée... Mais il se laissa attacher sur le tas de bois préparé sur l'autel de pierre qu'avait élevé Abraham.

Abraham prit le couteau ; il était prêt à frapper son fils, quand tout à coup un Ange l'arrêta : *Abraham, ne touche pas à Isaac ; ne lui fais pas de mal ! Je sais maintenant que tu aimes et crains le Seigneur.* Abraham leva les yeux et vit non loin de là un bélier retenu par les cornes dans un buisson. Il le prit et l'offrit en holocauste à la place d'Isaac. Alors l'Ange l'appela de nouveau et lui dit : *Abraham, à cause de ta fidélité, le Seigneur rendra ta descendance plus nombreuse que les étoiles du ciel !*

RÉBECCA

Les années passèrent. Abraham touchait au terme de sa vie ; il pensa qu'Isaac devait fonder une famille. Le Seigneur lui avait interdit de marier ses descendants avec les femmes cananéennes. Il envoya donc dans sa patrie d'origine un vieux serviteur fidèle. Eliézer arriva aux portes de Nahor, en Mésopotamie. Tandis qu'il était assis près d'un puits, une jeune fille lui offrit à boire. Cette jeune fille s'appelait Rébecca et le serviteur d'Abraham comprit que Dieu lui indiquait de cette manière la fiancée d'Isaac.

ÉSAU ET JACOB

Isaac épousa Rébecca et il eut deux fils jumeaux : Esaü et Jacob. Esaü aimait la chasse, Jacob les troupeaux. Un jour, Jacob s'était préparé un bon plat de lentilles quand Esaü, revenant affamé de la chasse, lui cria : *Donne-moi ton plat ! Je suis mort de fatigue. — Et toi, cède-moi ton droit d'aînesse,* lui répondit Jacob. Le droit d'aînesse était le privilège de la succession et de la bénédiction paternelle. Esaü, avec une incroyable légèreté, le céda à son frère.

Isaac, vieux, aveugle et infirme, ignorait ce qui était arrivé. Un jour, il appela Esaü et lui dit : *Va à la chasse et, avec le gibier que tu prendras, fais-moi cuire un de ces plats savoureux comme je les aime. Quand tu me l'apporteras, je te donnerai ma bénédiction.* Rébecca avait tout entendu et, comme elle savait que maintenant la bénédiction de l'aîné revenait à Jacob, elle envoya ce dernier prendre deux chevreaux. Elle fit cuire en toute hâte un plat savoureux. *Tu le porteras à ton père et ton père te bénira,* dit-elle à Jacob.

BÉNÉDICTION PATERNELLE

Jacob entra sous la tente d'Isaac après avoir revêtu les habits d'Esaü. *Père,* lui dit-il, *mange le produit de ma chasse pour que tu puisses me bénir.* Isaac lui demanda de s'approcher : il voulait le toucher pour s'assurer que c'était bien Esaü, qui était assez velu. Mais Jacob s'était recouvert les mains et le cou avec la peau du chevreau. Isaac mangea l'excellent repas, puis il dit : *Embrasse-moi, mon fils.* Jacob embrassa son père et obtint sa bénédiction. Isaac lui prédit que ses descendants seraient bénis de Dieu.

DÉPART DE JACOB

Peu après, Esaü revint de la chasse. Il se précipita chez son père et, quand il sut ce qui était arrivé, il éclata en sanglots et s'écria : *Père, bénis-moi aussi.* Mais Isaac ne pouvait pas retirer la bénédiction donnée à Jacob. A partir de ce jour, Esaü détesta son frère, jusqu'à songer à le tuer. Rébecca s'en aperçut et, craignant pour Jacob, elle l'exhorta à s'enfuir : *Va à Haran chez mon frère Laban !*

L'ÉCHELLE DU SONGE

Jacob partit donc. Un jour, il s'endormit, la tête appuyée sur une pierre. Il vit en songe une longue échelle, qui partait de la terre et montait jusqu'au ciel ; des Anges y montaient et descendaient. Du haut de l'échelle, Dieu lui dit : *Je suis le Dieu d'Abraham et d'Isaac. Toutes les nations du monde seront bénies par toi et par Celui qui naîtra de toi. Je te protégerai partout où tu iras.* A son réveil Jacob consacra ce lieu au Seigneur et fit vœu de fidélité à Dieu.

RACHEL

Jacob reprit la route et s'arrêta près d'un puits entouré de trois troupeaux de brebis ; il demanda aux bergers des nouvelles de son oncle Laban. *Voici sa fille,* lui répondirent-ils en montrant Rachel qui arrivait avec le troupeau paternel. Jacob ôta la grosse pierre qui fermait le puits pour que les moutons de sa cousine puissent s'abreuver ; puis il donna un baiser à Rachel en lui disant : *Je suis le fils de Rébecca...* La jeune fille conduisit Jacob chez ses parents.

LE TROUPEAU DE LABAN

Laban accueillit Jacob comme un père et lui confia la garde de son troupeau. Jacob se mit aussitôt au travail avec compétence et décision : la nuit, il veillait pour que les bêtes ne soient pas attaquées par les lions et les ours ; le jour, sans souci de la chaleur et du chemin à parcourir, il les accompagnait au loin, là où l'herbe était tendre et abondante. Laban remarqua bien vite ses qualités de berger et songea à lui donner une récompense digne d'un travail si bien accompli.

LES FILS DE JACOB

Laban récompensa Jacob en lui donnant sa fille Rachel en mariage. Jacob resta vingt ans au service de son oncle, et pendant tout ce temps le Seigneur le protégea. Il devint père de onze fils : Ruben, Siméon, Lévi, Juda, Dan, Nephtali, Gad, Aser, Issachar, Zabulon et Joseph. Un jour, le Seigneur dit à Jacob : *Retourne dans ta patrie : je serai avec toi.* Laban ne voulait pas. Jacob partit alors en cachette vers le pays de Canaan avec Rachel, ses enfants, ses chameaux et son bétail.

Quand Laban s'aperçut de la fuite de Jacob, il entra dans une grande colère et se mit à sa poursuite. Il le rattrapa au bout d'une semaine sur la montagne de Galaad. Il voulait se venger, mais Dieu le lui interdit ; Laban, ayant rattrapé Jacob, se borna à lui reprocher d'être parti comme un voleur sans lui laisser embrasser sa fille. Jacob s'excusa. Leur réconciliation fut scellée par l'érection d'un autel de pierre, sur lequel Jacob offrit un sacrifice.

ISRAEL

Lorsque Jacob eut fait passer à gué sa famille de l'autre côté du fleuve Yabboq, il se trouva soudain à côté d'un inconnu. A peine l'eut-il aperçu que déjà il était en train de lutter avec lui. Le combat dura toute la nuit, mais le mystérieux agresseur ne parvint pas à terrasser Jacob. A l'aube il lui dit : *Comment t'appelles-tu ? — Jacob ! — Eh bien,* répondit-il, *désormais tu t'appelleras Israël,* ce qui signifie *le Vainqueur.*

Cependant Esaü, qui avait reçu les messagers que son frère lui avait envoyés, s'en vint à sa rencontre avec une troupe de quatre cents hommes. A peine le vit-il que Jacob se prosterna sept fois jusqu'à terre. Esaü, ému, courut à lui et l'embrassa. Ils fondirent en larmes. Les fils de Jacob se prosternèrent aussi en signe de respect. — *Qui sont ces garçons ?* demanda Esaü. — *Les fils que Dieu m'a donnés,* répondit Jacob. Et il offrit à son frère des bestiaux en cadeau. Esaü ne les accepta que pour lui faire plaisir ; puis il retourna chez lui, sur les monts de Séïr.

BENJAMIN

Au printemps, Jacob se dirigea vers sa maison natale où l'attendait son père. Le dernier fils de Rachel naquit pendant le voyage et Jacob voulut l'appeler Benjamin, « fils de bon augure », parce qu'il voyait en lui le réconfort et le soutien de sa vieillesse. Peu après, Rachel mourut. Plein de chagrin, Jacob la fit enterrer dans les environs de Bethléem ; puis il reprit la route et arriva finalement à Hébron, dans le pays de Canaan, auprès de son vieux père Isaac.

LES SONGES DE JOSEPH

Jacob aimait Joseph, plus que tous ses autres enfants, car c'était le fils de sa vieillesse, et il avait voulu l'habiller d'une tunique multicolore, à larges manches, comme les portaient les enfants des familles riches. Ses frères en étaient jaloux. Mais Dieu avait des projets particuliers sur lui, qu'il lui manifestait par des songes prophétiques. *J'ai fait un rêve,* dit un jour Joseph en famille : *nous étions occupés à lier des gerbes dans les champs. Tout d'un coup, la mienne se dressa toute droite, tandis que les vôtres se prosternaient devant elle.*

Un autre jour, Joseph raconta avoir rêvé que le soleil, la lune et onze étoiles s'étaient prosternés devant lui. Jacob le réprimanda : *Qu'est-ce que c'est que ces rêves ? Serait-ce que tu vas devenir roi et que nous tous, tes frères et moi, nous irons nous prosterner devant toi ?* Mais à la réflexion Jacob vit dans ces songes un avertissement divin ; il les médita et chercha à scruter l'avenir. Ses frères, au contraire, en vinrent à détester Joseph et résolurent de se débarrasser de lui dès que possible.

Les fils de Jacob étaient allés faire paître leurs troupeaux au loin. Jacob leur envoya Joseph pour avoir de leurs nouvelles. Quand ses frères le virent s'approcher, ils dirent : *Voici le rêveur ! Tuons-le et nous verrons ainsi à quoi lui servent ses songes !* Ruben, l'aîné, qui avait l'intention de sauver Joseph, conseilla à ses frères de le descendre dans une citerne. Il y avait en effet dans les alentours plusieurs cavités creusées dans le sol ; et pendant l'été elles étaient sèches.

VENDU PAR SES FRÈRES

Les frères de Joseph le dépouillèrent de sa belle tunique et le descendirent dans la citerne. Sur ces entrefaites surgit une caravane cheminant en direction de l'Egypte : des marchands d'aromates, de résine, de myrrhe et même d'esclaves. Juda leur proposa d'acheter Joseph. Les marchands acceptèrent, le payèrent vingt pièces d'argent et l'emmenèrent en Egypte pour le vendre au plus offrant.

Une fois la caravane partie, les frères dénaturés étudièrent le moyen de tromper leur père sur le sort de Joseph. Ils prirent sa tunique multicolore, la trempèrent dans le sang d'un chevreau et la firent porter à leur père. Reconnaissant l'habit de son fils, Jacob éclata en sanglots, déchira ses vêtements et, en signe de deuil, se ceignit les reins d'un sac. Bouleversé de douleur, il criait : *Une bête féroce a dévoré mon fils chéri et rien ne me consolera !*

ESCLAVE DE PUTIPHAR

En Egypte, les marchands vendirent Joseph à Putiphar, commandant des gardes du Pharaon. Travailleur et avisé, le jeune Hébreu donna toute satisfaction à son maître, qui lui confia la surintendance de sa maison, d'un palais et de vastes domaines. Excellent administrateur, Joseph fit valoir tous ces biens : la maison de Putiphar était bénie de Dieu. Un jour pourtant Joseph fut accusé injustement d'une mauvaise action. Comme il ne pouvait prouver son innocence, il fut mis en prison.

EMPRISONNÉ

En prison, Joseph rencontra le grand échanson et le grand panetier du Pharaon. Une nuit, ils firent un rêve. L'échanson avait rêvé qu'il pressait le raisin d'une vigne à trois branches dans la coupe du Pharaon. Le panetier, de son côté, avait rêvé qu'il portait sur la tête trois corbeilles remplies de pain que les oiseaux venaient becqueter. Joseph expliqua les songes : dans trois jours, l'échanson reviendrait à la cour, tandis que le panetier serait pendu. Et c'est ce qui arriva.

LE SONGE DU PHARAON

Longtemps plus tard, le Pharaon eut aussi un songe : il vit sept vaches grasses sortir des eaux du Nil et, aussitôt après, sept vaches très maigres qui dévoraient les premières ; il vit ensuite sept épis pleins et vigoureux se lever sur une seule tige, et près d'eux sept épis maigres et vides dévorer les premiers. Aucun devin égyptien ne sut expliquer ce songe. Ce fut alors que le grand échanson se souvint de Joseph et parla de lui au Pharaon. Celui-ci l'envoya chercher.

Joseph fut introduit en présence du Pharaon qui lui raconta ses songes. *Dieu montre au roi ce qui va arriver,* dit Joseph. *Il y aura sept années de grande abondance, et puis sept années de famine. Le Pharaon doit choisir un homme sage pour faire des provisions pendant les années d'abondance, de sorte qu'il puisse disposer de réserves pendant la famine.* Le Pharaon, émerveillé d'une telle sagesse, confia à Joseph le soin d'organiser la conservation des récoltes et le nomma vice-roi d'Egypte.

Joseph fut revêtu d'habits de pourpre, comme les grands dignitaires égyptiens. Le Pharaon lui mit au doigt son propre anneau, symbole de commandement, et lui fit traverser la ville dans un carrosse royal. Un crieur public le précédait en criant : *Attention ! Pliez le genou : c'est le vice-roi d'Egypte qui passe.* Joseph avait alors trente ans. Il sortit de la capitale et visita tous les territoires du Pharaon pour contrôler la production agricole.

Il fit construire des greniers dans toutes les villes. Pendant les années d'abondance, il les fit remplir de blé. Les silos égyptiens étaient d'énormes tours rondes coiffées d'une sorte de coupole et munies de deux ouvertures : l'une en haut pour verser le grain à l'intérieur, et l'autre, en bas, pour le retirer. Les stocks d'orge, de blé, de maïs furent achetés et ensilés, année par année, pendant sept ans. Entre-temps, Joseph avait épousé, sur le désir du Pharaon, la fille du grand prêtre d'Héliopolis. Il avait eu deux fils : Manassé et Ephraïm.

LA FAMINE

Comme Joseph l'avait prédit, aux sept années d'abondance succédèrent les sept années de famine. Partout, aussi bien en Egypte qu'en Canaan, un même fléau sévissait : la faim. Les champs brûlés par le soleil ne produisaient plus rien ; les animaux s'égaillaient dans la campagne à la recherche d'un brin l'herbe ; la population accourait au palais du Pharaon pour demander du pain. Le roi répondait invariablement : *Allez chez Joseph.* Alors Joseph fit ouvrir les silos, vendre du blé, fabriquer de la farine, cuire du pain...

LES FRÈRES DE JOSEPH

La famine régnait aussi en Canaan. Les frères de Joseph vinrent en Egypte pour acheter du blé. Arrivés en présence du vice-roi, ils s'inclinèrent jusqu'à terre en signe de respect. Joseph les reconnut, mais, pour les mettre à l'épreuve, il les traita durement et, lorsqu'il les eut entendus exposer ce qu'ils désiraient, il leur dit : *Vous êtes des espions. — Non, seigneur, nous sommes seulement ici pour acheter du blé. Nous sommes tous frères ; le plus jeune est à la maison et un autre n'est plus.* Joseph donna l'ordre de remplir leurs sacs.

Il fit cependant glisser au milieu du blé l'argent qu'ils avaient donné en paiement. Il leur dit de revenir avec Benjamin ; Siméon devait rester en Egypte comme otage. Après leur retour en Canaan, Jacob sut par ses fils ce qui était arrivé. En vidant leurs sacs, ils trouvèrent l'argent et craignirent que la justice de Dieu ne les eût frappés. En effet, ils n'avaient jamais oublié qu'ils avaient vendu Joseph. Jacob ne voulait pas entendre parler de laisser partir Benjamin pour un second voyage en Egypte.

La famine continuait. Jacob fut donc obligé de demander à ses fils de retourner en Egypte pour acheter encore du blé. Ses fils lui répondirent que, sans Benjamin, il était inutile de se mettre en route. *Laissez-le venir,* supplia Juda ; *je m'engage à le ramener sain et sauf.* Jacob céda, prépara les cadeaux à offrir au vice-roi : du miel, de la myrrhe, du térébinthe, des amandes. Il embrassa son cher Benjamin : *Que Dieu vous protège !* La caravane reprit la piste pour se présenter à nouveau devant le vice-roi.

BENJAMIN EN ÉGYPTE

Quand Joseph vit arriver ses frères, il ordonna à son majordome de les inviter à déjeuner avec lui. A midi, il vint dans la salle où ils étaient réunis et leur demanda d'abord des nouvelles de leur père. Il se fit ensuite présenter Benjamin. Bouleversé, Joseph se retira précipitamment dans son appartement pour donner libre cours à ses larmes. Quand il fut remis, il revint dans la salle à manger et fit servir le déjeuner, assis au milieu de ses fonctionnaires.

Les Egyptiens ne mangeaient jamais avec des étrangers. Joseph avait donc fait préparer une table à part pour ses frères. Ceux-ci remarquèrent avec étonnement que le vice-roi les avait fait asseoir suivant l'ordre de leur âge. Pendant le repas, Joseph leur fit porter des mets spéciaux en signe de bienveillance ; et la portion de Benjamin était toujours la plus copieuse. Enfin Joseph donna l'ordre de leur livrer le blé qu'ils étaient venus chercher.

Les fils de Jacob étaient repartis ; mais à peine étaient-ils sortis de la ville qu'ils furent rattrapés par le surintendant égyptien : *Halte-là ! Vous avez volé la coupe du vice-roi pendant le repas !* C'était, en réalité, Joseph qui avait fait cacher la coupe avant d'envoyer les gardes à la poursuite de ses frères. Les Hébreux protestèrent de leur innocence, mais, quand les gardes égyptiens découvrirent la coupe dans le sac de Benjamin, ils furent consternés et se turent, car ils craignaient que le vice-roi ne voulût retenir Benjamin en esclavage en l'accusant de vol.

JE SUIS JOSEPH

Joseph fut ému quand Juda s'offrit pour prendre la place de Benjamin comme esclave. Alors, ne pouvant plus contenir son émotion, il fit sortir les Egyptiens et s'écria à travers ses sanglots : *Je suis Joseph ! Dites-moi si mon père vit encore.* Ses frères étaient si bouleversés qu'ils ne disaient mot. Joseph, lui, comprenait que le mal qu'ils lui avaient fait lui permettait maintenant de sauver toute sa tribu. Il les embrassa tendrement et les invita à s'installer en Egypte avec leurs familles et leurs troupeaux.

JACOB EN ÉGYPTE

Jacob crut rêver quand ses fils lui dirent que Joseph était vivant et qu'il l'appelait en Egypte. En quelques jours les préparatifs furent faits pour partir d'Ebron. Quand la caravane approcha du territoire du Pharaon, Juda partit en éclaireur pour avertir Joseph. Celui-ci voulut aller à la rencontre de son père ; il se jeta à son cou en pleurant de joie. Le vieux patriarche le serra sur son cœur et dit : *Je puis maintenant mourir content, car je t'ai pleuré pendant vingt-trois ans, mais tu es vivant et j'ai pu te revoir !*

Quoiqu'il fût devenu le plus puissant fonctionnaire d'Egypte, Joseph ne rougissait pas d'avoir un berger pour père ; il voulut le présenter au Pharaon. Jacob entra dans le salon royal, appuyé au bras du vice-roi ; le Pharaon admira son aspect vénérable et se dit heureux de pouvoir faire la connaissance du père du « sauveur de l'Egypte ». Puis il ordonna à Joseph d'installer sa famille sur les meilleures terres du Royaume. Joseph choisit la terre de Goshen, fertile et riche en pâturages.

MORT DE JACOB

Sentant sa fin prochaine, Jacob appela Joseph. Celui-ci prit avec lui ses deux fils, Ephraïm et Manassé ; il les conduisit au chevet de son père et plaça Ephraïm à sa gauche et Manassé, l'aîné, à sa droite pour qu'il les bénisse. Mais Jacob, croisant les mains, posa sa main droite sur la terre d'Ephraïm. *Non, pas ainsi, mon père ; l'aîné est l'autre,* rectifia Joseph. *Je le sais, mon fils,* répondit Jacob, *mais Ephraïm aura pour descendance un peuple nombreux.*

Avant de mourir, Jacob appela encore ses autres fils ; il les bénit et prédit l'avenir de chacun. Il annonça à Juda que le Sauveur du monde naîtrait dans sa famille, tandis qu'un roi naîtrait dans la tribu de Benjamin. Puis il recommanda à ses fils de l'enterrer en Canaan, dans la grotte de Makpéla, à côté de ses aïeux, et il expira. Joseph, dans cette circonstance douloureuse, renouvela à ses frères son pardon pour le mal qu'ils lui avaient fait et il leur promit de continuer à les aider.

Selon l'usage égyptien, le vice-roi fit embaumer la dépouille de son père, pendant que l'Egypte entière prenait le deuil ; celui-ci dura soixante-dix jours. Joseph se présenta au Pharaon pour lui demander la permission d'accompagner Jacob à sa dernière demeure, dans son pays natal. *Va donc enterrer ton père comme tu le lui as promis !* répondit le Pharaon. Et Joseph accompagna la dépouille avec un imposant cortège funèbre jusqu'à Makpéla où le corps fut placé à côté de ceux d'Abraham et d'Isaac. Le livre de la Genèse s'achève sur la mort de Jacob.

Le deuxième livre du Pentateuque s'intitule **Exode.** Il raconte la sortie d'Egypte du peuple d'Israël et son arrivée aux frontières de la terre promise, sous la conduite de Moise, chef militaire et législateur. Les trois derniers livres rassemblent les préceptes utiles au peuple pour qu'il n'oublie pas le pacte d'alliance conclu entre Dieu et Israël. Le **Lévitique** traite des cérémonies rituelles et des personnes choisies pour le service divin. Le mot « **Lévitique** » vient de la tribu de Lévi, chargée du culte. Le livre des **Nombres** rapporte le recensement du peuple pour le service militaire, tandis que le **Deutéronome,** qui veut dire « la seconde loi », contient les derniers discours de Moise qui promulgue définitivement la Loi de Dieu.

vers la terre promise

MOISE

Les Hébreux s'étaient multipliés en Egypte. Un nouveau Pharaon, ignorant les services que Joseph avait rendus au peuple, vit dans leur développement un danger pour la monarchie, et il les mit en esclavage. Les Hébreux furent réquisitionnés pour pétrir de l'argile et de la paille afin de fabriquer des briques. Ils durent transporter de très lourds fardeaux sous le fouet des surveillants. Mais comme ils continuaient à avoir beaucoup d'enfants, le Pharaon ordonna de jeter dans le Nil, à leur naissance tous les petits garçons.

A cette époque, un bel enfant naquit dans la tribu de Lévi. Sa mère parvint à le cacher pendant trois mois. Mais comme elle craignait une perquisition, elle le déposa dans une corbeille enduite de bitume, qu'elle plaça dans les joncs, au bord du Nil. La fille du Pharaon, qui descendait vers le fleuve pour se baigner, vit le panier et recueillit le petit enfant. Marie, sa sœur, s'approcha de la princesse et lui demanda : *Voulez-vous que j'appelle une nourrice des Hébreux pour qu'elle l'allaite ?* La princesse y consentit et l'enfant fut remis à sa mère.

Quand il eut un peu grandi, elle ramena son enfant à la princesse qui l'adopta pour son fils et lui donna le nom de Moïse, ce qui, en égyptien, signifie peut-être *sauvé des eaux*. Moïse fut instruit des sciences des Egyptiens et il eut une éducation princière. Malgré les facilités et les honneurs dont il jouissait à la cour du Pharaon, il conserva pourtant la foi dans le Dieu de ses pères. Il se préparait, sans le savoir, à devenir un chef, celui qui conduirait les Hébreux loin de l'Egypte, vers la terre promise.

AU PAYS DE MADIAN

Il arrivait à Moïse de quitter la Cour pour suivre les travaux de construction. Un jour, il vit un Egyptien battre un Hébreu. Ne pouvant contenir son indignation, il frappa l'Egyptien avec une telle violence qu'il le tua. Le lendemain il revint sur un chantier et vit deux Hébreux qui se querellaient. Il chercha à les apaiser, mais l'un d'eux lui dit : *Tu voudais peut-être m'assassiner comme tu as tué l'Egyptien ?* Moïse comprit que sa vie était en danger et il s'enfuit au pays de Madian, chez le prêtre Jéthro. Il s'y fit berger.

LE BUISSON ARDENT

Alors qu'il faisait paître son troupeau sur le mont Horeb, Moïse vit un jour un buisson qui brûlait sans se consumer. Intrigué, il s'approcha pour observer le prodige. La voix solennelle de Dieu se fit alors entendre : *Ne t'approche pas, car la terre que tu foules est sainte.* Puis il continua : *Je suis le Dieu de tes pères. Va trouver le Pharaon et dis-lui de laisser partir mon peuple d'Egypte.* Moïse avait peur. Mais Dieu lui conféra le pouvoir de faire des miracles et lui donna Aaron son frère pour l'aider.

L'ORGUEILLEUX PHARAON

Moïse retourna en Egypte et se présenta au Pharaon, avec Aaron, pour lui communiquer le message du Seigneur Dieu d'Israël. Pharaon répondit : *Qui est ce Seigneur ? Pourquoi devrais-je obéir à sa voix ?* Moïse montra la puissance de Dieu en jetant à terre un bâton qui se chargea aussitôt en serpent. A la vue du prodige, les mages et les fonctionnaires de la cour se moquèrent de Moïse, mais le Pharaon irrité ordonna que les Hébreux soient traités plus durement encore.

LES PLAIES D'ÉGYPTE

Le Pharaon refusait de laisser partir les Hébreux parce que leur travail lui était très utile pour construire de nouvelles villes. Dieu punit alors l'Egypte par dix plaies terribles. Au coup de baguette de Moïse, les eaux du Nil se transformèrent en sang et, pour ne pas mourir de soif, les Egyptiens durent creuser des puits. Mais le Pharaon ne changea pas d'avis et Dieu envoya le deuxième châtiment : une multitude de grenouilles envahirent le pays et se faufilèrent dans les maisons.

Devant ce fléau répugnant, le Pharaon se repentit d'avoir refusé la liberté aux Hébreux, mais il recommença ensuite à les persécuter. Fidèle exécuteur des ordres divins, Moïse toucha de sa baguette la poussière de la terre et celle-ci se transforma en nuages de moucherons. Le Pharaon promit alors de laisser partir le peuple d'Israël, mais il ne tint pas sa promesse... Des essaims de mouches envahirent l'Egypte. C'était la quatrième plaie. Combien de temps encore le Pharaon empêcherait-il les Hébreux de partir ?

Les fléaux continuèrent, toujours plus terribles. Une épidémie atteignit les animaux domestiques ; chevaux, ânes, chameaux, bœufs et brebis furent décimés. Mais le roi ne céda pas. Vint alors la sixième plaie : Moïse lança en l'air une poignée de suie et les Egyptiens furent couverts d'ulcères. Le mal, semblable à la peste noire, fit de nombreuses victimes dans tout le royaume. Seule la terre de Goshen, habitée par les Hébreux, fut préservée de tous ces fléaux.

LA PREMIÈRE PAQUE

Va, dit Dieu à Moïse *et annonce au Pharaon que s'il ne veut pas laisser partir mon peuple, je ferai tomber une grêle sans précédent.* Mais la menace de la septième plaie ne put convaincre le roi. Une violente grêle s'abattit sur les villes et les campagnes. Une armée de sauterelles acheva la dévastation. Les ténèbres couvrirent le pays. La dixième plaie approchait, inexorable, mais Pharaon ne cédait pas.

Avant de punir les Egyptiens par la mort de tous leurs fils aînés, Dieu ordonna que chaque famille des Hébreux immole un agneau mâle d'un an. On devait marquer de son sang les portes des maisons. L'agneau devait être rôti et mangé par la famille réunie. Dieu dit : *Je verrai ce sang sur les portes et je passerai plus loin. Ce sera une nuit mémorable et vous l'appellerez « la Pâque », c'est-à-dire « le passage du Seigneur ».* Obéissant à l'ordre divin, les Hébreux tuèrent les agneaux et aspergèrent de leur sang les portes de leurs maisons.

LE PAIN AZYME

Dans la nuit du quatorzième jour du mois de Nisan, les Hébreux firent rôtir l'agneau et le mangèrent debout, avec du pain non levé et de la laitue sauvage. Ils avaient mis leurs costumes de voyage pour être prêts à partir. Cette nuit-là, en effet, une vie nouvelle commençait pour eux, la vie d'hommes libres. Dieu voulut ensuite que chaque année les Hébreux célèbrent la Pâque en immolant un agneau. La fête durait sept jours pendant lesquels tous mangeaient du pain azyme, non fermenté.

L'EXODE

Après avoir mangé le rôti d'agneau, les Hébreux attendaient avec effroi le passage de la justice divine. Et voici que, vers le milieu de la nuit, un hurlement de douleur retentit dans les maisons égyptiennes : l'Ange exterminateur avait frappé de mort subite tous les premiers-nés, depuis le fils du Pharaon jusqu'à celui du captif dans sa prison. Le Pharaon fit appeler Moïse et le supplia de partir cette nuit même : *Allez ! Emmenez vos brebis, vos troupeaux, comme vous l'avez demandé. Allez-vous en !*

Les Egyptiens eux-mêmes suppliaient les Hébreux de partir : *Si vous ne vous en allez pas, nous mourrons tous !* criaient-ils. Les Hébreux prirent en hâte les pétrins contenant la pâte à pain et les enveloppèrent de leurs manteaux. Les femmes demandèrent aux Egyptiennes des colliers d'or et d'argent, des bagues, des tapis, de beaux vêtements et de la vaisselle précieuse ; puis, ainsi dédommagés des misères subies, ils partirent. Les Hébreux étaient demeurés quatre cent trente ans en Egypte.

Dieu guida son peuple à travers le désert de Sur et le fit se reposer près de la mer Rouge. Une colonne de nuée, blanche le jour, lumineuse la nuit, indiquait aux Hébreux la route à suivre. Mais le Pharaon regretta de les avoir laissé partir et les poursuivit avec son armée. Quand Moïse vit apparaître à l'horizon ses poursuivants, il étendit son bâton sur la mer et les eaux se séparèrent à l'instant ; les Hébreux descendirent sur le fond asséché de la mer et gagnèrent la rive opposée en passant entre deux murailles d'eau.

LE PASSAGE DE LA MER ROUGE

Après avoir assisté au passage miraculeux des Hébreux, les Egyptiens s'aventurèrent à leur tour par le même chemin, sûrs de rattraper les fugitifs. Mais dès qu'ils furent au milieu de la mer Rouge Moïse tendit de nouveau son bâton et les eaux se rejoignirent. Chars, chevaux, cavaliers furent engloutis. Toute l'armée égyptienne périt. Les Hébreux étaient sauvés. Moïse improvisa alors un chant d'action de grâce : *Ma force, c'est le Seigneur...*

Tous les Hébreux chantèrent avec Marie, sœur de Moïse, et Aaron. Puis, sous les ordres de Moïse, ils s'avancèrent à travers le désert de Sur. La région était aride, caillouteuse, le voyage exténuant, la soif horrible. A Mara, ils trouvèrent une source, mais elle était amère. Irrité, le peuple d'Israël se mit à protester. Sur l'ordre de Dieu, Moïse jeta un morceau de bois dans les eaux de Mara et, aussitôt, ces eaux devinrent potables.

LA MANNE

Après deux mois de voyage, les provisions étaient épuisées. Les Hébreux regrettaient les oignons d'Egypte et murmuraient contre Moïse ; ils l'accusaient de les avoir condamnés à mourir de faim. Dans sa patience, Dieu leur donna une nourriture inconnue jusque-là : la manne ; elle tombait du ciel sous forme de petits grains blancs et elle avait le goût de la farine mélangée avec du miel. *Chacun doit ramasser juste son nécessaire pour la journée,* dit Moïse, car le surplus pourrira.

L'EAU MIRACULEUSE

Les Hébreux quittèrent le désert de Sin et campèrent à Rephidim, localité privée d'eau. Epuisé par un long voyage, le peuple se plaignit de nouveau à Moïse : *Est-ce que tu nous as emmenés d'Egypte pour nous faire mourir de soif ?* Mais Dieu vint à leur secours. Il ordonna à Moïse de prendre son bâton et de se rendre avec les anciens des tribus au rocher d'Horeb. Moïse obéit et, quand il frappa le rocher de son bâton, il en jaillit une eau abondante.

LA PRIÈRE DE MOISE

Les Amalécites, tribu de pillards, virent les enfants d'Israël s'approcher et décidèrent de les exterminer. Moïse nomma Josué, de la tribu d'Ephraïm, chef militaire, puis il monta sur le mont Horeb pour prier, accompagné d'Aaron et de Hur. La bataille fut acharnée. Quand Moïse tenait les bras vers le ciel, les Israélites étaient victorieux, mais quand il les baissait, les Amalécites avaient le dessus. Aaron et Hur soutinrent les bras de Moïse jusqu'à la fin du jour. Josué remporta la victoire.

LA LÈPRE DE MARIE

Jalouse de la faveur dont son frère jouissait auprès du Seigneur, Marie murmura contre lui : *Dieu n'a pas parlé seulement à Moïse mais aussi à Aaron et à moi !* » Dieu prit la défense de Moïse, son fidèle serviteur, et punit sa sœur : la lèpre l'envahit. Pendant sept jours, Marie resta à l'écart du campement à cause du risque de contagion. Moïse par sa prière, obtint de Dieu sa guérison et son pardon. Les Hébreux purent alors se remettre en route.

LE SERPENT D'AIRAIN

Fatigués du voyage, les Hébreux regrettaient les oignons d'Egypte. Dieu les punit en envoyant dans les campements des serpents venimeux dont les morsures provoquaient des enflures, des plaies, la mort même. Le peuple implora Dieu. Le Seigneur dit à Moïse : *Fabrique un serpent d'airain et mets-le sur un pieu en bois. Les malades qui le regarderont seront guéris de la morsure des reptiles.* Il y avait là une représentation symbolique de la Rédemption par le Christ en croix.

Trois mois après leur départ d'Egypte, les Hébreux arrivèrent au pied du mont Sinaï et y installèrent leur campement. Il était temps pour eux d'avoir un code de lois afin qu'on puisse les distinguer des autres peuples. C'est pourquoi Dieu dit à Moïse : *Si le peuple d'Israël m'obéit et observe fidèlement la Loi que je lui donnerai, il sera mon peuple préféré.* Tous promirent obéissance et, suivant les indications de Moïse, se préparèrent par trois jours de purification à recevoir le code divin.

LE DÉCALOGUE

Le matin du troisième jour, le tonnerre gronda, les éclairs traversèrent le ciel et un bruit de trompette retentit : la montagne trembla, comme secouée par un séisme, tandis qu'une nuée sombre enveloppait le sommet. Les Hébreux étaient terrifiés. Moïse les rassembla et les fit aligner au pied de la montagne ; puis il monta sur le sommet rougeoyant. Tout d'un coup, au milieu des grondements du tonnerre, la voix puissante de Dieu proclama sa Loi, le Décalogue, en dix commandements.

LA GRANDE ALLIANCE

Moïse demeura quarante jours sur le mont Sinaï. Dieu conversait avec lui, comme un homme avec son ami, et il lui remit deux tables de pierre sur lesquelles étaient gravés les dix commandements. Cette Loi devait être observée par les Hébreux et par toutes les nations du monde. En même temps que la Loi, Dieu donna à Moïse beaucoup d'autres prescriptions: il lui indiqua minutieusement comment devait être célébré le culte que les Israélites devaient lui rendre.

LE VEAU D'OR

Lassés d'attendre le retour de Moïse, les Hébreux fabriquèrent un veau d'or. La statue rappelait le bœuf Apis, l'idole la plus vénérée d'Egypte. Ils organisèrent des danses, des chants et offrirent des sacrifices. Mais quand Moïse, descendu de la montagne, vit cette superstition, il s'indigna et jeta à terre les Tables de la Loi, pulvérisa l'idole et punit sévèrement les coupables. Libérés depuis peu de l'esclavage, les Hébreux avaient oublié les bienfaits de Dieu.

Les fils d'Israël pleurèrent leur péché et Moïse implora la miséricorde divine. Dieu lui dit : *Taille deux autres Tables de pierre et gravis la montagne ; j'écrirai de nouveau ma Loi sur les Tables.* Moïse se rendit une seconde fois sur le Sinaï pour que le Seigneur ratifie le pacte d'Alliance avec son peuple. A partir de cette nouvelle rencontre avec Dieu, le visage de Moïse fut resplendissant au point que les Hébreux ne pouvaient le regarder. A partir de ce moment, les Hébreux furent le Peuple élu de Dieu.

L'ARCHE D'ALLIANCE

Dieu avait ordonné à Moïse de construire l'Arche d'Alliance pour y conserver les Tables de la Loi. L'Arche était un coffre en bois d'acacia, recouvert d'or, long de 1 mètre 25, large et haut de 75 centimètres. Outre la Loi, le coffre contenait une mesure de manne, le bâton d'Aaron et un pain d'oblation. L'Arche était l'objet le plus précieux de l'Ancien Testament. En voyage, elle devait être portée sur les épaules des prêtres, et personne d'autre qu'eux ne pouvait la toucher.

LE TABERNACLE

Comme il n'était pas encore possible de construire un temple en pierre, Dieu prescrivit aux Israélites de planter une tente démontable appelée Tabernacle. Un voile la divisait en deux parties : le *Saint* et le *Saint des Saints*. Le *Saint* renfermait la table sur laquelle on plaçait les offrandes, l'autel des parfums et un chandelier à sept branches, symbole de la prière perpétuelle. Dans le *Saint des Saints* il y avait l'Arche, et seul le grand prêtre pouvait y pénétrer.

LE SACERDOCE

Pour ministres du culte sacré, Dieu choisit les hommes de la tribu de Lévi. Il ordonna à Moïse de consacrer Aaron prêtre, ainsi que ses quatre fils : *Tu prendras de l'huile et tu leur en verseras sur la tête ; tu les habilleras de tuniques, tu les ceindras d'une ceinture et tu les coifferas de turbans ; leur sacerdoce sera perpétuel.* Le peuple assista à la cérémonie solenelle qui dura sept jours : il était saisi par la beauté du culte qui lui obtiendrait du ciel beaucoup de faveurs.

ORNEMENTS SACERDOTAUX

Pour accomplir les cérémonies sacrées, les prêtres devaient revêtir une tunique de lin, une ceinture et le turban, espèce de bandeau qui entoure la tête. L'habit du grand prêtre était orné, sur le bord inférieur, de houppes et de clochettes d'or ; « l'éphod » était formé de deux carrés qui recouvraient la poitrine et le dos. Il portait aussi la tiare sur laquelle était écrit : *Consacré au Seigneur.* Le *Lévitique,* troisième livre de l'Ecriture, contient les règles qui organisaient le culte.

ANIMAUX PURS ET IMPURS

Les Hébreux ne pouvaient pas se nourrir librement de n'importe quels animaux. Ils devaient observer les prescriptions de la Loi mosaïque qui disait : « Vous pouvez manger les animaux qui ont l'ongle divisé en deux et qui ruminent (animaux purs) ; mais vous ne pouvez pas manger ceux qui ruminent sans avoir l'ongle divisé en deux (animaux impurs). » Les animaux impurs, comme le porc, le lion, le chameau, n'étaient pas non plus acceptés pour les sacrifices. Tout cela était exactement observé.

L'EXPIATION

Chaque année les Israélites devaient célébrer la Fête de l'Expiation ou Purification. Ce jour-là, le grand prêtre entrait dans le Saint des Saints et accomplissait le rite des deux boucs. Cette cérémonie revêtait une solennité toute particulière. Le grand prêtre offrait au Seigneur deux boucs : le premier était immolé et une partie de l'Arche était recouverte de son sang ; le second, le *bouc émissaire,* était symboliquement chargé de tous les péchés du peuple ; puis on le chassait dans le désert, où il devait mourir de faim.

LE RAMEAU FLEURI

Dieu voulut prouver par un miracle que le sacerdoce était d'origine divine. Il dit à Moïse : *Fais-toi apporter un rameau par chaque chef de tribu ; grave sur chacun le nom d'un chef, et place-les tous dans le Tabernacle. Le rameau de celui que j'ai élu fleurira.* Le lendemain, le rameau d'Aaron portait des feuilles, des fleurs et des amandes. Moïse présenta le rameau fleuri au peuple, qui fut saisi d'une profonde vénération pour les ministres de Dieu. Le rameau d'Aaron fut placé dans l'Arche d'Alliance.

LES FILS D'AARON

Un jour, tandis que les deux fils aînés d'Aaron, Nadab et Abiu, célébraient le culte en présence du peuple, voici qu'au lieu de prendre le feu sacré de l'autel des sacrifices pour le mettre dans l'encensoir, ils prirent un feu profane et l'offrirent. A l'instant, ils furent foudroyés par une flamme sortie du Tabernacle. Dieu montrait ainsi avec quel respect les prêtres devaient s'approcher de son autel et avec quelle précision ils devaient accomplir les cérémonies qu'il avait minutieusement prescrites à leur tribu.

LES BLASPHÉMATEURS

Lorsque le peuple d'Israël campait dans le désert, deux hommes se disputèrent et, dans la discussion, l'un se mit à blasphémer. Cet homme fut conduit de force devant Moïse pour être jugé. Moïse consulta Dieu pour savoir ce qu'il devait faire. Dieu répondit : *Conduis le blasphémateur hors du camp et qu'il soit lapidé par tout le peuple.* Et il ajouta : *Tu diras ensuite aux enfants d'Israël : Celui qui blasphème le nom du Seigneur sera mis à mort.* Telle était la rigueur de la loi divine envers le peuple élu !

LA TERRE PROMISE

De l'oasis de Cadès, Moïse envoya douze hommes, un par tribu, pour explorer la Terre promise. Quarante jours après, ils étaient de retour, chargés de fruits : grenades, figues et une énorme grappe de raisin. Mais dix d'entre eux, impressionnés par les villes fortifiées, effrayèrent la foule, car, disaient-ils, il ne serait jamais possible de les conquérir. Dieu les punit : il condamna le peuple à errer pendant quarante ans dans le désert. A l'exception de Caleb et Josué, aucun d'entre eux ne devait entrer dans la Terre promise.

MORT D'AARON

Quand les enfants d'Israël furent arrivés au pied du mont Hor, Dieu dit à Moïse : *Conduis Aaron et son fils Eléazar sur la montagne ; dépouille Aaron de ses habits sacerdotaux pour en revêtir son fils, car Aaron va mourir.* Moïse monta sur le sommet et exécuta l'ordre divin. Quand les Hébreux virent Eléazar dans le costume de grand prêtre, ils comprirent qu'Aaron était mort, et ils le pleurèrent pendant trente jours. Les fonctions de grand prêtre devaient se transmettre de père en fils.

L'ANESSE DE BALAAM

La renommée des prodiges que Dieu accomplissait en faveur des Israélites avait épouvanté Balac, roi de Moab. Ce dernier décida de leur envoyer le mage Balaam pour les maudire. Alors que le mage cheminait, son ânesse s'arrêta tout à coup et refusa d'avancer. Elle avait vu un ange brandissant une épée. Le devin frappa brutalement la bête, mais celle-ci se mit à dire d'une voix humaine : *Pourquoi me frappes-tu ?* Balaam sursauta, vit l'ange au glaive, et entendit son commandement : *Tu diras seulement ce que Dieu t'inspirera.*

LA PROPHÉTIE DE BALAAM

Le roi de Moab conduisit le mage sur une hauteur d'où l'on voyait les vastes campements d'Israël. Balaam fit dresser sept autels pour offrir des sacrifices. Puis, sous l'inspiration de Dieu, il bénit les Hébreux au lieu de les maudire et leur prédit un glorieux avenir. *Un astre sortira de Jacob,* dit-il ; *un sceptre surgira d'Israël et vaincra tous ses ennemis.* Cette prophétie est une allusion au Messie futur, dont la naissance serait annoncée par une étoile.

MORT DE MOISE

Parvenu aux frontières de la Palestine, Moïse apprit qu'il touchait au terme de ses jours. Le grand prophète supplia le Seigneur de désigner un chef pour lui succéder. Dieu lui dit : *Prends Josué, fils de Nun : pose la main sur lui et transmets-lui une part de ton autorité.* En présence de tout le peuple, Moïse consacra Josué comme son successeur. C'est à Josué qu'il appartiendra de conduire la nouvelle génération israélite dans la Terre promise.

Avant de prendre congé de son peuple, Moïse lui adressa ses dernières recommandations, qui furent recueillies dans le *Deutéronome.* Il conjura les Israélites de rester fidèles à Dieu. Il bénit, une par une, les douze tribus, puis il monta sur le mont Nébo, d'où il contempla la Palestine, but tant désiré. Il remercia le Seigneur de ses immenses bienfaits et s'endormit dans la paix des justes. Il fut enterré dans la vallée de Moab, en un lieu demeuré secret, et sa tombe aujourd'hui encore n'est pas retrouvée

Le **Livre de Josué** continue le récit de la conquête et du partage de la Terre promise, sous la direction de Josué, successeur de Moise. La période suivante, qui va de la mort de Josué à la veille de l'avènement du premier roi d'Israël, est racontée dans le **Livre des Juges.** Ceux que l'on appelle « Juges » sont les chefs qui guidèrent le peuple élu dans les moments critiques. Ils furent douze, six principaux en raison de l'importance de leurs responsabilités, et six autres dont nous ne connaissons que le nom.

La belle histoire familiale de l'ancêtre de David, transmise par le **Livre de Ruth,** se passe au temps des Juges.

Josué et les Juges

JOSUÉ

Moïse n'est plus. Dieu parle à son successeur comme il avait parlé à Moïse lui-même : *Josué, sois courageux et fort ; tu conduiras les enfants d'Israël dans la terre que j'ai promis de leur donner et je serai avec toi.* Et Josué entreprit la conquête de Canaan. Il fallait avant tout s'emparer de la forteresse de Jéricho, défendue par de hautes murailles. Josué appela donc deux hommes et les chargea de faire secrètement une reconnaissance dans la ville ennemie.

Les deux éclaireurs partirent ; ils savaient qu'ils devaient pénétrer en territoire ennemi et courir de graves dangers. Mais Dieu les protégeait. A Jéricho, en effet, les deux hommes furent reçus par une certaine Rahab qui leur offrit l'hospitalité. Le roi de Jéricho en fut informé, et il donna l'ordre de les arrêter. Mais Rahab cacha ses deux visiteurs et fit croire aux envoyés du roi qu'ils étaient partis. Puis elle les aida à s'enfuir en les faisant descendre par une corde du haut des remparts de la ville.

LA TRAVERSÉE DU JOURDAIN

Les éclaireurs revinrent dire à Josué : *Les habitants de Jéricho ont déjà peur, car ils savent que nous approchons.* Josué donna l'ordre de lever le camp. Arrivé au bord du Jourdain, il dit aux prêtres : *Portez l'Arche d'Alliance et prenez la tête de la colonne...* Le Jourdain était en crue, mais dès que les prêtres mirent le pied dans l'eau, le prodige de la mer Rouge se renouvela et le peuple traversa la fleuve sur le lit asséché, entre deux murailles d'eau.

LES DOUZE PIERRES

Tout le peuple arriva sur le bord opposé du Jourdain. Seuls les prêtres étaient restés avec l'Arche dans le lit asséché du fleuve. Dieu dit alors à Josué : *Du milieu du Jourdain, là où les prêtres se sont arrêtés, fais prendre douze pierres ; avec ces pierres, vous élèverez un monument sur la place du campement.* Une stèle commémorative fut donc dressée. Elle devait dans l'avenir rappeler aux Israélites la traversée miraculeuse du Jourdain.

A peine les porteurs de l'Arche furent-ils sortis du Jourdain que les eaux se remirent à couler. Le peuple campa à Guilgal, à l'est de la ville de Jéricho, la forteresse qui fermait le passage vers la Terre promise. Quand tomberait-elle ? Tandis que Josué l'observait, il vit devant lui un inconnu, sabre au clair : *Es-tu des nôtres ou es-tu de l'armée du Seigneur. Ote tes sandales, car le lieu où tu te trouve est saint.* Josué obéit.

LA PRISE DE JÉRICHO

Ainsi parla le Seigneur : *Josué, je livre Jéricho en tes mains. Vous contournerez la ville une fois par jour pendant six jours. Le septième jour vous ferez sept fois le tour de la ville en portant l'Arche d'Alliance, pendant que les prêtres sonneront de la trompe. A la fin, vous pousserez un formidable cri de guerre et les murs tomberont.* Ainsi fut fait. Les murailles de Jéricho s'écroulèrent et le peuple d'Israël pénétra dans la ville.

JÉRICHO EN FLAMMES

Quand les Hébreux furent entrés dans Jéricho, Josué leur donna un ordre précis : *Cette ville est vouée à la destruction et aux flammes ; tout ce qu'elle contient appartient au Seigneur... Que personne n'y touche !* Mais quelqu'un désobéit. Akan s'empara d'un manteau et de pièces d'or et d'argent. A cause de cette offense à Dieu, l'armée d'Israël fut obligée de battre en retraite quand elle fit mouvement de Jéricho vers la ville voisine d'Aï.

LA FAUTE D'AKAN

Josué et les Anciens d'Israël se prosternèrent alors devant l'Arche et se couvrirent la tête de cendre en signe de pénitence. Mais c'était insuffisant, car le péché commis était grand ! *Israël a péché,* dit Dieu à Josué. *Il a été infidèle à mon Alliance. Je ne serai plus avec toi jusqu'à ce que le voleur soit retranché d'entre vous.* Akan, le coupable, fut alors lapidé. Ainsi Dieu déracinait le mal du milieu de son peuple.

Maintenant n'aie plus peur, Josué, dit le Seigneur. *Prends avec toi tous les combattants et monte vers la ville de Aï car je la remets entre tes mains, ainsi que toute la région.* Et Josué marcha contre Aï, à la tête de l'armée. Arrivé à proximité de la ville, le chef fit semblant d'attaquer d'un côté pour y attirer les forces ennemies, puis il avança du côté opposé avec le gros de l'armée. Epouvantés, les habitants de Aï s'enfuirent. La ville désertée fut livrée aux flammes par les Israélites.

SOLEIL, ARRÊTE-TOI

Les Hébreux marchèrent victorieusement. Pris de peur, les pays voisins se coalisèrent contre eux. La bataille s'engagea à Gabaon. Qui serait victorieux ? *Josué, n'aie pas peur,* dit le Seigneur ; *je les ai remis entre tes mains !* Mais quand vint le coucher du soleil on ne pouvait encore parler de défaite ennemie. Qu'allait réserver la nuit ? *Soleil, arrête-toi !* cria Josué. Alors comme par miracle, la lumière de cette journée dura jusqu'à la victoire complète.

Peu à peu les Hébreux entrèrent en possession de la terre que Dieu leur avait promise. Selon la volonté de Dieu, Josué procéda à la répartition des diverses régions conquises entre les douze tribus. Les restes de Joseph, ses ossements, que ses descendants avaient apportés d'Egypte, furent enterrés dans le champ de Jacob, à Sichem. On construisit une sorte de chapelle funéraire qu'on voit encore et près de laquelle les Juifs vont prier de nos jours.

MORT DE JOSUÉ

Josué pouvait quitter ce monde : chaque tribu était capable de se gouverner par elle-même. Le chef rassembla le peuple devant le Tabernacle. Par un serment solennel, il lui fit renouveler l'Alliance et promettre de servir l'unique vrai Dieu. Le peuple jura : *Nous servirons le Seigneur, notre Dieu et nous obéirons à ses commandements.* Josué mourut après ces événements, et il fut enseveli dans la montagne d'Ephraïm.

LES JUGES

Chaque tribu a désormais son territoire et son chef ; elle peut donc avoir aussi une vie politique propre. Mais il arrive souvent qu'au contact des populations indigènes, les tribus oublient la religion de Moïse. Dieu abandonne alors les Israélites aux mains de ses nombreux ennemis qui les harcèlent aux frontières. Mais quand les Hébreux lui demandent pardon. Dieu suscite un Juge, afin que le peuple élu retrouve sa liberté. Les juges exerçaient l'autorité militaire et parfois aussi l'autorité civile et religieuse.

DÉBORA

Un jour Yabin, roi cananéen de Hazor envoya son armée commandée par Sisera contre les nouveaux habitants de Canaan. Elle remporta la victoire sur le peuple d'Israël et l'asservit. Ce fut Débora qui intervint, non par la force des armes, mais par la sagesse de ses conseils. Débora était riche non en or, mais en vertu. Prophétesse, elle rendait la justice sous un palmier, dans les montagnes d'Ephraïm.

Débora écoutait les questions litigieuses qui lui étaient soumises ; elle tranchait et elle était obéie, aussi bien des chefs que des sujets, des sages que des ignorants. Quand Sisera rassembla neuf cent chars de fer pour la bataille, Débora envoya chercher Baraq, de la tribu de Nephtali. *Voici ce qu'ordonne le Seigneur : tu commanderas l'armée contre Sisera. — J'irai, si tu viens avec moi,* répondit Baraq. *J'irai avec toi !* Baraq revint en Nephtali pour rassembler ses hommes, ainsi que ceux de la tribu de Zabulon.

YAEL

J'irai, avait dit Débora, *mais la victoire sur Sisera ne te sera pas attribuée : Sisera tombera dans les mains d'une femme.* C'est justement une femme, une certaine Yaël, qui tint le sort du chef cananéen entre ses mains. Dès que Sisera vit Baraq, il s'enfuit épouvanté, sautant à bas de son char. Il courut longtemps. Finalement, il arriva, épuisé, à la tente de Yaël : *Donne-moi l'hospitalité... Cache-moi ! — Entre, mon seigneur,* répondit Yaël.

Donne-moi un peu d'eau, je te prie ; je meurs de soif. Yaël offrit au fugitif une coupe de lait. Sisera but, puis, terrassé par la fatigue, il s'endormit. « L'ennemi du peuple de Dieu est ici, entre mes mains ; que dois-je faire ? se demanda Yaël. Je puis sauver les enfants d'Israël de l'oppression des Cananéens... » Saisissant un piquet de tente, elle l'enfonça dans la tempe de Sisera endormi. Son armée prit la fuite.

Alors, en présence du peuple qui exultait, Débora entonna un hymne d'action de grâce au Seigneur : *Les guerriers d'Israël étaient sans courage, désarmés, jusqu'à ta venue, ô Débora, jusqu'à ta venue, mère d'Israël... Vous qui vous offrez volontairement au danger, bénissez le Seigneur ! Lève-toi, Débora, entonne un cantique. Qu'on proclame la justice du Seigneur là où l'armée ennemie a été battue... Que périssent tous tes ennemis, ô Dieu. Ceux qui t'aiment, qu'ils soient comme le soleil !*

GÉDÉON

Les Israélites se laissèrent encore aller au péché et tombèrent au pouvoir des Madianites... Un jour, Gédéon était en train de vanner le blé, quand un ange lui apparut. *Le Seigneur est avec toi, vaillant guerrier. Va délivrer Israël de Madianites.* Gédéon fut perplexe : *Mons seigneur, si tu es envoyé de Dieu pour me parler, prouve-le moi.* Alors qu'il disposait sur un rocher un chevreau et des pains azymes en vue d'un sacrifice, l'ange les toucha avec un bâton, et une flamme, jaillie de la roche, consuma les offrandes.

Gédéon rassembla l'armée, mais par crainte de se tromper, il pria ainsi : *Seigneur, si tu veux vraiment te servir de moi pour sauver Israël, fais que la rosée ne descende pas sur cette toison de laine que j'étendrai cette nuit sur l'aire.* Le jour se lève... Gédéon s'approche de la toison : elle était recouverte de rosée, alors que la terre était sèche. Cependant, Gédéon osa encore demander : *Seigneur, fais que la toison soit sèche et la terre trempée de rosée !* Et il fut encore exaucé.

TROIS CENTS GUERRIERS

Gédéon vint camper à la source de Harod. *Tu as trop de monde avec toi ; que ceux qui ont peur s'en retournent,* lui dit le Seigneur. Vingt mille hommes s'en allèrent. *Ils sont encore trop nombreux, Gédéon. Fais-les descendre au bord de l'eau ; mets d'un côté ceux qui boiront dans le creux de la main sans se mettre à genoux, et mets de l'autre côté ceux qui boiront à genoux.* Gédéon obéit et le Seigneur lui dit : *Trois cents hommes ont bu dans le creux de la main ; c'est avec eux que je vous libérerai des Madianites.*

VICTOIRE DE GÉDÉON

L'armée madianite était en bas, dans la vallée. *Gédéon, lève-toi pendant la nuit et descends au camp ennemi,* dit le Seigneur ; *et quand tu auras écouté ce que disent les Madianites, tu attaqueras l'ennemi avec la plus grande confiance.* Gédéon gagna les abords du camp ennemi. Un soldat disait à son camarade : *J'ai rêvé qu'un pain d'orge tombait dans le camp ; il frappait la tente et la renversait. — C'est l'épée de Gédéon,* répondit l'autre, *Dieu a livré Madian entre ses mains.*

Ayant entendu ces paroles, Gédéon revint dans son camp, répartit ses hommes en trois unités et leur donna des trompettes et des cruches, dans lesquelles on avait placé des torches allumées. *Faites ce que vous me verrez faire !* leur dit-il. Sur un signe de Gédéon, ils sonnèrent de la trompette, brisèrent les cruches, brandirent les torches allumées, poussèrent le cri de guerre. Les soldats du camp madianite, réveillés à l'improviste, se battirent les uns contre les autres et s'enfuirent en désordre. La victoire fut foudroyante et complète.

Le courage et le triomphe du Juge victorieux enthousiasmèrent les Hébreux. *Gédéon, soit notre roi,* lui dirent-ils, *et que ton fils et ton petit-fils règnent sur nous après toi. — Je ne serai pas votre roi, et mon fils non plus ; c'est Dieu seul qui vous commandera !* Et Gédéon, après avoir accompli la mission que Dieu lui avait confiée, se retira dans sa ville, à Ophra, où il vécut entouré de nombreux enfants. Il y mourut dans une heureuse vieillesse.

ABIMÉLEK

Abimélek, fils de Gédéon, se fit élire et gouverna la ville de Sichem pendant trois ans. Mais c'était un homme orgueilleux, perfide et fratricide ; bien vite il fut renié et haï par le peuple qui se révolta. Pour conserver le pouvoir, Abimélek combattit ses compatriotes, détruisit la ville de Sichem et marcha contre Tébès ; il assiégea la tour dans laquelle le peuple s'était réfugié. Mais, du haut de la tour, une femme lui lança une meule de moulin qui lui brisa le crâne.

JEPHTÉ

Les Ammonites revinrent combattre Israël et Dieu suscita un homme courageux du nom de Jephté. Ses frères l'avaient chassé de la maison paternelle en Galaad, et Jephté s'était enfui au loin. Mais, à l'heure du danger, les Anciens de Galaad vinrent le chercher : *Sois notre chef !* lui dirent-ils. *Il est vrai que nous t'avons persécuté injustement, mais maintenant, nous t'en supplions... Viens ! Prends le commandement de Galaad !*

LE VŒU DU SACRIFICE

Jephté accepta, parce que l'invitation du peuple était un ordre de Dieu. Mais avant de commencer la guerre, il tenta inutilement de s'entendre avec l'ennemi, afin d'éviter une effusion de sang. Sachant que l'entreprise militaire était dans la main du Seigneur, Jephté posa son épée sur l'autel en faisant ce vœu : *O Dieu des armées, si tu livres entre mes mains les Ammonites, celui qui sortira le premier de ma maison pour venir à ma rencontre après la victoire, celui-là je l'offrirai en holocauste.*

LA FILLE DE JEPHTÉ

Après avoir battu les Ammonites qui se retiraient en pleine défaite, Jephté se dirigea vers sa maison. Sa fille, qui avait déjà appris la victoire, l'attendait et courut, toute joyeuse, à sa rencontre. Désespéré, Jephté se rappelait son vœu auquel il n'aurait jamais voulu manquer, malgré son profond amour pour sa fille. *Mon enfant,* dit-il, *j'ai fait de toi un holocauste au Seigneur... Je ne peux pas t'épargner. — Père, fais ce que tu as promis,* répondit la jeune fille.

Jephté allait accomplir son vœu, parce qu'il n'avait pas compris que les sacrifices humains n'étaient pas agréés de Dieu. Auparavant, il se rendit au désir de sa fille : *Laisse-moi libre d'aller pendant deux mois errer sur les montagnes et pleurer ma douleur !* La fille de Jephté perdait en effet l'espoir de devenir mère et de prendre place parmi les ancêtres du Messie futur. C'est de là que vint cette coutume en Israël : tous les ans les jeunes filles vont se lamenter sur les montagnes pendant quatre jours, en souvenir de la fille de Jephté.

LES PHILISTINS

Jephté mourut ainsi que d'autres Juges : Ibsan, Elon, Abdon. Et Israël tomba pour quarante ans sous la domination des Philistins, guerriers venus de la mer, maîtres de cinq villes importantes. Un juge allait-il intervenir ? Un ange apparut à la femme de Manoah, de la tribu de Dan et lui annonça la naissance du « libérateur » : *Tu le consacreras à Dieu par le vœu du naziréat. On ne lui coupera pas les cheveux et il ne boira pas de boissons alcoolisées.* L'enfant naquit. On l'appela Samson.

SAMSON

Les années passèrent. Elevé comme l'ange l'avait demandé, Samson était devenu grand et fort. Sa longue chevelure et sa force herculéenne l'avaient rendu célèbre. Un jour, dans la campagne déserte, il fut attaqué par un lion. Samson l'empoigna et le tua, les mains nues et sans armes. Quelque temps plus tard, repassant au même endroit, Samson vit la carcasse du lion. Il s'approcha pour l'examiner et trouva dans son crâne un rayon de miel.

L'ÉNIGME

Samson épousa une femme philistine, de Timna. Pendant le déjeuner de mariage, plusieurs convives posèrent des devinettes. Samson en proposa une, lui aussi : *De celui qui mange est sorti ce qui se mange, et du fort est sorti le doux... Si vous trouvez la solution de cette énigme dans les sept jours qui viennent je vous donnerai trente tuniques et trente vêtements ; mais si vous ne pouvez pas me donner la solution, c'est vous qui me donnerez autant de tuniques et de vêtements !* Aucun Philistin ne put résoudre l'énigme.

« Seule sa femme pourra lui extorquer la réponse », pensèrent les Philistins ; et ils dirent à celle-ci : *Si tu refuses de nous aider, nous te brûlerons, toi et la maison de ton père.* La femme importuna Samson : *Tu devrais m'expliquer l'énigme !* Sur les instances de sa femme Samson révéla son secert. C'est pourquoi, le septième jour du banquet, les Philistins lui dirent : *Qu'est-ce qui est plus doux que le miel ? Qu'est-ce qui est plus fort que le lion ?* Et Samson comprit qu'il avait été trahi.

UNE FORCE PRODIGIEUSE

Samson et les Philistins étaient à présent ennemis déclarés. Les Philistins voulaient l'arrêter. Des Hébreux, terrorisés par les menaces de leurs dominateurs, ligotèrent Samson et le livrèrent aux Philistins. Ils étaient maintenant voisins... Mais voilà que Samson brisa les cordes qui l'attachaient, empoigna une mâchoire d'âne et se précipita sur ses ravisseurs en criant : *Avec une mâchoire d'âne je les ai rossés ! Avec la mâchoire d'un âne j'ai tué mille hommes.*

Samson se rendit un jour à Gaza, l'une des places fortes des Philistins. Les Philistins pensèrent pouvoir lui tendre un piège : *Samson nous est tombé entre les mains !* Et des ordres précis furent donnés aux soldats : *Fermez bien la porte de la ville et faites-la garder par des sentinelles armées ; si Samson essaie de sortir de Gaza, tuez-le.* Les sentinelles prirent leur tour de garde sur les remparts.

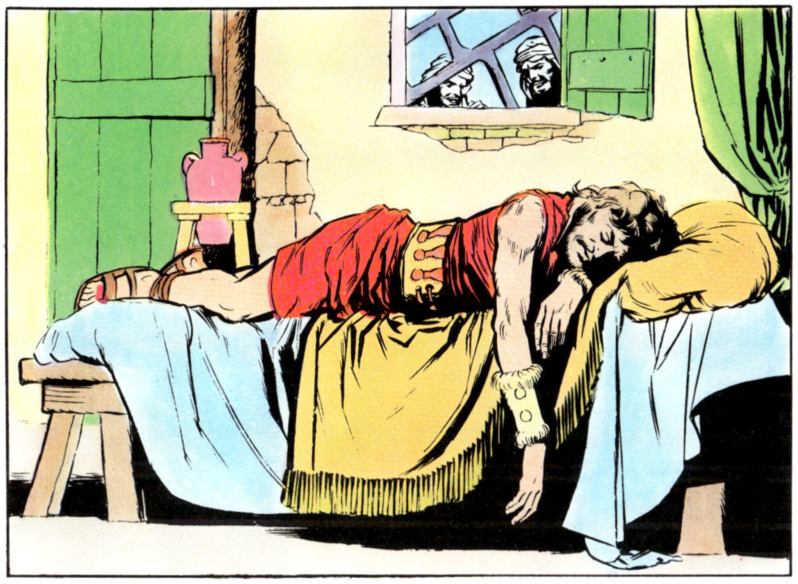

Au milieu de la nuit, Samson décida de repartir. Il se rendit aux murailles de la ville et trouva la porte fermée. Alors il en saisit les deux battants, ainsi que les deux montants, ils les arracha avec la barre de fermeture et les chargea sur ses épaules. Puis il transporta son fardeau sur la montagne d'en face. Les sentinelles des Philistins, épouvantées d'une telle force, prirent la fuite.

DALILA

Dalila, la femme de Samson, aimait l'argent. Les Philistins lui dirent : *Si tu réussis à te faire dire par Samson d'où lui vient sa force et de quelle manière on pourrait le réduire à l'impuissance, nous te donnerons onze cents pièces d'argent.* Dalila harcela de questions son mari. Il finit par lui dire : *Ma force réside dans mes cheveux. Je ne me suis jamais rasé, parce que je suis consacré à Dieu. Si je me coupais les cheveux, je perdrais ma force.*

Samson dormait. Dalila appela un homme pour lui raser la tête, puis elle cria : *Samson, les Philistins sont sur toi ! Réveille-toi !* Samson s'éveilla et pensa : *Je m'en tirerai comme d'habitude ; ils ne m'auront pas !* Il ne savait pas que le Seigneur s'était éloigné de lui. Les Philistins le capturèrent, lui crevèrent les yeux et le conduisirent, enchaîné, à Gaza.

A LA MEULE

Samson fut contraint de tourner la meule dans la prison de Gaza. Quand il poussait péniblement la poutre, sous le fouet des gardiens, il dut regretter amèrement de s'être laissé arracher son secret par Dalila et d'avoir violé son vœu. C'est cependant par le biais de ce châtiment que Dieu lui préparait une dernière victoire.

QUE LES PHILISTINS PÉRISSENT AVEC MOI

Heureux d'avoir en leur possession leur plus terrible adversaire, aveugle, enchaîné, incapable de se défendre, les Philistins voulurent remercier leur divinité. Un sacrifice solennel suivi d'un grand banquet devait se dérouler dans le Temple de Dagon. Tout le peuple de Gaza se rassembla au temple du dieu et cria : *Dagon nous a livré Samson, l'ennemi qui a dévasté nos terres et tué tant de nos soldats.*

L'animation monta comme le banquet se prolongeait : *Appelons Samnson ! Obligeons-le à danser devant le peuple !* Tiré de sa prison, Samson dansa dans le temple, tandis que les chefs des Philistins le tournaient en dérision. *Ah ! voici le plus fort des hommes devenu le jouet de ses ennemis !* Mais l'espoir germait dans l'esprit de Samson : Les Philistins ne prenaient peut-être pas garde à ses cheveux, qui avaient repoussé...

Se montrant fatigué, Samson demanda la permission de s'appuyer aux colonnes pour se reposer un peu ; ses mains puissantes rencontrèrent les deux principaux piliers. Il était prêt à payer de sa mort son péché. *Seigneur,* pria-t-il, *aie pitié de moi, rends-moi la force !* Puis il secoua violemment les colonnes en criant: *Que les Philistins périssent avec moi !* Le temple de Dagon s'écroula. Les occupants furent tués et ensevelis sous les décombres.

RUTH

Au temps où le peuple d'Israël était gouverné par les Juges, il y eut en Palestine une famine terrible et beaucoup d'Hébreux durent émigrer. Elimélek, de Bethléem, se décida : « Partons pour l'étranger : nous sommes ici sans pain, nous mourons de faim. » Elimélek avec sa femme Noémi et ses fils Mahlon et Kilyon, se mit en route pour Moab, région fertile et accueillante. Il s'y établit.

Dix ans passèrent. Elimélek mourut, ainsi que ses deux fils, qui avaient épousé deux jeunes filles de l'endroit, Orpa et Ruth. Noémi et ses deux belles-filles étaient seules. Noémi pensait avec nostalgie à sa patrie lointaine : « Le Seigneur a regardé son peuple, et il lui a donné à manger en faisant cesser la famine. Qui me retient encore en terre étrangère ? » Et elle partit avec ses brus en direction de la Palestine.

Comme elle marchait, partagée entre la joie et la peine, Noémi songea : « Est-il juste que ces deux femmes viennent avec moi ? » Puis elle s'arrêta et dit : *Mes filles, je ne veux pas vous sacrifier. Retournez chacune chez votre mère. Que Dieu use de bonté envers vous, comme vous en avez usé envers ceux qui sont morts et envers moi-même.* Et elle les embrassa l'une après l'autre en sanglotant. Orpa s'éloigna, mais Ruth suivit Noémi : *Ne m'oblige pas à t'abandonner. Je te suivrai partout où tu iras ; ton peuple sera mon peuple ; ton Dieu sera mon Dieu.*

LA GLANEUSE

Quand Noémi et Ruth arrivèrent à Bethléem, c'était l'époque de la moisson de l'orge. *Si tu me le permets,* dit Ruth à Noémi, *j'irai ramasser dans les champs les épis échappés aux mains des moissonneurs ; nous aurons ainsi de quoi vivre.* Noémi l'encouragea. Ainsi pendant toute la moisson, la jeune Moabite alla dans le champ de Booz où elle glana beaucoup d'épis, car Booz avait ordonné aux moissonneurs d'en laisser tomber exprès pour elle.

Le temps de la moisson touchait à sa fin. Booz avait eu la possibilité d'apprécier Ruth. Il s'était aperçu qu'il l'aimait, et il désirait l'épouser. La loi le permettait et le peuple, appelé à témoigner, fit ce souhait : *Que Dieu rende la femme qui va entrer dans ta maison semblable à Rachel et à Lia qui ont édifié la maison d'Israël... Qu'elle soit un exemple de vertu et qu'elle ait un nom célèbre à Bethléem !* C'est ainsi que Booz et Ruth, la Moabite, s'unirent en mariage.

LA LIGNÉE DE DAVID

Le jour vint où une nouvelle courut de bouche en bouche à Bethléem : *Ruth a eu un fils !* Les voisines dirent à Noémi : *Béni soit le Seigneur qui n'a pas permis que manque à ta famille un proche parent pour perpétuer son nom en Israël. Il t'a donné un consolateur et un soutien pour ta vieillesse, un fils de ta bru qui t'aime et qui vaut mieux pour toi que sept fils !* Le nouveau-né fut appelé Obed. Il sera le père de Jessé, père de David.

6

Les deux **Livres de Samuel** racontent l'institution de la monarchie et les principaux faits des règnes de Saül et de David. La mort de Samuel marque la fin des Juges. A leur place, le premier roi, Saül, est élu. Celui-ci deviendra vite méchant, désapprouvé de Dieu et haï du peuple. David lui succède ; son règne aura une importance considérable dans le plan de la rédemption. Le Messie, qui sera appelé **fils de David,** naîtra de sa descendance.

Saül et David

SAMUEL

Chaque année, les Hébreux montaient au Temple pour prier. Un jour, Anne et Elqana se mirent en route pour accomplir ce rite. Mais Anne était triste. Arrivée en présence d'Eli, le grand prêtre, elle se mit en prière et fit ce vœu : *O Seigneur, si tu voulais regarder ma souffrance, te souvenir de moi et donner à ta servante un petit garçon, je te l'offrirais pour tous les jours de sa vie. — Va en paix, lui* répondit Eli, *et que le Dieu de nos pères t'exauce.*

Le ciel entendit cette prière et, finalement, Anne put serrer dans ses bras le fils tant désiré. « Nous l'appellerons Samuel, parce qu'il est vraiment donné par Dieu. » — « Oui, Anne ; son nom sera Samuel. Dieu nous l'a donné et nous l'offrirons à Dieu. Que l'amertume s'éloigne pour toujours de notre cœur et que l'hymne d'action de grâces monte de nos lèvres. » Anne et Elqana étaient heureux dans leur demeure à Rama, dans les montagnes d'Ephraïm.

Puis vint le temps où Samuel pouvait être conduit au temple, pour qu'Anne puisse accomplir son vœu. Anne accompagna son fils dans la ville de Silo. Eli accueillit dans la Maison du Seigneur le jeune garçon destiné au service du sanctuaire. En offrant son enfant, Anne pria ainsi : *Mon cœur exulte dans le Seigneur et ma force exalte mon Dieu. Il fait tout avec sagesse.* Anne et Elqana laissèrent Samuel à sa nouvelle vie et rentrèrent chez eux.

LE MESSAGE DE DIEU

Un jour, un homme de Dieu s'approcha d'Eli et lui dit d'une voix menaçante : *Eli, Dieu parle ainsi. J'honorerai ceux qui m'honoreront et je mépriserai ceux qui me mépriseront. Tu auras un signe de ceci en ce qui arrivera à tes fils, Ophni et Pinhas, qui m'ont offensé : ils mourront tous les deux le même jour. Je susciterai ensuite un prêtre qui sera fidèle et qui agira avec droiture selon ma volonté.*

Pendant ce temps, Samuel avait grandi et dormait dans le temple où se trouvait l'Arche d'Alliance. Une nuit, il se réveilla en sursaut et s'entendit appeler : *Samuel... Samuel ! — Me voici !* Et il courut chez Eli ; il demanda : *Est-ce que tu m'as appelé ? — Non, mon fils. Retourne dormir,* lui répondit le vieux prêtre. Cela se répéta par trois fois et, à la fin, Eli comprit : *Samuel, retourne dormir et, si tu t'entends encore appeler, tu répondras : « Parle, Seigneur, ton serviteur écoute. »*

Alors Dieu dit à l'enfant : *Il arrivera de grands malheurs en Israël, parce que la méchanceté des fils d'Eli a été trop grande !* Au lever du jour, Samuel chercha à éviter Eli pour ne pas être obligé de lui révéler le message dont il avait été chargé. Ce fut le grand prêtre qui l'appela : *Samuel, que t'a dit le Seigneur ? Je t'en prie, ne me cache rien.* Samuel lui raconta tout. Eli dit : *Que Dieu fasse ce qu'il lui plaira ! Il est juste.*

MORT D'ÉLI

La guerre avait repris entre Hébreux et Philistins. L'Arche d'Alliance avait été portée sur les lieux de la bataille. Eli attendait des nouvelles avec une grande inquiétude... Enfin un homme, échappé à grand-peine du front, courut à Silo et se présenta au prêtre, les vêtements déchirés et la tête couverte de cendres. *Qu'est-ce qui est arrivé ? — Israël a pris la fuite devant les Philistins ; il y a eu une grande défaite et tes deux fils sont morts. Les Philistins ont pris l'Arche !* A cette nouvelle Eli tomba à la renverse et se fractura le crâne.

L'ARCHE ET LES PHILISTINS

Les Philistins avaient transporté l'Arche dans le temple de Dagon, auprès de la statue de leur divinité nationale, qui était un trophée de victoire. Le lendemain, Dagon fut trouvé à plat ventre aux pieds de l'Arche. Remise en place, la statue fut trouvée par terre le jour suivant, sans tête et sans mains. Les habitants d'Ashdod furent atteints d'une maladie mortelle. Aussi demandèrent-ils à leurs chefs de ne plus retenir l'Arche du Dieu d'Israël.

Les chefs philistins prirent alors cette décision : « Renvoyons l'Arche du Dieu d'Israël ! Qu'elle retourne à sa place afin que nous soyons épargnés, nous et notre peuple ! Mais comment la renvoyer ? » Les devins conseillèrent de construire un char tout exprès et d'y atteler deux vaches qu'on laisserait avancer à leur guise. Ainsi fut fait, et les vaches conduisirent le char sur lequel l'Arche sainte avait été placée jusque dans la ville hébraïque de Beth-Shémesh. Le peuple d'Israël la reçut avec grande joie.

SAMUEL DEVIENT JUGE

De Beth-Shémesh l'Arche fut conduite à Qiriat-Yéarim, dans la maison d'Abinadab ; son fils Eléazar en fut consacré gardien. Pendant ce temps, Samuel, élu Juge d'Israël, avait rassemblé le peuple et l'avait exhorté à se repentir du mal commis : *Tournez-vous vers le Seigneur de tout votre cœur ! Enlevez toute idole étrangère du milieu de vous ! Dieu vous libérera des Philistins !* Le peuple détruisit toutes les idoles. Puis Samuel prescrivit à tout Israël de se rassembler à Mispa pour prier.

Les Hébreux, qui avaient fait pénitence, pouvaient compter sur l'aide de Dieu. Pendant que Samuel priait et offrait un agneau en holocauste, les Philistins attaquèrent le peuple rassemblé autour de lui. Mais un orage subit se déchaîna. Pris de panique, les Philistins s'enfuirent. Les Hébreux les poursuivirent jusqu'au village de Beth-Kar. Les Philistins ne tentèrent plus de pénétrer en territoire israélite.

Le temps passa. Samuel, dans ses fonctions de Juge, était aimé de tout le peuple. Mais il n'en était pas de même pour ses fils, qu'il avait également constitués Juges. C'est pourquoi, un jour, les Anciens allèrent le trouver et lui dirent : *Te voilà vieux et tes fils ne marchent pas sur tes traces. Etablis sur nous un roi comme toutes les nations en ont un.* La demande déplut à Samuel. Le vrai, le seul roi d'Israël ne pouvait être que Dieu. Samuel pria le Seigneur de l'éclairer.

SAUL

Demain, répondit le Seigneur, *je t'enverrai un homme que tu consacreras chef de mon peuple.* Le lendemain, Saül, de la tribu de Benjamin, l'homme le plus fort du peuple d'Israël, alla chez le prophète. Il avait perdu les ânesses de son père et il espérait que Samuel voudrait bien l'aider à les retrouver. Samuel lui dit : *Reste chez moi jusqu'à demain matin.* Saül accepta l'hospitalité, ignorant son sort, car Dieu avait dit au prophète, lorsque Saül lui avait adressé la parole : *Voici le roi. C'est lui.*

LE PREMIER ROI

Le matin suivant, lorsque Saül eut éloigné son serviteur, Samuel lui dit : « Je vais te faire entendre la parole du Seigneur. » — « Qu'est-ce que le Seigneur notre Dieu veut de moi ? » Samuel prit une fiole d'huile, la versa sur la tête de Saül, l'embrassa et dit : *C'est Dieu qui t'a sacré chef du peuple d'Israël ; tu le délivreras de ses ennemis... L'esprit de Dieu te remplira... Tu seras changé en un autre homme... Dieu transformera ton cœur en un cœur nouveau.*

Samuel rassembla le peuple et lui communiqua la volonté du Seigneur : *Vous allez voir celui que le Seigneur a choisi pour votre chef. — Où le trouverons-nous ? — Il est caché au milieu des bagages. Allez. Il n'a pas son pareil.* Le peuple courut au campement de Qish, son père, et Saül apparut. Sa voix sonore et sa haute stature en imposèrent à tous, et le peuple cria : *Vive notre roi !* Samuel exposa alors la loi du royaume et l'écrivit dans un livre qu'il déposa devant l'Arche d'Alliance.

VICTOIRES DE SAUL

Un mois après, Nahask, roi des Ammonites, attaqua la ville de Yabesh en Galaad. Les habitants demandèrent secours à Saül. Celui-ci ordonna aux tribus de se réunir à Bézeq. Il les passa en revue et les divisa en trois unités. De là il fit irruption dans le camp ammonite. Un grand nombre d'ennemis tombèrent. Les quelques survivants se dispersèrent. Après ce succès, les villes qui n'avaient pas encore accepté Saül comme roi firent leur soumission.

Saül remporta un grand nombre de victoires et gouverna pendant plusieurs années avec courage et bonté. Les Philistins revinrent à la charge, et les deux armées descendirent dans la plaine. Le peuple d'Israël ne devait pas livrer bataille avant que Samuel n'ait offert le sacrifice. Les Hébreux étaient établis à Gibéa et les Philistins à Mikmas. Sept jours passèrent. Samuel n'arrivait pas, et les Philistins étaient prêts à attaquer... Saül ordonna : *Apportez-moi l'holocauste et les victimes pacifiques.* Et il offrit lui-même le sacrifice.

LA DÉSOBÉISSANCE

Samuel arriva quand le sacrifice était achevé. Lorsqu'il apprit l'acte sacrilège accompli par Saül, il lui parla avec amertume et sévérité : *Qu'as-tu fait ? Pourquoi t'es-tu arrogé le droit de remplir des fonctions sacerdotales ?* Saül répondit : *J'ai cru bon d'implorer le Seigneur ! — Ainsi, Saül, tu n'as pas observé les ordres de Dieu et ton règne ne durera pas. Tu régneras, mais tes descendants ne régneront pas... Dieu a déjà choisi celui qui sera le chef de son peuple après toi...*

7

ORGUEIL DE SAUL

Lorsque Saül eut triomphé des Ammonites, des Moabites et des Philistins, Samuel lui dit : *Saül, combats maintenant les pillards amalécites ! Détruis tout ce qui leur appartient, mais ne garde rien pour toi !* Saül se jeta avec impétuosité sur l'ennemi, lui infligea une sévère défaite. Mais, comme s'il se moquait de l'ordre de Dieu, il épargna Agag, roi des Amalécites, et s'appropria le meilleur des troupeaux et du butin. Puis, il s'enorgueillit de son succès et fit élever un trophée avec les dépouilles de l'ennemi.

Pourquoi n'as-tu pas écouté la voix du Seigneur et t'es-tu approprié les dépouilles de l'ennemi ? lui reprocha Samuel. *C'est le peuple qui a pris les brebis et les bœufs du butin pour les immoler à Dieu,* osa répliquer Saül. — *Est-ce que Dieu veut des holocaustes et des victimes, ou ne veut-il pas plutôt qu'on obéisse à sa volonté ?* dit Samuel qui se détourna pour s'en aller. Pour le retenir, Saül le saisit par son manteau et en arracha le pan. *C'est ainsi que le Seigneur t'arrache le royaume d'Israël : tu ne seras plus roi !* dit le prophète.

SAMUEL CHERCHE UN ROI

Samuel pleura longtemps. Le Seigneur lui dit : *Ne pleure pas Saül, mais remplis ta corne d'huile et va chez Jessé le Bethléémite, parce que j'ai choisi un roi parmi ses fils.* Samuel se rendit à la maison de Jessé et passa ses fils en revue. Il priait mentalement ainsi : *Seigneur, est-ce que ton oint est parmi ceux-ci ? — Ne te fie pas à l'apparence ni à la taille... Je regarde le cœur. Mon oint n'est pas parmi ceux-ci !* lui répondit la voix de Dieu. Alors Samuel se tourna vers Jessé : *Est-ce que tous tes fils sont ici ?*

DAVID

David était absent. Il gardait les troupeaux. On alla le chercher. Et tandis que le jeune homme s'avançait, la voix de Dieu se fit entendre à Samuel : *C'est lui.* Samuel regarda David ; il lui parla d'une grande mission à laquelle Dieu l'appelait, puis, prenant sa corne d'huile, il l'oignit et l'embrassa. A partir de ce moment, l'Esprit du Seigneur fut sur David, consacré roi d'Israël. Mais il n'y avait que Samuel et les familiers de David à connaître ce secret.

A LA COUR DE SAUL

Saül continuait à régner, mais le Seigneur n'était plus avec lui. Au contraire, un esprit malin le tourmentait, lui enlevant la paix et la confiance, tandis que le remords le rongeait. Des excès d'une tristesse muette, il passait aux excès d'une colère féroce ; il était impossible de vivre près de lui. Les quelques serviteurs qui lui étaient restés fidèles le supplièrent : *Permets-nous de chercher un homme qui sache jouer de la cithare : sa musique te délivrera de ce mal...*

Les serviteurs partirent alors à la recherche d'un cithariste. *Il y a à Bethléem un berger, fils de Jessé, qui est musicien,* dit un serviteur, *allons le voir.* C'est ainsi que David fut invité au palais royal. Sa gentillesse et son talent firent la conquête de Saül : *Reste avec moi, mon enfant... Ne t'éloigne pas !* Dès lors, quand l'esprit malin plongeait Saül dans la fureur ou la mélancolie, David jouait de la cithare, et le roi se détendait et se sentait mieux.

GOLIATH

Goliath, de Gat, était un guerrier philistin aux proportions gigantesques, armé d'un casque, d'une lourde cuirasse, de jambières et d'un bouclier de bronze. Sûr de sa supériorité, il sortit du camp et lança un défi : *Troupes d'Israël, pourquoi répandre tant de sang ? Choisissez un seul homme pour venir se mesurer à moi. S'il me tue, tous les Philistins seront vos esclaves !* Les Hébreux furent épouvantés de ce défi et Saül aussi eut peur.

David entendit le défi du géant et se présenta à Saül : *Ne craignez rien, mon seigneur ; j'irai combattre le Philistin. — Ce n'est pas possible ; tu es trop jeune et tu es un berger sans expérience des armes. — Je sais combattre, ô roi. Le Seigneur m'a donné la force d'affronter les lions et les ours qui attaquaient mon troupeau, il me sauvera aussi de ce chien de Philistin !* Emu, Saül donna son consentement, enleva son armure et la fit revêtir par David. *Va !* lui dit-il, *et que le Seigneur soit avec toi !*

Mais le casque et la cuirasse de bronze gênaient David. Il les déposa, et, armé de son seul bâton de berger, il alla au bord du torrent, ramassa cinq pierres bien polies et se dirigea vers l'ennemi. Quand Goliath le vit arriver il le regarda avec mépris : *Suis-je un chien pour que tu viennes à moi avec un bâton ? Approche un peu !* Mais David lui répondit : *Tu viens à moi avec l'épée, la lance et le bouclier ; moi je viens à toi au nom du Seigneur !*

TRIOMPHE DE DAVID

Goliath, confiant en sa force, s'avança, prêt à engager le duel. David plaça une pierre dans sa fronde et la lança, foudroyante. La pierre frappa Goliath au front avec une telle violence qu'elle le fit tomber lourdement par terre. David n'hésita pas. Il courut sur son ennemi abattu, lui arracha l'épée du côté et, de celle-ci, lui trancha la tête. A cette vue les Philistins s'enfuirent, et les Hébreux les poursuivirent jusqu'aux portes des villes de Gat et de Eqron.

La tête du géant était entre les mains de David : « Vois, ô Israël, ce que peut accomplir le bras de celui qui combat au nom du Seigneur ! » La nouvelle de la victoire se répandit comme un éclair ; la foule en délire voulait porter le vainqueur en triomphe. Les femmes sortirent porter la nouvelle d'un village à l'autre, en dansant et en chantant : *Saül en a tué mille et David dix mille.* Le chant retentissait de route en route, accompagné des sistres et des tambourins.

Quand le chant de triomphe parvint aux oreilles de Saül, il fut jaloux : *Qu'est-ce que cela ? Dix mille à David et seulement mille à moi ? Il ne lui manque plus que la royauté !* Il se mit à détester le vainqueur de Goliath. Un jour, alors que David tentait de le calmer en jouant de la cithare, Saül lui jeta sa lance dans l'intention de le transpercer. David esquiva le coup ; mais comme il ne se sentait plus en sécurité, il quitta le palais et alla parmi les soldats.

L'AMITIÉ DE JONATHAN

A partir de ce moment Saül manifesta ouvertement sa haine contre David. Il ordonna à son fils et à tous ses serviteurs de le tuer. Mais Jonathan aimait David et il l'avertit : *Saül, mon père, cherche à te faire mourir. Tiens-toi sur tes gardes ! Cache-toi !* Puis il parla franchement à son père : *Pourquoi veux-tu tuer David, qui a risqué sa vie pour toi et n'a jamais fait un acte qui te soit hostile ?* Saül réfléchit et répondit : *Tu as raison ; ramène David au palais.*

Mais le démon de la colère recommença à troubler l'esprit du roi. Les Philistins avaient repris les hostilités et Saül se dit : *David doit mourir... Je ne le frapperai pas de ma main, mais je l'exposerai aux attaques des Philistins !* Et il envoya chercher le jeune homme. *David,* lui dit-il, *je te donnerai ma fille Mikal si tu extermines les ennemis du Seigneur.* Plusieurs fois David se battit contre les Philistins, et il fut toujours victorieux. Saül ne pouvait retirer sa promesse et, quoiqu'à contrecœur, il lui donna sa fille en mariage.

Mais la haine de Saül contraignit de nouveau David à s'éloigner du palais royal. Comme il errait de ville en ville, il arriva à Nob, chez le prêtre Ahimélek qui lui offrit gîte et couvert. Quand Saül l'apprit, il ordonna : *Que l'on tue Ahimélek et que tous les prêtres de Nob périssent avec lui !* Horrifiés, les serviteurs refusèrent d'exécuter l'ordre sacrilège, mais leur chef Doëg, qui était étranger de naissance, se jeta sur les prêtres consacrés et les massacra.

DAVID FUGITIF

Fatigué de sa vie errante, David se réfugia dans la caverne de Adulam et décida d'y séjourner. Ses frères et toute sa famille vinrent à le savoir et le rejoignirent, ainsi qu'une troupe d'hommes valeureux prêts à tenter un coup de main. *David,* lui dirent-ils, *nous resterons avec toi, nous serons ton armée, et nous te défendrons toujours et partout.* David accepta et, à la tête de quatre cents hommes, il partit vers Qeïla, pillée par les Philistins. Dieu était avec lui et David battit à Qeïla les envahisseurs.

Après cette victoire, David se retira avec son armée dans les cavernes de En-Gaddi, sur les bords de la mer Morte. Un jour, dans l'un de ces repaires, Saül entra. Il était venu dans la région à la recherche de David, à la tête de trois mille soldats. David était caché là ; il aurait pu se venger. Mais il s'approcha de Saül et coupa un morceau de son manteau, sans qu'il s'en aperçoive. Puis, après s'être éloigné de Saül, il l'appela pour lui prouver qu'il l'avait épargné.

SAUL ET DAVID

Mais Saül se remit bien vite à la poursuite de David, et il installa son camp sur la colline de Hakila. David en fut informé et, une nuit, accompagné de son neveu Abishaï, il pénétra dans le camp ennemi et s'approcha de Saül endormi. *David, laisse-moi le tuer ! — Non, Abishaï ! Nous ne pouvons pas lever la main sur l'oint du Seigneur. Prends plutôt sa lance, qui est enfoncée en terre à son chevet, et sa cruche, avec l'eau qu'elle contient, et allons-nous en.*

LA LANCE ET LA CRUCHE

Une fois sorti du camp, David s'arrêta sur la crête d'une montagne, au loin, et il cria à l'adresse du chef de l'armée de Saül : *Abner, pourquoi n'as-tu pas bien gardé le roi ton seigneur ? Quelqu'un s'est approché de lui pour le tuer et tu mériterais la mort. Cherche donc maintenant où sont la lance et la cruche qui étaient au chevet du roi !* La voix de David parvint aux oreilles de Saül et il comprit que David lui avait encore épargné la vie.

Mais c'était la vie de David qui était toujours en danger. *Mieux vaut que je m'éloigne,* pensa-t-il. *Lorsque je serai en territoire ennemi, peut-être ne me cherchera-t-il plus. Dieu me sauvera de lui et des autres.* C'est ainsi que David rejoignit la résidence royale d'Akish, souverain philistin de la ville de Gat, qui l'accueillit volontiers et lui donna la ville de Siqlag. David s'établit là, avec sa famille et les familles de ses six cents soldats. Il vécut dans la paix et la tranquillité, quoiqu'il fût en terre étrangère.

Les Philistins attaquèrent une fois de plus. Saül éprouva le besoin d'entendre une voix surnaturelle pour le guider. Il demanda à une femme d'évoquer l'esprit de Samuel. C'est ce qui se produisit par la volonté de Dieu, et non par le pouvoir de la magie. Saül vit monter de la terre le visage de Samuel, et il l'entendit prononcer ces paroles : *Israël tombera demain dans les mains des Philistins. Avec un grand nombre des tiens, tu mourras, et le royaume passera dans les mains de David, que tu as tellement persécuté.*

GELBOÉ

Le jour suivant, Saül, à la tête de son armée, se rendit à la bataille. Mais il pressentait la défaite, et ses soldats aussi. L'offensive des Philistins fut dure et serrée. Impuissants à la contenir, les Hébreux prirent la fuite et beaucoup moururent sur le champ de bataille. Saül sentit peser sur lui le poids de l'humiliation. Il savait qu'il n'y pouvait rien : la sentence de Dieu le frapperait sur la colline de Gelboé.

Les Philistins visèrent spécialement Jonathan et les deux autres fils de Saül et les tuèrent ; puis ils se ruèrent sur le roi. Saül tenta désespérément de se libérer par la fuite, mais les archers philistins, lancés à sa poursuite, le talonnèrent de près et le blessèrent d'un coup de poignard. *Je ne puis éloigner la mort,* cria Saül, *mais ce ne seront pas les ennemis qui me tueront.* Et il se suicida en se jetant sur son épée.

LES LARMES DE DAVID

David était à Siqlag quand un messager vint le chercher pour lui annoncer la mort de Saül et de Jonathan. *Mon roi n'est donc plus ? Ni mon ami ? Qui arrêtera mes larmes ? Qui empêchera l'épanchement de ma douleur ?* cria David. Et il composa une élégie que tout le peuple chanta, accompagné au son de sa harpe : *Je te pleure, ô mon frère Jonathan. Je te pleure, ô seigneur mon roi ! Filles d'Israël, pleurez ceux que j'ai aimés et que la mort n'a pas séparés.*

DAVID, ROI D'ISRAEL

David était sauf. Personne n'attentait plus à sa vie. Il consulta le Seigneur qui lui dit : *Monte à la ville d'Hébron.* David quitta Siqlag et se rendit à Hébron avec tout son entourage. Les hommes de la tribu de Juda, dont Hébron était le centre, rejoignirent David dans sa résidence. *Sois béni, ô notre roi, et que le Seigneur soit béni !* dirent-ils ; et ils procédèrent à la cérémonie de l'onction royale, qui consacrait David roi de la Maison de Juda.

Mais Juda n'était que l'une des douze tribus qui continuaient le royaume d'Israël. Pendant plus de sept ans, David lutta contre les partisans de Saül, conduits par le général Abner. Après diverses alternatives, toutes les tribus comprirent que le Seigneur avait choisi David pour le placer sur le trône de Saül, et les anciens montèrent à Hébron pour oindre David roi de tout Israël.

JÉRUSALEM DEVIENT CAPITALE

Nouvellement et légitimement roi d'Israël, David convoitait à présent Jérusalem ; elle devait être sa capitale ! Mais les Jébuséens possédaient encore la citadelle de Sion, à l'intérieur des murs. Il fallait les chasser, et David les chassa. Après avoir pris Sion, il commença la construction du palais royal. Désireux de coopérer à la grandeur du successeur de Saül, les pays voisins lui fournirent en abondance du bois de cèdre, des charpentiers habiles, des pierres et des architectes.

LE TRANSPORT DE L'ARCHE

Le palais royal allait devenir le centre politique du peuple d'Israël, mais il fallait réorganiser le culte pour que Jérusalem devînt le centre religieux du peuple élu. On construisit donc un petit Tabernacle pour y déposer l'Arche d'Alliance. Celle-ci fut placée sur un char spécial et conduite processionnellement de la maison d'Abinadab, qui l'avait gardée jusque-là, à Jérusalem. David, qui avait ôté ses vêtements royaux, précédait le cortège et, accompagné de cithares, de harpes et de tambours, chantait en l'honneur de Dieu.

Majestueuse, l'Arche avançait sur le char ; mais, tout d'un coup, les bœufs qui le tiraient s'emballèrent ; et l'Arche fut sur le point de tomber. Ouzza, fils d'Abinadab, porta la main sur l'Arche pour la retenir... Et pourtant il savait que personne, à l'exception des prêtres autorisés, ne pouvait la toucher ! Dieu punit Ouzza pour son grave manque de respect à l'égard de l'Arche. Il mourut sur-le-champ. David fit alors transporter l'Arche sur les épaules des lévites, comme cela s'était fait du temps de Moïse.

LE PROPHÈTE NATHAN

Le palais royal et le Tabernacle se dressaient maintenant à Jérusalem, mais David n'était pas encore satisfait. Il interrogea donc le prophète Nathan : *J'habite un palais de cèdre et l'Arche de Dieu se trouve dans une tente de toile. Pourquoi ne pas construire une demeure digne du Seigneur ? — Fais ce que ton bon cœur t'inspire,* répondit le prophète. Mais la nuit suivante le Seigneur parla à Nathan : *Tu diras à David que ce ne sera pas lui qui me bâtira une demeure, mais son fils Salomon, qui lui succédera sur le trône.*

VICTOIRES DE DAVID

La puissance de David augmenta toujours, et Philistins, Ammonites, ennemis du peuple de Dieu furent peu à peu soumis. Hadadézer aussi, roi de Soba, qui voulait étendre son domaine jusqu'à l'Euphrate, fut défait. Ainsi toute la Palestine, de la Méditerranée à la Syrie, était sous l'autorité de David. Les chefs des peuples voisins, qui admiraient sa puissance, lui envoyèrent des ambassades avec de riches cadeaux, en signe d'amitié.

LES PSAUMES

Mais David savait que toutes ses victoires étaient un don de Dieu ; il Lui offrit les vases d'or et tous les objets précieux conquis dans ses campagnes militaires. *Qui suis-je , Seigneur, pour que tu m'aies conduit à ce degré de puissance ? Personne n'est semblable à Toi et il n'y a aucun Dieu en dehors de Toi. Tu as vengé ton peuple et accompli de grandes et terribles choses au milieu de lui ! Que ton nom soit loué éternellement !* Musicien et poète, David composa beaucoup de chants (*Psaumes*) à la gloire de Dieu.

LE FILS DE JONATHAN

David était reconnaissant envers celui qui l'avait aidé et protégé. Un jour, il demanda donc : *Y a-t-il encore un descendant de Saül, pour que je puisse lui faire du bien, par amour de Jonathan ?* — *Oui,* répondit Siba, vieux serviteur de Saül, *il reste justement un fils de Jonathan, Meribbaal, qui est estropié.* Appelé à la cour, Meribbaal se prosterna devant David qui lui dit : *Ne crains pas, mon fils. Je vais te rendre les propriétés qui étaient à Saül et tu pourras venir chaque jour à ma table.*

BETHSABÉE

Tout le peuple acclamait David et l'aimait pour sa bonté. Mais, on le sait, il est très difficile de persévérer dans le bien. Un jour, David était sur la terrasse de son palais, quand il vit une femme. Elle s'appelait Bethsabée et était l'épouse d'Urie, général de l'armée. David s'éprit d'elle et voulut l'épouser. Pour réaliser son projet, il envoya Urie en première ligne contre l'ennemi, pour qu'il périsse au combat. Urie fut tué.

Pour amener David au repentir, Dieu lui envoya Nathan, qui lui parla ainsi : *Il y avait deux hommes, un riche et un pauvre. Le riche avait des brebis et des bœufs en quantité ; le pauvre n'avait qu'une seule petite brebis. Or, comme un étranger était venu dans la maison du riche, ce dernier, pour lui préparer un festin, prit la brebis du pauvre et la tua — Qui est celui-là ?* interrompit David. *Il doit rembourser quatre fois la valeur de la brebis !* Le prophète répondit : *Cet homme, c'est toi.*

REPENTIR DE DAVID

David comprit : *Oui, j'ai péché... J'ai offensé mon Seigneur,* murmura-t-il. Puis, le cœur envahi de repentir et du désir de purification, il se prosterna à terre et entonna la prière que l'Eglise répète encore aujourd'hui dans le psaume « Miserere » : *Aie pitié de moi, ô mon Dieu, selon ta grande miséricorde, et efface mon péché à cause de ton immense bonté ! Lave-moi et je deviendrai plus blanc que neige ; crée en moi un cœur pur et un esprit de droiture ; rends-moi ta joie et réconforte-moi.*

ABSALOM

David, repenti, fut pardonné par le Seigneur. Mais si le repentir lui obtint la purification de l'âme, il n'éloigna pas le châtiment, qui pénétra dans sa maison et le frappa dans ses plus chères affections. Amnon et Absalom, ses fils, se haïssaient. Un jour, pendant le banquet qui accompagnait la fête de la tonte des moutons, Absalom ordonna à ses serviteurs de tuer Amnon, quand il serait échauffé par le vin. L'ordre fut exécuté.

Le crime commis, Absalom s'enfuit. Comment aurait-il pu se retrouver en présence de son père, après avoir tué Amnon, son aîné, son préféré ? Et comment pouvait-il espérer le pardon de son père, alors que le châtiment était la conséquence la plus logique de son acte infâme ? Dans ces conditions, mieux valait la fuite... Absalom s'éloigna, le remords dans l'âme et l'agitation dans le cœur. Il s'enfuit en exil auprès de Talmaï, roi de Géshur, dans l'espoir qu'un jour son père lui pardonnerait.

Trois ans passèrent. Absalom vivait encore en exil. « Pourquoi ne pas le réconcilier avec son père ? pensa le général Joab. Pourquoi ne pas le faire rentrer dans sa patrie ? Excellente occasion pour se rendre favorable l'héritier du trône ? » Et Yoab se mit à l'œuvre. Il appela une femme de Téqoa et lui dit : *Va chez le roi et feins d'être en deuil ; tu chercheras à émouvoir le cœur de David pour l'amener à se réconcilier avec son fils qui vit en exil. Nous pourrons en obtenir de grands avantages !*

LA RÉBELLION

La femme de Téqoa se présenta devant le roi et se jeta à ses pieds : *Au secours ! ô mon roi, mon seigneur ! — Qu'as-tu ? Parle ! — Ta servante avait deux fils qui se sont querellés ; l'un a tué l'autre. Maintenant ma famille exige la mort du fratricide et il ne me restera plus rien sur la terre, car mon mari est mort aussi. — Retourne chez toi et vis en paix,* répondit David ; *je donnerai des ordres et ton fils vivra. — O mon roi, pourquoi agis tu ainsi avec moi et ne rappelles-tu pas celui que tu as chassé, et qui vit en exil ?*

David comprit. *Eh bien, que Absalom revienne, mais je ne le reverrai jamais.* Il en fut ainsi pendant cinq ans. Absalom ne fut jamais admis en présence du roi. Mais David l'accueillit ensuite au palais royal. Il ne reçut en échange qu'ingratitude. Comme Absalom s'estimait désormais en sécurité et comme il avait l'ambition de régner il monta un complot. A la tête d'une troupe d'hommes armés il se dirigea vers Jérusalem pour usurper le trône.

FUITE DE DAVID

Dès que David eut connaissance des intentions d'Absalom, préoccupé d'éviter une guerre entre père et fils, il quitta Jérusalem à pied, suivi de tout le peuple. La ville et le palais étaient dépeuplés. Absalom pouvait y entrer sans répandre le sang.

DÉFAITE D'ABSALOM

Les prêtres auraient voulu que l'Arche suive le roi en exil, mais David s'y opposa. *Si Dieu le veut, je reviendrai la vénérer,* dit-il seulement. Absalom put entrer triomphalement à Jérusalem, suivi de ses partisans. Il s'empara du palais. Ses soldats occupaient la ville. Il était désormais à la tête d'un royaume. Il commandait les troupes et éditait les lois.

Cependant, beaucoup d'Israélites étaient restés fidèles à David, et Absalom résolut de partir en guerre contre eux hors de Jérusalem. Sûr de la victoire, Absalom lança ses soldats contre ceux de David ; mais dans la forêt d'Ephraïm, il rencontra une résistance inattendue, la défaite. Ce fut le sauve-qui-peut. Dans sa fuite, son épaisse chevelure se prit dans les branchages d'un chêne. Joab, qui le poursuivait, le rattrapa et le tua.

Dieu avait puni Absalom pour sa rébellion contre son père. Mais personne n'osait se présenter devant le roi pour lui annoncer la mort de son fils. *Partez au combat, mais épargnez Absalom !* avait dit David avant l'affrontement. Tout au contraire, Absalom avait expiré sous les flèches de Joab. Ce fut à Joab à parler au roi. Il l'exhorta à faire taire la voix du cœur pour le bien de la nation. Car David, dans sa douleur, ne parvenait pas à prendre le dessus.

LE DÉFILÉ DES TROUPES

David écouta Joab et lui dit après réflexion : *Dieu m'a chargé de garder son peuple, et je le garderai tant qu'il le voudra. Je veux voir mes sujets ; je veux les remercier de m'avoir sauvé la vie ; je veux croire encore à leur fidélité.* Et ce jour-là les troupes défilèrent joyeusement ; puis la foule en liesse acclama David. Cette manifestation chaleureuse le réconforta. Il se ressouvint des promesses de Dieu, du Sauveur à venir.

Le roi rentra à Jérusalem ; mais l'heure de la paix n'avait pas encore sonné. Plusieurs rebelles se soulevèrent et déclenchèrent la guerre civile. Puis les Philistins revinrent attaquer Israël de tous côtés. David échappa de justesse à un coup de lance pendant un combat acharné. Dieu, qui veillait sur Israël, le fit sortir victorieux de la mêlée. L'ennemi se retira. La paix et la prospérité régnèrent plusieurs années.

LE RECENSEMENT

David était satisfait. « J'ai un peuple nombreux et un royaume puissant. Eh bien, je veux connaître le nombre de mes sujets et apprécier la force de mes armes ! Joab, va ! Fais le recensement d'Israël et de Juda. » Joab partit ; pendant neuf mois et vingt jours, il parcourut tout le pays. Puis il revint à Jérusalem et remit à David le résultat du recensement : *Mon roi, le peuple d'Israël a huit cent mille hommes vigoureux, en mesure de manier une épée ; Juda en a cinquante mille.*

LE PROPHÈTE GAD

Les résultats du recensement remplirent David d'orgueil. Mais il compris qu'il avait mal fait, il pria ainsi : *Seigneur, j'ai beaucoup péché. Ce n'est pas la force de mes sujets qui compte, mais ta force. Ce n'est pas moi qui gouverne, mais c'est toi qui gouvernes ton peuple. Je t'en prie, ô mon Dieu, pardonne ma folie.* Le prophète Gad répondit à David au nom de Dieu : *Choisis : ou trois années de famine, ou sept mois de guerre, ou trois jours de peste, en punition du péché que tu as commis.*

LA PESTE

J'accepte le châtiment, je choisis la peste. Mieux vaut tomber dans les mains du Seigneur, car sa miséricorde est grande, que dans les mains des hommes ! Soixante-dix mille personnes moururent de la peste. Puis le Seigneur dit à l'Ange qui frappait le peuple : *Suffit ! Arrête ta main !* Les trois jours prédits par le prophète Gad n'étaient pas achevés. Dieu abrégea le châtiment à cause des prières et des sacrifices offerts par David repenti.

Il y eut une période de tranquillité. David, âgé, sentait approchait la fin de ses jours. Il lui fallait désigner le nouveau roi. Bethsabée, sa femme, mère de Salomon, se rappela la promesse que lui avait faite David autrefois, et elle se présenta à lui :*Mon seigneur,* dit-elle, *tu as juré ceci à ta servante : Salomon, ton fils, régnera après moi. Aujourd'hui, le peuple veut savoir qui sera ton successeur...*

LE SUCCESSEUR DE DAVID

On doit faire ce que j'ai promis ! répondit David. Et il fit venir le prêtre Sadoq, le prophète Nathan et le commandant Benayahu. Il leur dit : *Prenez avec vous la garde royale ; faites monter mon fils Salomon sur ma propre mule, et conduisez-le dans la vallée de Gihon. Là, le prêtre Sadoq lui donnera l'onction comme roi d'Israël ; puis on criera au son du cor : Vive le roi Salomon ! Il ira ensuite s'asseoir sur mon trône et je l'instituerai chef sur tout Israël.*

Salomon était à Gihon. Le prêtre Sadoq prit la corne d'huile du Tabernacle et l'oignit roi, tandis que les cors retentissaient et que le peuple criait : *Vive le roi Salomon !* Quand la cérémonie fut achevée, le nouveau souverain se dirigea vers Jérusalem, où David l'attendait. La multitude le suivait et chantait l'hosanna : *Que Dieu rende le nom de Salomon plus grand que tout nom. Qu'il magnifie son trône plus que celui de David, et que sa gloire soit éternelle !*

Salomon arriva en présence de David. Le vieux roi, assis sur son lit de malade, le reçut avec joie : *Sois fort et montre-toi un homme, afin que s'accomplisse la promesse que le Seigneur m'a faite : si tes fils marchent dans la vérité, tu ne manqueras jamais d'un descendant sur le trône d'Israël.* Peu après le sacre de son fils, David mourut. Tout le peuple le pleura. Il avait régné quarante ans. Fondateur du royaume d'Israël, il avait fait de Jérusalem la capitale politique et religieuse.

Les deux **Livres des Rois** contiennent l'histoire qui va des derniers jours de David à la prise de Jérusalem par les Babyloniens. Dans la première période, c'est la figure du roi Salomon, le constructeur du Temple de Jérusalem, qui domine. Dans la seconde période, nous voyons la séparation du peuple élu en deux royaumes, celui de Juda et celui d'Israël, leurs luttes et leur fin. Les **Livres des Chroniques** nous racontent d'autres faits de l'histoire des rois. C'est à la période de l'exil que se rapporte le **Livre de Tobie,** qui nous transmet l'exemple d'une famille héroiquement fidèle au Seigneur dans un temps de persécution et au milieu des paiens.

de Salomon à l'exil

SALOMON ROI

Salomon n'avait que dix-sept ans quand il monta sur le trône de David son père. Son règne fut un règne de paix. Le jour de son sacre il demanda à Dieu de lui donner la sagesse, afin qu'il sache conduire son peuple dans les voies du bien. *Je te donnerai non seulement la sagesse,* répondit le Seigneur, *mais encore la richesse et la gloire.* Roi très pieux, Salomon fut surtout célèbre par la sagesse de ses jugements.

LES DEUX MÈRES

Un jour, deux mères recoururent à son arbitrage. Elles couchaient dans la même chambre et, comme le nouveau-né de l'une était mort, elle l'avait remplacé, en cachette, par l'enfant vivant de l'autre. Mais comment prouver la vérité ? Salomon ordonna : *Partagez en deux l'enfant vivant et donnez-en la moitié à chacune.* L'une des deux femmes accepta, tandis que l'autre suppliait : *Ne le tuez pas ! Donnez-le plutôt vivant à ma compagne. — Donnez l'enfant à celle qui supplie,* dit Salomon, *c'est elle qui est sa mère.*

Bethsabée avait quelque chose à demander au roi son fils, et elle se présenta à lui. Elle entra dans la salle du trône et s'avança dans une attitude d'imploration, car la mère du roi n'avait aucun pouvoir sur son fils régnant. Cependant, dès que Salomon la vit, il se leva de son siège, alla à sa rencontre et l'accompagna jusqu'au trône qu'il avait fait préparer pour elle. Son amour filial était égal à sa sagesse.

RÈGNE DE PAIX

Pour rendre la paix durable Salomon noua de bonnes relations et des alliances avec les peuples voisins ; et d'abord avec le pharaon d'Egypte, dont les visées de suprématie sur Israël étaient toujours dangereuses. Il demanda en mariage la fille du Pharaon, qui fit son entrée dans la ville de David au côté du jeune roi, pendant que le peuple en fête l'acclamait. Le royaume d'Israël s'étendait jusqu'au pays des Philistins et à la frontière égyptienne.

ALLIANCE AVEC TYR

La principale entreprise de Salomon fut la construction du Temple de Jérusalem. Il s'adressa à Hiram, roi de Tyr, pour qu'il lui fournît le bois des fameux cèdres du Liban. Hiram consentit et trente mille artisans recrutés dans tout Israël se joignirent aux ouvriers de Tyr. Le bois arriva à Jérusalem en grande quantité. Hiram et Salomon se lièrent par un traité d'alliance.

L'IMMENSE CHANTIER

Le bois ne suffisait pas ; il fallait des pierres pour bâtir le Temple. Salomon employa quatre-vingt mille hommes à extraire les pierres sur les montagnes ; soixante-dix mille à les transporter, et d'autres à les tailler. Il ordonna de préparer de grands rochers équarris pour les fondations... Trois mille six cents hommes participaient aux diverses équipes de travail. Salomon en personne dirigeait et surveillait le chantier.

CONSTRUCTION DU TEMPLE

Il fallut trois ans pour préparer les matériaux nécessaires, et sept ans pour édifier le Temple. Il fut construit à un rythme rapide, parce que Salomon se souvenait constamment des paroles que le Seigneur lui avait adressées : *J'agrée la Maison que tu me bâtis... J'habiterai au milieu de vous et je ne vous abandonnerai pas.* Le Temple était très vaste, précédé d'un atrium à portiques aussi long que la façade ; les salles pour les objets du culte s'élevaient tout autour.

LES SCULPTURES

De l'extérieur, l'édifice du Temple apparaissait majestueux, impressionnant, comme une manifestation, en style oriental, de la grandeur de Dieu. A l'intérieur du sanctuaire, des planches de cèdre recouvrent le sol, les murs et le plafond. Des sculptures sur bois en guirlandes de fleurs courent sur le parvis, tandis que des objets fondus en bronze sont destinés au service du culte.

Le bronze le plus remarquable est le bassin dit « mer d'airain ». Il s'agit d'une vaste cuve posée sur douze bœufs répartis en groupes de trois, respectivement tournés vers les quatre points cardinaux : orient, occident, nord et midi ; le bord a la forme d'une corolle de lis épanoui. La « mer d'airain » est placée dans la partie droite du Temple et sert aux ablutions que font les prêtres avant de prendre part aux cérémonies.

DÉDICACE DU TEMPLE

La partie intérieure, séparée du reste du Temple par de grands rideaux, s'appelle le Tabernacle ou Saint des Saints. Quel scintillement merveilleux ! Tout est recouvert d'or très fin, un groupe statuaire monumental habite le lieu : deux anges appelés Chérubins. Ils sont haut de cinq mètres. Leurs ailes ont cinq mètres d'envergure. De l'extrémité de l'aile droite ils touchent le mur, comme pour le protéger.

Le Temple était achevé. Il ne manquait que l'Arche d'Alliance. On célébra une fête. Portée sur les épaules des Lévites, accompagnée des prêtres, des Anciens et des chefs des tribus, précédée de Salomon ainsi que d'un peuple immense sur le point d'immoler des victimes, l'Arche fit son entrée dans le Temple, dans le Saint des Saints, et fut placée sous les ailes des Chérubins ; elle était dissimulée pour signifier l'invisible majesté de Dieu.

Le son des tambours et des trompettes retentissait encore et le peuple chantait l'hosanna autour de l'Arche, quand une nuée remplit la Maison de Dieu. *Le Seigneur a promis d'habiter au milieu de nous et j'ai bâti une Maison en son honneur, afin qu'il y réside éternellement.* Après avoir prononcé ces paroles, debout devant l'autel, Salomon continua ainsi sa prière : *Seigneur, sois favorable à tous ceux qui te prieront en ce lieu. Et exauce aussi les étrangers qui viendront ici.*

RÉPONSE DE DIEU

Après avoir prié longtemps en présence de tout le peuple, Salomon rentra dans son palais. Et voici que Dieu lui apparut dans le silence de la nuit. *J'ai entendu ta prière,* dit-il, *et j'ai choisi ce lieu comme maison du sacrifice. Mes yeux seront ouverts, mes oreilles seront attentives à la prière de tous ceux qui m'invoqueront en ce lieu. Mais si vous abandonnez mes lois, et si vous servez les dieux étrangers, je vous chasserai de ma terre et je vous abandonnerai !*

LA REINE DE SABA

La renommée de la richesse et de la sagesse de Salomon se répandit peu à peu dans le monde. De l'Arabie, la reine de Saba voulut aller à Jérusalem pour connaître le grand roi. Elle partit avec une suite fastueuse, des chameaux chargés d'or, de pierres précieuses et d'aromates. Quand les deux souverains se rencontrèrent, la reine écouta Salomon qui résolvait les questions les plus difficiles et elle s'écria : *Béni soit le Seigneur Dieu qui t'a établi roi ! Béni soit ton Dieu !*

LA FLOTTE

Comme la reine de Saba, d'autres souverains rendirent hommage à Salomon. Ils étaient fascinés par sa magnificence et sa sagesse : *Ce que nous avons vu et entendu dépasse toute attente !* déclaraient-ils. Salomon voulut avoir aussi une flotte commerciale et un corps de marins habiles. Ces derniers furent formés par les experts navigateurs phéniciens du roi Hiram ; la flotte d'Israël alla jusqu'à la terre lointaine d'Ophir, d'où elle rapporta des épices, des pierres précieuses et des animaux rares.

L'IDOLATRIE

Mais le cœur de Salomon se laissa bientôt corrompre. Il eut l'ambition de devenir le plus grand monarque d'Orient, et il s'entoura d'un luxe excessif. Il leva des impôts énormes qui chargèrent le peuple d'un poids écrasant. Il désobéit à Dieu et fut puni par le déclin de sa monarchie. Son amitié avec les souverains étrangers amena Salomon à construire des temples aux dieux des Phéniciens et des Ammonites, à vénérer la déesse Astarté et l'idole Milkom sur la montagne devant Jérusalem.

LE PROPHÈTE AHIA

La bénédiction de Dieu ne pouvait plus descendre sur le peuple d'Israël. Jéroboam, homme fort et courageux, était en service dans la maison de Salomon. Un jour, comme il sortait de Jérusalem, il tomba sur le prophète Ahia, de Silo. Celui-ci déchira son manteau en douze morceaux et lui dit : *Prends dix morceaux pour toi, car Dieu dit: « Je retirerai le royaume des mains de Salomon, et je donnerai dix tribus à Jéroboam. Une seule tribu demeurera avec le fils de David. »*

MORT DE SALOMON

Le roi chercha vainement à se débarrasser de Jéroboam, qui s'enfuit en Egypte. Les derniers jours de Salomon furent assombris par une triste vision : le royaume d'Israël divisé, ce royaume qu'il avait tenu dans les mains pendant quarante ans. Et la voix sévère de Dieu répéta : *Je n'enlèverai pas le royaume à Salomon, mais à son fils. Je ne laisserai à celui-ci qu'une seule tribu, afin qu'il reste toujours une lampe en mémoire de David, mon serviteur.* Salomon mourut et fut enseveli dans la Cité de David.

ROBOAM ROI DE JUDA

L'assemblée d'Israël se présenta à Roboam, fils de Salomon, dans la ville de Sichem et lui dit : *Diminue le montant des impôts dont ton père nous a chargés. — Dans trois jours vous aurez ma réponse,* déclara Roboam. Il consulta les anciens qui lui conseillèrent: *Donne satisfaction au peuple, et il sera toujours avec toi.* Les jeunes lui dirent, au contraire : *Fais savoir au peuple que tu seras plus exigeant que ton père !* Roboam préféra suivre ce conseil insensé.

JÉROBOAM ROI D'ISRAEL

Aussitôt, le peuple se révolta et constitua un royaume séparé, le royaume d'Israël, dont Jéroboam, fils de Nebat, de retour d'Egypte, fut élu roi. Les tribus de Juda et de Benjamin, qui constituaient le royaume de Juda, avec Jérusalem pour capitale, restaient fidèles à Roboam fils de Salomon. Jéroboam choisit la ville de Sichem pour sa propre capitale. Il favorisa l'idolâtrie en érigeant deux veaux d'or, pour que son peuple n'aille pas à Jérusalem.

Jéroboam avait fait construire des temples d'idoles sur les hauts lieux de Béthel. Un prophète, à qui Dieu avait ordonné de parler au roi, arriva à Béthel : *Un jour les ossements de ceux qui offrent maintenant de l'encens brûleront sur cet autel !* — Prends cela ! cria Jéroboam en levant la main sur le prophète. Mais sa main fut aussitôt paralysée. *Prie Dieu pour moi, afin qu'il me rende la santé,* supplia-t-il. Le prophète rendit la santé au roi, puis il s'en alla.

LE TEMPLE PILLÉ

Malgré ce prodige, Jéroboam ne se convertit pas et continua à s'enfoncer dans l'impiété. Dieu le punit par la maladie de son fils Abia. Le prophète dit à la mère d'Abia, venue le consulter : *Va dire à Jéroboam que le Seigneur frappera tous les mâles de sa maison et que, sauf Abia, aucun ne sera enseveli ; enfin, en raison de ses péchés, le peuple d'Israël sera déraciné et dispersé.* La femme de Jéroboam retourna chez elle, et, précisément quand elle franchissait le seuil, elle apprit qu'Abia était mort.

Le royaume de Juda tomba aussi dans l'idolâtrie et Roboam édifia des autels aux idoles. Le châtiment ne tarda pas : Shishaq, pharaon d'Egypte, marcha contre Roboam. *Vous m'avez abandonné et moi je vous abandonne aux mains de Shishaq !* dit Dieu par la bouche du prophète Shemaya. Les chefs de Juda comprirent et reconnurent : *Dieu est juste.* Le Seigneur accepta leur repentir et promit : *Puisqu'ils se sont humiliés, je leur accorderai mon aide, et ma colère ne s'abattra pas sur Jérusalem.*

Jérusalem fut épargnée, mais Shishaq exigea un lourd tribut. *Ainsi,* dit Dieu, *le peuple de Juda comprendra quelle différence il y a entre me servir et servir les rois de la terre !* Shishaq s'empara des trésors volés au Temple de Jérusalem et au palais de Roboam et retourna en Egypte. Dieu ne décréta cependant pas la disparition du royaume de Juda, parce qu'il y avait un grand nombre de justes qui faisaient le bien. Le trône resta encore aux mains des descendants de Roboam pendant des années.

ABIAM ROI DE JUDA

Après la mort de Roboam, ce fut le plus sage et le plus vaillant de ses fils, Abiam, qui monta sur le trône de Juda. La guerre étant survenue avec le royaume d'Israël, Abiam, avec quatre cent mille soldats, se heurta à l'armée de Jéroboam, forte du double. Mais il cria à ses adversaires : Croyez-vous pouvoir résister au Seigneur, vous qui avez pris position contre lui ? Les soldats de Jéroboam prirent peur, et l'armée d'Abiam battit Israël. Jéroboam mourut, tandis qu'Abiam consolidait son royaume.

ASA ROI DE JUDA

Après Abiam, c'est son fils Asa qui régna sur Juda. En dix ans de paix, il se préoccupa de fortifier les villes, mais il eut surtout le souci de détruire les sanctuaires des idoles. Il éloigna aussi du palais sa grand-mère, qui s'était faite prêtresse de la divinité païenne Astarté ; il incendia le bosquet qui avait été dédié aux idoles. Le Seigneur montra qu'il agréait l'œuvre d'Asa en aidant le royaume de Juda dans sa guerre contre Zérah, roi d'Ethiopie.

Asa envoya un jour des ambassadeurs en Syrie avec des cadeaux pour le roi Ben-Hadad. *Notre roi t'envoie de l'or et de l'argent, pour que tu rompes l'alliance que tu as contractée avec le roi d'Israël.* Satisfait de ces présents, Ben-Hadad s'allia avec Juda, et son armée envahit le territoire d'Israël. Devant l'avance des Syriens, le roi d'Israël s'enfuit de la ville fortifiée de Rama et abandonna un riche butin, qu'Asa utilisa pour construire deux villes, Géba et Mispa, à peu de distance de Jérusalem.

LE PROPHÈTE JÉHU

Le roi légitime d'Israël était alors Nadab, mais la descendance de Jéroboam devait périr. Baasa fut l'instrument de Dieu. Il complota contre Nadab et l'assassina, puis il massacra toute la famille de Jéroboam. Baasa fut roi d'Israël pendant vingt-quatre ans. Il se disqualifia par une série de crimes. Le prophète lui dit : *Le Seigneur fera de ta maison ce qu'il a fait de la famille de Jéroboam.* Ela, successeur de Baasa sur le trône, fut tué avec toute sa famille par le chef de la cavalerie, Zimri.

GUERRE CIVILE

Zimri se proclama alors roi d'Israël. A ce moment l'armée assiégeait la ville philistine de Gibbeton. De là, Omri, chef de l'armée d'Israël, la poussa à se battre contre Zimri. Celui-ci se réfugia dans la région de Tirsa. Quand il se vit perdu, il mit le feu à sa maison et se laissa dévorer par les flammes. Il n'avait régné que sept jours. Deux rivaux se disputèrent alors le trône : Omri et Tibni. La guerre fratricide dura quatre ans, mais finalement Tibni mourut, et le peuple élut roi Omri, qui régna douze ans.

Omri acquit de Sémer une montagne et y fonda la ville qui allait devenir la capitale du royaume d'Israël : Samarie. C'était une ville à l'abri des attaques ennemies, placée sur une hauteur, dans une plaine entourée de montagnes. Omri fit construire de riches édifices, au centre desquels s'élevait le palais royal. Samarie était la digne rivale de Jérusalem, capitale du royaume de Juda. Mais les habitants se conduisirent mal et le culte des faux dieux y fut installé.

ACHAB ROI D'ISRAEL

Le sceptre passa dans les mains d'Achab, fils d'Omri. Il avait épousé Jézabel, princesse païenne, qui apporta ses dieux de Sidon en Israël. « Achab, bâtissons-leur un temple ! » Et le roi, par amour de sa femme, éleva à Samarie un temple et un bosquet dédiés à Baal. Puis il imposa à tous ses sujets d'adorer l'idole païenne ; il idolâtra toutes sortes de divinités étrangères ; il persécuta les prophètes.

LE PROPHÈTE ÉLIE

Pour maintenir vivante la foi dans le peuple élu, Dieu suscitait des prophètes. Par vocation, ceux-ci parlaient au nom du Seigneur et communiquaient aux hommes ce qu'Il leur ordonnait de révéler. Ainsi, à l'époque où régnait Achab, dont l'idolâtrie était un scandale pour tout Israël, Dieu lui envoya le prophète Elie. *Va chez le roi,* dit Dieu, *et annonce-lui qu'en punition de ses péchés il ne tombera plus sur la terre durant trois ans ni pluie ni rosée, et qu'il y aura beaucoup de morts.*

Terrorisé, Achab ne voulut pas écouter le triste présage, et il écarta le prophète, le menaçant de mort. Elie s'enfuit et alla se cacher sur le bord du torrent de Kerit. En effet, Dieu lui avait dit : *Là, tu boiras au torrent, et tu seras nourri par un corbeau que j'enverrai pour te servir.* Ainsi, matin et soir, l'oiseau apportait du pain et de la viande au prophète, et Elie buvait l'eau du torrent. Mais quelque temps plus tard, le torrent se dessécha, car les sources avaient tari et il ne pleuvait pas.

LA VEUVE DE SAREPTA

Elie se dirigea alors vers la ville de Sarepta. Aux portes de la ville, il rencontra une veuve qui ramassait du bois. *Je t'en prie, donne-moi un peu d'eau et un morceau de pain,* lui dit Elie. *Je n'ai pas de pain,* répondit la femme, *mais seulement un peu de farine et un peu d'huile. Je ramasse du bois pour cuire le peu qui me reste pour mon fils et moi ; ensuite nous mourrons de faim.* Elie la réconforta : *Ne crains rien : fais cuire un pain aussi pour moi, et je t'assure que rien ne te manquera.*

L'ENFANT RESSUSCITÉ

La femme obéit, et ce que le prophète avait prédit arriva : tous les trois eurent à manger à satiété, sans que les provisions diminuent. Un jour cependant, le fils de la veuve tomba gravement malade et mourut. Au comble de la douleur, la femme invectiva le prophète ; elle aurait voulu le chasser, mais Elie ne s'émut pas. Il pria : *Seigneur, rends la vie à cet enfant !* Dieu exauça sa prière : l'âme revint dans l'enfant, qui se remit à vivre.

SUR LE CARMEL

Pendant ce temps, le roi Achab persévérait dans l'idolâtrie : le culte du vrai Dieu avait été remplacé dans le royaume d'Israël par le culte de Baal. Elie ordonna un jour à Achab de rassembler le peuple sur le mont Carmel. Puis il donna encore cet ordre : *Que l'on élève deux autels et que l'on place deux bœufs sur ces autels. Les prêtres de Baal invoqueront leur dieu, et moi j'invoquerai le nom du Seigneur. Le Dieu qui enverra le feu au bois posé sous la victime, c'est lui le vrai Dieu.*

LE VRAI DIEU

Les deux autels furent préparés et les prêtres de Baal commencèrent à crier : « Baal, n'oublie pas notre supplication ! Exauce-nous. Descends sur cet autel et mets le feu à la victime. » Ils crièrent depuis l'aube jusqu'au coucher du soleil, mais personne ne leur répondit. Ils crièrent plus fort... En vain ! Elie intervint alors : « O Dieu d'Israël, montre que tu es le vrai Dieu. » Et voici qu'un feu descendit du ciel et dévora la victime. Tout le peuple se prosterna en s'écriant : *Le Seigneur est le vrai Dieu !*

LA PLUIE

En exprimant son repentir, le peuple obtint du ciel la pluie attendue. Et ce fut Elie qui l'annonça au roi Achab. Le prophète monta sur le mont Carmel, accompagné d'un serviteur. Arrivé au sommet, il se prosterna et se mit en prière. Puis il dit à son serviteur : *Regarde du côté de la mer, et dis-moi ce que tu vois. — Je vois s'approcher un petit nuage très, très léger. — Allons-nous en,* répondit Elie, *c'est la pluie.* Un orage s'abattit sur le pays, avec une pluie abondante.

Après les prodiges du mont Carmel, la reine Jézabel se mit à poursuivre le prophète de sa haine, et celui-ci fut obligé de s'enfuir dans le désert. Assis à l'ombre d'un genêt, exténué, il pria Dieu de mettre un terme à sa vie. Puis, il s'endormit. Un ange le toucha et lui dit : *Lève-toi et mange, car un long chemin t'attend.* Elie s'éveilla et vit près de lui une cruche d'eau et un pain. Il mangea et but ; cette nourriture lui donna la force de marcher pendant quarante jours et quarante nuits.

ÉLISÉE

Arrivé au mont Horeb, Elie se retira dans une grotte ; un jour, la montagne fut secouée par des rafales de vent, des secousses, et zébrée de feu. Puis une brise légère souffla. Elie murmura : *Ce doit être la présence de Dieu !* Et il sortit de la grotte. Une voix l'arrêta : *Que fais-tu ici ? — Je brûle de zèle, Seigneur, parce que les fils d'Israël t'ont oublié. — Va à Damas. Là tu iras oindre Hazaël comme roi de Syrie, Jéhu comme roi d'Israël et Elisée comme prophète à ta place.*

Elie se dirigea alors vers Damas, silencieux et pensif. Tout à coup, il aperçut au loin un homme qui conduisait ses bœufs au labour. Elie demeura un instant perplexe, puis, poussé par une force mystérieuse, il courut pour rejoindre le laboureur : il avait reconnu Elisée en lui. Dès qu'il fut près de lui, il lui jeta son manteau sur les épaules, lui communiquant ainsi le don de prophétie. Elisée comprit, et il suivit Elie, après avoir pris congé de son père et de sa mère.

LA VIGNE DE NABOT

Il y avait dans la ville de Yizréel, tout près du palais royal d'Achab, une belle vigne. Le roi voulait l'acheter, mais Nabot, son propriétaire, ne voulait pas la céder, car elle était l'héritage qu'il tenait de ses aïeux. Le refus de Nabot irrita tellement Achab que, revenu au palais, il refusa toute nourriture et jeûna longtemps. Jézabel intervint : *Ne t'inquiète pas, mon roi. Souviens-toi que ton autorité est grande... Lève-toi, mange et fais-moi confiance. Je te la donnerai, moi, la vigne de Nabot.*

PROPHÉTIE D'ÉLIE

La perfide reine choisit deux faux témoins et fit condamner Nabot, dans un procès public, à être lapidé comme blasphémateur. Achab pouvait ainsi s'approprier la vigne ; la loi déclarait que les biens des condamnés devaient être confisqués par le souverain. Il se rendit donc à sa nouvelle propriété. Mais Elie l'attendait dans la vigne, sévère : *Voici ce que dit le Seigneur : En cet endroit, où les chiens ont léché le sang de Nabot, ils lécheront aussi le tien.*

Trois ans passèrent. Achab, allié à Josaphat de Juda, déclara la guerre au roi de Syrie. Celui-ci avait prescrit aux capitaines des chars d'attaquer uniquement le roi d'Israël. Pour ne pas être reconnu, Achab s'était déguisé et était monté sur un char, pour être confondu avec les autres. Une flèche lancée par hasard le transperça. Dans l'ardeur de la bataille, le conducteur ne parvint pas à sortir le char de la mêlée, et Achab mourut dans le char, après avoir perdu tout son sang.

Son cadavre fut transporté à Samarie où il fut enseveli. Son char fut lavé dans l'étang de la ville et, selon la prophétie d'Elie, les chiens vinrent lécher le sang du roi. Quant à Jézabel, la perfide conseillère d'Achab, elle fut jetée par une fenêtre pendant une émeute, et foulée aux pieds par des chevaux. Quand on voulut lui donner une sépulture, on ne retrouva d'elle que son crâne, ses pieds et ses mains. Les paroles d'Elie se vérifiaient.

ÉLIE ET OCHOZIAS

Ochozias, fils d'Achab, lui succéda sur le trône d'Israël. Il tomba un jour du premier étage de sa maison, à Samarie. Il s'en tira avec de graves blessures, et il envoya des messagers pour consulter le dieu d'Eqron afin de savoir s'il recouvrerait la santé. Les messagers firent la rencontre d'Elie : *Vous allez consulter Baal-Zebub, dieu d'Eqron ; mais n'y a-t-il pas un Dieu en Israël, votre Dieu ? Dites au roi que le Seigneur lui adresse le message suivant : Tu ne quitteras plus le lit.*

A cette nouvelle, Ochozias décida de s'emparer du prophète, et il lui envoya par deux fois un peloton de cinquante hommes. *Homme de Dieu, le souverain t'ordonne de descendre de la montagne — Si je suis un homme de Dieu,* répondit Elie, *que le feu descende du ciel et vous dévore !* Et le feu descendit et réduisit les envoyés en cendres. Un troisième groupe arriva, et son chef supplia le prophète : *Homme de Dieu, ne méprise pas notre vie ; aie pitié de nous !* Un ange dit alors à Elie : *Descends avec lui, ne crains pas.*

LE CHAR DE FEU

Le jour vint où Elie fit ses adieux à Elisée ; sa mission était accomplie, et il devait disparaître. Mais Elisée ne voulait pas se séparer d'Elie. Quand ils furent arrivés sur les bords du Jourdain, Elie frappa les eaux de son manteau : les eaux se divisèrent, et les deux hommes traversèrent à pied sec. Tout d'un coup, voici qu'un char de feu descendit du ciel, traîné par des chevaux ; il descendit dans un tourbillon et enleva Elie.

LE MANTEAU D'ÉLIE

Elisée se sentit désemparé. Mais il se ressaisit vite. Il serra sur sa poitrine le manteau d'Elie et prit le chemin du retour. Il arriva au bord du Jourdain et se demanda : Aurai-je le pouvoir d'Elie ? Et de son manteau il toucha l'eau du fleuve. Les eaux se séparèrent... A quelque distance de là, des hommes de la ville de Jéricho avaient vu le miracle ; ils s'écrièrent : « Sois béni, Elisée ; l'esprit d'Elie s'est posé sur toi ! »

MIRACLES D'ÉLISÉE

Elisée s'arrêta à Jéricho. Les habitants vinrent lui dire : *Le séjour dans cette ville est excellent, mais les eaux sont malsaines et la terre peu fertile.* Le prophète, qui avait le don d'accomplir des miracles, ordonna : *Apportez-moi une écuelle neuve pleine de sel, et accompagnez-moi.* Arrivé à la source, il y jeta le sel et dit : *Les eaux sont maintenant saines, elles ne causeront plus ni mort ni stérilité.*

Les eaux de Jéricho étant assainies, Elisée monta vers la ville de Béthel. Il avançait lentement, car il était fatigué et pensif. Brusquement, des voix retentirent : *Monte, tête chauve... Monte !* Elisée s'arrêta et regarda : un groupe de petits garçons sortis de la ville se moquaient de lui. Leur groupe était très nombreux et allait lui faire un mauvais parti, lorsque le Seigneur vint au secours de son prophète : deux ours débouchèrent tout d'un coup du bois et mirent en pièces quarante-deux des vilains moqueurs.

LES VASES D'HUILE

Une pauvre veuve se jeta un jour aux pieds d'Elisée : *Je n'ai pas de quoi satisfaire mes créanciers et ils veulent faire de mes fils des esclaves. Sauve-nous !* — *Ne crains rien,* répondit le prophète : *emprunte des récipients vides ; empruntes-en beaucoup... Verse le peu d'huile qui te reste dans ces vases et, tu verras, ils seront tous remplis jusqu'au bord. Vends ensuite l'huile et paie tes dettes.* Par miracle, en effet, l'huile ne s'épuisa pas, et la sérénité revint dans cette pauvre maison.

NAAMAN LE LÉPREUX

Naaman, chef de l'armée du roi d'Aram, atteint de la lèpre, vint trouver Elisée. Le prophète ne se montra pas. Il lui fit seulement dire d'aller se laver sept fois dans le Jourdain. Naaman se sentit offensé et protesta : *Je croyais que le prophète sortirait de chez lui, me toucherait et me guérirait aussitôt. Quoi ? Les eaux du Jourdain seraient-elles meilleures que celles des fleuves de Damas ?* Toutefois, il obéit : il se rendit au fleuve, où il se plongea sept fois, et il fut guéri.

Elisée dit à son serviteur Géhazi: *Tu t'es procuré de l'or et des vêtements par ruse et par mensonge ; eh bien, maintenant, tu seras couvert de lèpre !* Pourquoi ? Le prophète avait-il guéri Naaman pour frapper son serviteur ? Non ; le prophète voulait punir le péché. Il avait en effet, refusé les cadeaux de Naaman, qui voulait le remercier de sa guérison. Alors Géhazi s'était présenté au nom de son maître et avait réclamé ces cadeaux, de l'or et des vêtements.

JORAM ROI D'ISRAEL

A la mort d'Ochozias, c'est son frère Joram qui monta sur le trône. Ce dernier fit alliance avec Josaphat, roi de Juda, pour combattre Mésa, roi de Moab. L'eau vint à manquer aux armées. *Creusez des fossés dans le lit du torrent,* conseilla le prophète Elisée. Une quantité d'eau jaillit de la terre rouge. Les Moabites la prirent pour des ruisseaux de sang. Ils crurent que les soldats de Joram et de Josaphat s'étaient querellés et s'étaient entretués. Alors ils livrèrent bataille et furent battus.

Quand le roi d'Aram entra en guerre contre Israël, il tint un conseil secret avec ses officiers pour tendre un piège au roi Joram et le faire prisonnier par traîtrise. Mais Elisée se présenta à son souverain et lui dit : *Ne passe pas par cet endroit, car il y a des Araméens placés en embuscade.* Suivant les conseils du prophète, Joram parvint plusieurs fois à sauver son armée et son territoire des attaques des chefs araméens de Syrie.

Tout le pays de Moab devint un champ de bataille. La capitale fut assiégée. Elle était sur le point de tomber sous l'assaut des Hébreux. Alors Mésa monta sur les murailles et là, à la vue de son peuple et des assiégeants, il immola au dieu Kemosh son fils aîné, qui devait lui succéder sur le trône. « *C'est horrible ! C'est horrible !* » crièrent les Hébreux. A la suite de cet affreux sacrifice, les Moabites éprouvèrent un grand ressentiment contre les Hébreux, et ceux-ci préférèrent lever le siège et retourner chez eux.

LE SIÈGE DE SAMARIE

En ce temps-là, Samarie fut assiégée par le roi de Syrie. Les portes de la ville étaient étroitement surveillées. Quand les provisions furent toutes épuisées, un enfant fut découpé en morceaux, on le fit cuire et on le mangea. Le roi Joram en fut accablé de douleur et s'en prit violemment à Elisée. Celui-ci pria et assura que le lendemain on ne manquerait pas de nourriture. Les assiégeants s'enfuirent, et les Samaritains prirent le ravitaillement qu'ils avaient abandonné.

RÉVOLTE DES ÉDOMITES

Josaphat, roi de Juda, mourut, et son fils Joram lui succéda. Joram prit les armes contre les Edomites qui s'étaient révoltés. Mais après avoir été battus par l'armée de Joram, les Edomites se réorganisèrent et passèrent à l'offensive. Edom était une ville forte et, par opposition à Juda, elle se choisit un roi. Joram dut pleurer la disparition de presque tous ses familiers, pillés par les Arabes. Il payait ainsi un crime atroce : il avait tué ses frères pour monter sur le trône.

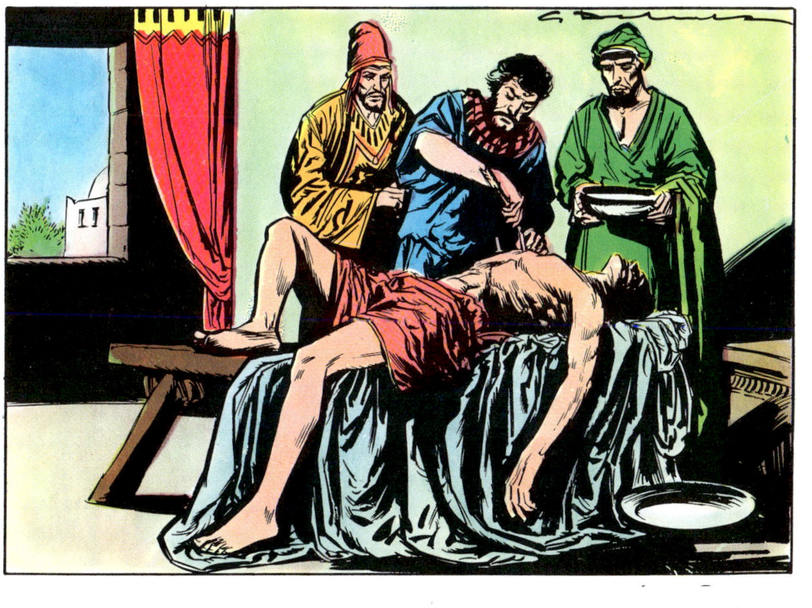

A la mort de Joram, son fils Ochozias lui succéda sur le trône de Juda. Ochozias s'allia à Joram d'Israël. Les deux armées partirent pour Ramot de Galaad, ville tombée aux mains des Araméens de Syrie au temps d'Omri. Cependant, la malédiction divine était suspendue sur Joram pour les péchés commis par son père Achab et par sa mère Jézabel. Les flèches des archers araméens le blessèrent gravement, ce qui l'obligea à se retirer dans la ville de Yizréel pour se faire soigner.

10

JÉHU SACRÉ ROI

Alors que Joram se trouvait à Yizréel en convalescence, l'armée d'Israël, occupée à combattre à Ramot de Galaad, était commandée par Jéhu. Un serviteur d'Elisée vint le trouver et lui dit : *Voici ce que Dieu dit : Tu seras sacré roi d'Israël. Tu abattras la maison d'Achab.* Après avoir ainsi parlé, il lui versa sur la tête l'huile de la consécration. *Je suis oint roi d'Israël,* déclara Jéhu aux principaux chefs d'Israël ; et ces derniers prirent leurs manteaux et les lui déposèrent aux pieds, en signe de soumission.

Que personne n'apporte la nouvelle à Joram ! ordonna Jéhu. Il partit avec une escorte vers la ville de Yizréel. Les deux rois, Joram et Ochozias, vinrent à sa rencontre. *Est-ce la paix pour ton roi, Jéhu ?* demanda Joram. *Quelle paix peut-il y avoir entre nous, tant que durent les sorcelleries de ta mère ?* Joram fit faire demi-tour à son char pour s'enfuir, mais une flèche lui transperça le cœur. *Jetez-le dans le champ de Nabot,* ordonna Jéhu, *car Dieu a dit : Je te ferai payer dans ce même champ le sang de Nabot.*

EXTERMINATION DES IDOLATRES

Jéhu manifesta sa résolution d'extirper l'idolâtrie du royaume. C'est par lui que se réalisèrent les paroles d'Elie, qui avait prophétisé la destruction de toute la maison d'Achab. Par des moyens qui ne peuvent pas être approuvés, Jéhu fit rassembler les prêtres de Baal, revêtus de leurs habits sacerdotaux ; il fit semblant de s'intéresser au culte de leurs dieux, puis il ordonna de les assassiner tous dans le temple. Dans toutes les villes d'Israël, on donna la chasse aux adorateurs de Baal et aux descendants du roi Achab.

ATHALIE

Le trône de Juda fut usurpé par Athalie, fille d'Achab et de Jézabel. Mais Yoshéba, sœur du défunt roi Ochozias, pénétra dans le palais et enleva le petit prince Joas, que le grand prêtre Yehoyada cacha dans le Temple pendant sept ans. Il rassembla alors les chefs militaires et leur présenta l'enfant. La multitude l'acclama : *Vive le roi !* Du palais voisin, Athalie entendit le vacarme et accourut au Temple ; mais Joas avait été sacré. L'usurpatrice fut tuée.

JOAS ROI DE JUDA

Joas, roi à sept ans, grandit sous la direction de Yehoyada, le grand prêtre. Son premier soin fut de restaurer la maison du Seigneur, que l'impie Athalie et ses fils avaient détruite. Tout le peuple versa des offrandes pour les travaux de restauration. Ainsi le culte du vrai Dieu reprit avec ferveur dans tout le royaume de Juda. Mais plus tard, en vieillissant, Joas oublia le droit chemin sur lequel il avait marché, et il céda aux Princes qui lui demandaient d'adorer les idoles.

MORT D'ÉLISÉE

Sous le règne de Joas, Elisée termina sa mission de prophète, et ses disciples l'ensevelirent au fond d'une caverne de la montagne. Le Seigneur voulut par un miracle perpétuer le souvenir de ses enseignements dans le peuple. Un jour, des hommes se préparaient à enterrer un mort, quand surgit une bande de brigands. Epouvantés, les hommes jetèrent le cadavre dans le tombeau d'Elisée et s'enfuirent. Au contact des ossements du saint, le corps revint à la vie.

LE PROPHÈTE ZACHARIE

Parce que vous avez abandonné le Seigneur, il vous abandonnera, dit Zacharie. Mais Joas, devenu idolâtre, ne voulut pas entendre la parole de Dieu et ordonna de lapider le prophète à l'entrée du Temple. *Que le Seigneur voie et fasse justice !* s'écria Zacharie en mourant. L'année suivante, Hazaël, roi d'Aram, partit en guerre contre Juda, mais Joas, pour l'arrêter, lui envoya de riches présents qu'il avait fait voler dans le Temple.

JOACHAZ ROI D'ISRAEL

Jéhu, qui avait été un ardent défenseur du peuple de Dieu, avait reçu une promesse : *Tes descendants régneront sur Israël jusqu'à la quatrième génération.* Mais la cruauté de son cœur lui attira une punition : son fils Joachaz vit son armée complètement détruite dans la guerre contre les Araméens. Les vainqueurs qui l'asservirent ne lui concédèrent de s'entourer que de 50 cavaliers, 10 chars de guerre et de 10 000 fantassins. Le royaume d'Israël fut ainsi profondément humilié pendant un certain temps.

AMASIAS DE JUDA

La prospérité revint en Israël. Amasias, après avoir battu les Edomites, voulut lui porter un grand coup. *Que Joas, roi d'Israël, arrive ! Nous le battrons.* Joas ne voulut pas de guerre fratricide : *Tu t'enorgueillis d'avoir battu Edom, Amasias. Reste chez toi, et ne provoque pas une guerre qui te serait néfaste !* Amasias prit quand même les armes. Mais les idoles qu'il avait enlevées aux Edomites, et qu'il avait emportées pour les adorer, allaient lui causer une catastrophe.

BATAILLE DE BETH-SHÉMESH

Le choc entre les deux armées eut lieu à Beth-Shémesh, au royaume de Juda. Il fut terriblement meurtrier. A la fin, les troupes d'Israël parvinrent à encercler et à capturer Amasias. L'armée de Juda prit la débandade. Joas entra triomphalement à Jérusalem, traînant derrière lui Amasias enchaîné. Il pilla les richesses du Temple et du palais royal, puis il revint à Samarie.

JÉROBOAM II

Comme l'avait prédit le prophète Jonas, le royaume d'Israël retrouva ses frontières sous Jéroboam II, fils de Joas, ainsi que la paix et la prospérité. Mais avec le bien-être les habitants devinrent de plus en plus mauvais. Pour les ramener dans le droit chemin, Dieu leur envoya le prophète Amos, qui déclara : *Ma vengeance jaillira comme l'eau. Je vous déporterai au-delà de Damas. Jéroboam périra par l'épée ; Israël tombera en servitude et partira en exil.*

COMPLOTS

Six mois après la mort de Jéroboam, Shallum complota contre Zacharie, qui était devenu roi d'Israël. Il l'assaillit publiquement et le tua. La descendance de Jéhu était arrivée à la quatrième génération et elle disparut, selon la parole du Seigneur. Divers prétendants aspirèrent au trône d'Israël. Shallum, Menahem, Paqaya, Phacée et enfin Osée se succédèrent. Osée monta sur le trône en 732 avant Jésus-Christ.

OZIAS ROI DE JUDA

Tandis qu'en Israël le désordre régnait, le trône de Juda passait de père en fils, et Ozias succédait à Amasias. Jeune et fort, le cœur rempli de rêves ambitieux, Ozias livra bataille contre les Philistins. Il les vainquit et contraignit les Ammonites à lui payer tribut. Il construisit de puissantes tours sur les murailles de Jérusalem et les munit d'armes capables de lancer des flèches et de grosses pierres. Le nom d'Ozias devint célèbre.

LA LÈPRE

La renommée tourna la tête à Ozias, qui osa offrir de l'encens sur l'autel des parfums. *Ce n'est pas à toi de faire brûler de l'encens,* lui rappela le grand prêtre. Ozias le menaça de son encensoir. Tout à coup, son front enfla et se couvrit d'ulcères : c'était l'horrible lèpre. Atterré, Ozias se retira du Temple, s'enfuit du palais et vécut solitaire pour ne pas propager son mal. Son fils Yotam gouverna à sa place.

YOTAM

Pour augmenter la splendeur de la maison du Seigneur, Yotam édifia la Porte Supérieure du Temple. Il fit la guerre aux Ammonites, les battit et leur imposa un lourd tribut : « Vous paierez cent talents d'argent, dix mille mesures de blé et autant d'orge. » Yotam était devenu puissant. Rason, roi d'Aram, et Phacée, roi d'Israël, lui proposèrent d'adhérer à leur ligue contre les Assyriens. Yotam refusa, et les deux souverains le combattirent alors dans l'espoir de le vaincre, pour affronter ensuite les Assyriens.

PROPHÉTIE D'ISAIE

A Yotam succéda son fils Achaz, qui partit en guerre contre Rason et Phacée: Il fut battu et contraint de s'enfermer dans Jérusalem. Achaz perdit 120 000 hommes valeureux sur le champ de bataille, et une grande partie des habitants furent faits prisonniers et emmenés en Samarie. *Reconduisez les prisonniers dans leur tribu, puisque la colère de Dieu est sur vous !* conseilla le prophète Oded. Les chefs d'Israël obéirent, et de nombreux prisonniers capturés en Juda furent relâchés.

Achaz, assiégé dans Jérusalem, se souvint que Mésa de Moab avait obtenu une victoire en sacrifiant un de ses fils. Il dit : *Moi aussi, je sacrifierai mon fils aîné, et j'obtiendrai la victoire !* Mais ce crime affreux ne lui concilia pas la faveur de Dieu. Achaz fit alors appel à l'aide de Téglat-Phalasar III, roi d'Assyrie. Celui-ci intervint avec sa puissante armée et mit en déroute les armées alliées d'Aram et d'Israël. Mais Achaz devint un roi vassal du puissant empire assyrien.

Dans sa folie, Achaz se retourna même vers les dieux des peuples qui l'avaient vaincu. *J'apaiserai les dieux de Syrie,* déclara-t-il, *et ils m'aideront.* Alors il fit sortir les vases sacrés de la maison du Seigneur ; il ferma les portes du Temple de Jérusalem. Il éleva des autels et il offrit de sa main des holocaustes et de l'encens aux faux dieux. Le prophète Isaïe déclara alors : *Ce fleuve impétueux qu'est le roi d'Assyrie passera à travers Juda, débordera, inondera, submergera, montera jusqu'au cou.*

LE DERNIER ROI D'ISRAEL

Le prophète annonça : *Comme passe le matin, ainsi passera le roi d'Israël. J'ai aimé Israël,* dit le Seigneur, *mais il immole des victimes à Baal. Il aura pour roi Assur, parce qu'il n'a pas voulu se convertir.* Derniers appels de Dieu à son peuple préféré... puis viendra la catastrophe : *Que Samarie périsse parce qu'elle a détesté son Dieu ; que ses femmes et ses enfants périssent par l'épée !* Le moment était arrivé : le malheur fondit sur le peuple quand Osée devint roi d'Israël.

Pour usurper le trône, Osée avait tué le roi Phacée. Israël n'était plus qu'un petit royaume, parce que Phacée avait été vaincu par l'Assyrien Téglat-Phalasar et avait dû lui céder la Galilée et la Transjordanie. Osée refusa de payer aux Assyriens le tribut annuel. Le nouveau roi d'Assyrie, Salmanasar V, assiégea Samarie et fit Osée prisonnier. C'est ainsi que le royaume d'Israël prit fin, 724 ans avant la naissance de Jésus.

LA DÉPORTATION

Pourtant Israël tenait encore, et le siège de Samarie dura trois ans. Le roi assyrien Sargon, successeur de Salmanasar, s'empara de la ville, y fit démolir les bâtiments, pilla, pendit les vaincus et, selon le terrible traitement que les Assyriens réservaient toujours aux peuples vaincus, il déporta en masse les Israélites, les uns à Halah, les autres à Habor. Les menaces que Dieu avait fait proférer par les prophètes contre le peuple idolâtre et ingrat s'accomplirent à la lettre.

DES LIONS EN SAMARIE

Le roi assyrien envoya des populations qui lui étaient fidèles pour occuper le territoire d'Israël. Des colonies de Babyloniens et autres païens s'établirent donc en Samarie, non sans apporter avec eux leurs dieux, qu'ils adorèrent. Mais tout à coup les diverses régions du royaume d'Israël furent infestées de lions rugissants qui mirent en pièces les populations païennes. La terreur s'empara alors de l'esprit des conquérants : *C'est un dieu qui nous punit.*

Le roi d'Assyrie écouta le rapport envoyé d'Israël : *Les nouveaux habitants de Samarie ignorent les lois du dieu de ce pays, et le dieu a envoyé contre eux des lions qui les dévorent. — Envoyez à Samarie l'un des prêtres israélites prisonnier chez nous. Il enseignera les lois du Dieu d'Israël.* Un prêtre partit donc de Mésopotamie et se fixa à Béthel. Il prêcha, sans réussir à faire comprendre au peuple qu'il n'y a qu'un seul Dieu.

LES SAMARITAINS

Dans cette population mélangée, chaque famille adorait ses propres divinités. Les Babyloniens se prosternaient devant les animaux domestiques, censés devoir protéger leurs récoltes et leur envoyer en temps opportun le soleil et la pluie. D'autres, au contact des Hébreux, acceptèrent de vénérer Yahvé. Il apparut ainsi en Samarie un mélange de religion et d'idolâtrie. Cette race hybride fut celle des « Samaritains », si mal vus des Juifs dans les siècles postérieurs.

PURIFICATION DU TEMPLE

Dans le royaume de Juda, après la mort d'Achaz, Ezéchias monta sur le trône. Pieux et fidèle au Seigneur, son premier soin fut de purifier le Temple pour l'ouvrir de nouveau au culte. Les lévites et les prêtres accomplirent les rites pénitentiels. Une fois le Temple purifié, Ezéchias et les notables s'y rendirent pour offrir au Seigneur un sacrifice d'expiation, tandis que les lévites et le peuple chantaient des hymnes et accompagnaient les chants de leurs instruments de musique.

SENNACHÉRIB

En récompense de cette action, Ezéchias obtint l'aide du Seigneur, qui le rendit victorieux des Philistins. Et lorsqu'un terrible ennemi, Sennachérib, roi d'Assyrie, se jeta sur le royaume de Juda, Ezéchias dit au peuple : *Ne craignez rien ! le Seigneur combattra avec nous.* Prudemment, Ezéchias fit canaliser l'eau de la source de Gihon ; en cas de siège la ville de Jérusalem aurait une eau saine, que l'ennemi ne pourrait polluer.

Sennachérib attaqua les villes fortifiées de Juda et envoya ses ambassadeurs demander à Jérusalem de se rendre. Le peuple était sur les murailles et écoutait, mais il lui avait été interdit de répondre aux messagers : *Parlez en araméen,* demandèrent les représentants d'Ezéchias, le majordome et l'archiviste, *pour que le peuple ne comprenne pas.* Mais les envoyés de Sennachérib, dans l'espoir d'intimider et de faire capituler le peuple, proférèrent en langue hébraïque toutes sortes de menaces et insultes.

ISAIE ENCOURAGE A LA RÉSISTANCE

Le majordome, le secrétaire et les anciens des prêtres, couverts de sacs, furent envoyés par Ezéchias auprès d'Isaïe pour lui demander ce qu'il fallait faire. *O roi,* répondit le prophète, *n'aie pas peur des paroles du souverain assyrien. Il retournera dans son pays où je le ferai tomber sous l'épée. Il n'entrera pas dans cette ville ; il ne tirera pas une flèche contre elle, parce que je la sauverai.*

Un matin, Sennachérib se réveilla en sursaut. Son camp était un cimetière : 185 000 Assyriens étaient morts dans la nuit. La prophétie d'Isaïe s'était accomplie. Sennachérib eut peur du Dieu de Juda, si puissant, et retourna à Ninive. Une menace pesait sur lui. Il ne savait pas qui l'abattrait et ne se doutait pas que son ennemi lui était très proche. Un jour qu'il était en adoration devant la statue du dieu Nisrok, deux de ses fils se précipitèrent sur lui et l'assassinèrent.

GUÉRISON D'ÉZÉCHIAS

Ezéchias tomba gravement malade et Isaïe pria Dieu de le sauver. De la part du Seigneur, Isaïe dit au roi : *J'ai entendu ta prière, je t'ai guéri. Prochainement tu monteras au Temple.* Le roi répondit : *Quelle preuve me donnes-tu de ma guérison ? Je demande que l'ombre du cadran solaire recule de dix degrés.* Et l'ombre recula de dix degrés. Le roi guérit. Par la suite, il fit alliance avec Babylone. Isaïe le lui reprocha et lui prédit un grand malheur.

LA FIN DE JUDA

Après la mort d'Ezéchias, le royaume de Juda retomba dans l'idolâtrie, à cause de l'exemple du roi Manassé, qui éleva des autels à toutes les divinités païennes, y compris Molok, afin d'honorer celui qui avait immolé ses enfants par le feu. Et Manassé plaça la statue de la déesse Astarté dans le Temple purifié précédemment par Ezéchias. Dieu se servit des Assyriens pour le punir. Manassé fut fait prisonnier et conduit en esclavage à Babylone, où résidait Assurbanipal, le nouveau souverain d'Assyrie.

Mis aux fers et humilié par Assurbanipal, Manassé comprit son péché. Il se repentit sincèrement et, par une dure pénitence, il chercha à obtenir le pardon de Dieu. Le Seigneur écouta sa prière et Assurbanipal le renvoya inopinément à Jérusalem. Manassé changea ses habitudes et essaya de réparer le mal commis. Il enleva l'idole du Temple et restaura l'autel. Puis il appela le peuple au service de Dieu. Mais son appel tomba dans le vide, car le peuple s'était enfoncé dans le vice.

DÉCOUVERTE DES LIVRES

Après la mort de Manassé, son fils Amon lui succéda sur le trône de Juda. Amon se mit à sacrifier aux idoles. Il mourut bientôt, assassiné par une conjuration de palais. C'est alors qu'à l'âge de huit ans Josias fut élu roi de Juda. Josias ramena le peuple au culte du Seigneur et abattit les idoles. Tandis qu'on réparait le Temple, survint un événement important : on retrouva dans une cachette le Livre de Moïse : la Loi. Josias rassembla le peuple, lut le livre saint et jura de marcher avec le peuple selon la Loi de Dieu.

BATAILLE DE MÉGIDDO

L'Assyrie était sur le point de tomber sous la domination des Babyloniens, mais Néko III, Pharaon d'Egypte, vint à son secours. Josias affronta l'armée égyptienne à Mégiddo pour l'empêcher de rejoindre le front assyrien. Il fut défait après une rude bataille. Grièvement blessé par une flèche, Josias mourut dès qu'il eut été ramené à Jérusalem. Tout le peuple le pleura, et le prophète Jérémie composa pour lui une lamentation.

NABUCHODONOSOR

Néko, qui se réclamait de ses droits de conquête sur Juda, plaça sur le trône de Jérusalem un autre fils de Josias, Eliaqim, dont il changea le nom en Joaqim. Trois mois plus tard, Nabuchodonosor, roi des Chaldéens, assiégea Jérusalem, fit Joaqim prisonnier et l'exila à Babylone, avec sa mère et sa cour. Les Chaldéens pillèrent les trésors du Temple. Le peuple fut emmené en Chaldée. Le prophète Ezéchiel partit en déportation avec lui.

LE DERNIER ROI DE JUDA

Nabuchodonosor plaça sur le trône de Juda l'oncle de Joakin, Sédécias. Mais ce dernier se révolta contre les Chaldéens, qui s'emparèrent de nouveau de Jérusalem. Nabuchodonosor ordonna d'égorger les enfants de Sédécias et lui fit arracher les yeux. Puis, il l'envoya à Babylone, chargé de chaînes. Le Temple et le palais royal furent livrés aux flammes par les Chaldéens ; et, comme l'avait prophétisé Jérémie, le reste du peuple fut déporté à Babylone. C'est ainsi qu'il paya son infidélité.

HISTOIRE DE TOBIT

L'histoire de Tobit redonna courage, rendit l'espoir aux exilés. Tobit avait été emmené à Ninive pendant les déportations ordonnées par Salmanasar, roi d'Assyrie. Il était parti avec sa femme Anne et son fils, le petit Tobie, encore enfant. Tobit avait enseigné à son fils, depuis sa plus tendre enfance, à craindre Dieu et à éviter toute mauvaise action.

Tobit chercha à répandre un peu de joie parmi ses frères de captivité , il visitait les malades, partageait avec eux ce qu'il possédait, les consolait et leur conseillait de rester honnêtes et bons. Tout le monde l'aimait. Salmanasar, qui admirait sa droiture, lui laissait une grande liberté, lui permettait d'aller où il voulait et de faire tout ce qu'il désirait pour ses compatriotes.

PERSÉCUTIONS

Mais il n'en fut pas de même quand Sennachérib succéda à Salmanasar. Le nouveau roi voulut se « consoler » de ses défaites militaires en persécutant et en tuant les Hébreux. Tobit, malgré l'interdiction, donnait une sépulture aux morts. Le jour, il les cachait dans sa maison ; la nuit, il creusait les fosses et les enterrait. C'est pourquoi Sennachérib le condamna à mort et confisqua ses biens. Tobit s'enfuit avec sa femme et son fils.

TOBIT AVEUGLE

Sennachérib ne vécut pas longtemps ; ses fils le tuèrent, et Tobit put retourner chez lui, à Ninive. Il invita quelques amis, et on était sur le point de se mettre à table, quand Tobit apprit qu'un Israélite gisait, égorgé, sur la place publique. Laissant tout et tout le monde, il courut à la recherche du corps, le cacha, se promettant de l'ensevelir dès que possible. Et pourtant, c'est justement pour ce délit qu'il avait été condamné à mort.

Mais Tobit n'avait pas peur. Ou plutôt, il craignait Dieu plus que les hommes. Il continua son œuvre de miséricorde, malgré le danger qu'il courait, car les successeurs de Sennachérib ne valaient pas mieux que leur père. Une nuit, après s'être beaucoup fatigué à ensevelir un mort, Tobit était assis près d'un mur ; il était fatigué et voulait se reposer. Tout d'un coup, il s'aperçut qu'il avait perdu la vue. D'un nid d'hirondelles, un peu de fiente chaude lui était tombée sur les yeux.

LE CHEVREAU

Avec la cécité, la misère entra dans la maison de Tobit. Anne alla travailler au-dehors pour nourrir sa famille... Un jour elle reçut un chevreau en dédommagement de sa fatigue et, tout heureuse, elle le rapporta à la maison. Le cabri poussa un bêlement et Tobit l'entendit. *Prends garde qu'il n'ait pas été volé,* dit-il à sa femme ; *si cela était, il faudrait le rendre à ses maîtres, car il n'est pas permis de toucher ou de manger ce qui appartient à autrui.*

PRIÈRE DE TOBIT

C'étaient de sages paroles... Mais Anne n'en comprit pas le prix. Exaspérée, elle se mit à insulter son mari. Celui-ci ne murmurait pas contre Dieu en raison de son malheur. Tobit était triste à en mourir. Il pria ainsi : *Seigneur, ne te souviens pas de mes fautes, ni de celles de mes ancêtres... C'est à cause de nos péchés que nous avons été condamnés à l'esclavage et à la mort... Eh bien ! ordonne maintenant que mon âme soit accueillie dans la paix, car il est mieux pour moi de mourir.*

LE JEUNE TOBIE

Tobit, se croyant sur le point de mourir, appela son fils pour lui recommander les œuvres de miséricorde envers ses frères d'exil. Puis, se souvenant qu'il devait recouvrer une somme d'argent, il voulut en informer aussi le jeune homme : ... *J'ai remis en dépôt dix talents d'argent chez Gabaël, l'un de nos parents, qui vit à Ragès, en Médie. Va retirer cette somme, à présent que la pauvreté est entrée dans la maison.*

UN GUIDE POUR LE VOYAGE

« Va... », avait dit Tobit à son fils. Mais qui l'accompagnerait dans son voyage ? Dehors, à la porte de la maison, le jeune Tobie tomba sur un jeune homme en tenue de route. *Qui es-tu ?* lui demanda-t-il. *Je suis un fils d'Israël. — Connais-tu le chemin de la Médie ? — Je le connais bien ; j'ai eu l'occasion d'aller souvent en Médie, et j'ai été reçu chez Gabaël, à Ragès.* Songe ou réalité ? Tobie introduisit le jeune inconnu auprès de son père.

LE POISSON

Tobit, que la joie soit toujours avec toi, dit l'inconnu. — *Quelle joie peut-il y avoir pour moi, qui suis toujours dans les ténèbres ?* répondit Tobit. — *Courage ! Dieu te guérira bientôt.* — *Peux-tu vraiment accompagner mon fils à Ragès, chez Gabaël ?* demanda Tobit. — *Je conduirai ton fils sain et sauf à Ragès et je te ramènerai.* — *Faites bon voyage. Que l'ange du Seigneur vous accompagne.* Tobie et son guide partirent, suivis du chien.

Quand arriva la première nuit, ils campèrent au bord du Tigre. Tobie avait les pieds fatigués et couverts de poussière. Tandis qu'il était assis pour les baigner dans le courant du fleuve, un énorme poisson s'élança sur lui. *Seigneur, il m'attaque !* cria le jeune Tobie. *N'aie pas peur ; prends-le par les ouïes et tire-le à toi,* lui dit son compagnon de voyage ; *puis ouvre-le, et mets à part le cœur, le foie et le fiel. Quand on fait fumer le cœur et le foie sur des charbons ardents, toute engeance de démons est chassée ; quant au fiel, il peut guérir les yeux malades.*

LA MAISON DE RAGUEL

Le soleil se couche sur les deux voyageurs, et la nuit s'épaissit. Tobie pourtant n'avait pas peur : son compagnon était fort et rassurant... Il lui demanda quand même : *Où allons-nous coucher ? Voici la maison de Raguel ; il est ton parent. Nous irons chez lui ; il vit avec sa femme Edna et sa fille Sarra. Toi, Tobie, tu demanderas Sarra en mariage... Raguel te la donnera. Tu hériteras ainsi de tous les biens de la famille. Ne crains pas : le Seigneur vous bénira.*

TOBIE ÉPOUSE SARRA

Le jeune Tobie et son compagnon entrèrent dans la maison de Raguel. Ils se présentèrent. Il y eut grande joie et émotion à cette visite inattendue. Raguel fit préparer le repas et invita ses deux hôtes à sa table. Mais le jeune Tobie dit : *Je ne mangerai pas avant que tu m'aies promis de me donner Sarra pour épouse.* Raguel fit une réponse hésitante : *Sarra a déjà eu sept maris qui sont morts le jour des noces ; c'est le démon qui les a tués !* Le compagnon du jeune Tobie intervint : *Ne crains rien... Dieu protégera Tobie et Sarra.*

On célébra le mariage. Raguel était inquiet pour son nouveau gendre. Sans doute, le charmant compagnon du jeune Tobie l'avait rassuré, mais... et si le démon revenait à la charge ? Pendant que Raguel se tourmentait Sarra et le jeune Tobie priaient dans leur chambre : *Seigneur, ai pitié de nous ; donne-nous des descendants qui bénissent ton nom ! Fais que nous puissions parvenir ensemble à une heureuse vieillesse !*

Puis le jeune Tobie tira de sa besace le foie et le cœur qu'il avait extraits du poisson et les posa sur des braises d'encens. Son compagnon de voyage, en effet, lui avait dit : *... la fumée qui en sortira fera fuir n'importe quelle engeance de démons.* Dès que le cœur et le foie se mirent à fumer, le démon, à grands cris, s'enfuit au loin... Le jeune Tobie dit à Sarra : *Prions le Seigneur : qu'il ait pitié de nous !*

LE REPAS DE NOCES

Le démon s'était éloigné, la mort était conjurée ; la joie remplissait tous les cœurs. Il était temps de préparer le repas de noces. Tous les amis et voisins se rassemblèrent autour des mariés et des parents de Sarra, Edna et Raguel ; la gaieté animait toute la maison. Au milieu des chants, une hymne de remerciement s'éleva, solennelle : *Grâces soient rendues au Seigneur, Dieu d'Israël ! Fais que les deux jeunes gens que tu as unis te bénissent chaque jour davantage.*

Les fêtes du mariage se prolongeaient. Mais Tobie avait un souci : les jours passaient, son père l'attendait, et il lui fallait encore se rendre chez Gabaël ! Comment faire ? Son compagnon résolut encore cette affaire. Il partit pour Ragès avec un serviteur de Raguel et deux chameaux. Après avoir trouvé Gabaël, il lui remit le billet de créance de Tobit et retira l'argent. Il revint avec Gabaël, qui voulait, lui aussi, prendre part aux fêtes des noces.

INQUIÉTUDE DE TOBIT

Les réjouissances durèrent quatorze jours. Pendant ce temps, Tobit se mit à s'inquiéter : *Gabaël est peut-être mort... Ils n'ont trouvé personne !* Sa femme s'attristait avec lui : *Pourquoi t'avons-nous envoyé au loin, lumière de nos yeux ? Nous n'aurions pas dû te laisser partir si loin de nous !* Chaque jour Anne allait sur la route, dans l'espoir de voir arriver les deux voyageurs.

RETOUR A NINIVE

Tobie put finalement prendre le chemin du retour. Il était accompagné de Sarra et suivi de serviteurs. La caravane n'avançait pas vite. Tobie, pressé de retrouver ses parents, voulut prendre les devants. Son compagnon lui dit donc : *Toi et moi, partons en éclaireurs. Ta femme et les serviteurs nous suivront à leur pas. Prends avec toi le fiel du poisson ; il nous servira.* Le chien se joignit à eux.

Ce jour-là, Anne était assise en haut d'une colline dominant la route caravanière. De là elle pouvait voir au loin. Et voici qu'elle aperçut le chien, suivi bientôt de deux hommes. Elle ne pouvait encore distinguer leurs physionomies, mais tout lui disait intérieurement que son fils approchait. Elle courut à la maison prévenir son mari.

Quelles retrouvailles ! Les parents ne pouvaient retenir leurs larmes, des larmes de joie. Mais sans attendre, le jeune Tobie répandit le fiel du poisson sur les yeux de son père. Celui-ci se frotta les paupières... et il distingua personnes et choses ! Devant ce miracle, le jeune homme et ses parents ne savaient que dire ni que faire. Mais leurs regards émus, tournés vers le ciel en action de grâces, parlaient d'eux-mêmes.

L'ANGE RAPHAEL

Une joie nouvelle suivit. Sarra arriva elle aussi. On fit les présentations et on se mit à table. Pendant le repas, Tobit prit son fils à part. *Que pouvons-nous offrir au jeune homme qui t'a accompagné ?* lui demanda-t-il. — *Père, quelle récompense pourrons-nous lui donner ? Y a-t-il quelque chose qui puisse égaler les bienfaits qu'il nous a prodigués ? Je te prierai de lui offrir humblement la moitié de tout ce que nous avons rapporté du voyage...*

Tobit appela le guide de son fils et lui fit la proposition. Mais ce dernier répondit : *Il est temps que la vérité soit manifestée. Lorsque toi, Tobit, tu priais et suppliais Dieu, lorsque tu laissais ton repas pour cacher les morts dans ta maison pendant le jour et les enterrer pendant la nuit, c'est moi qui présentais tes bonnes œuvres au Seigneur. Et comme tu étais agréé par Dieu, il fallait que tu sois éprouvé par la souffrance. Le Seigneur m'a envoyé maintenant pour te faire du bien. Je suis l'ange Raphaël.* Tous tombèrent à genoux, tandis que l'ange disparaissait.

CANTIQUE DE TOBIT

Le vénérable Tobit se releva, tendit les mains vers le ciel et entonna un cantique de joie, un cantique qui célébrait les miséricordes divines et devenait aussi une prophétie : *Dieu nous punit pour nos péchés et nous sauve par sa miséricorde... Jérusalem, tu brilleras d'une lumière splendide et tous les peuples se prosterneront devant toi ; tu seras heureuse dans tes fils !* Tobit vécut jusqu'à l'âge de cent douze ans, et à sa mort il fut enterré à Ninive.

Le **Livre de Job**, les **Psaumes**, les **Proverbes**, l'**Ecclésiaste**, le **Cantique des Cantiques**, la **Sagesse** et l'**Ecclésiastique** forment un groupe important des écrits bibliques. Ils sont communément appelés **Livres sapientiaux.** Leur but est d'enseigner la Sagesse, c'est-à-dire la connaissance de Dieu et la bonne conduite de l'homme.

Le **Livre de Job,** qui tire son nom de son héros, pose le problème de la souffrance du juste.

Les cent cinquante **Psaumes** (poèmes chantés avec accompagnement à la cithare) sont un recueil de maximes, de louanges et de prières de différents auteurs sacrés ; ils sont placés sous le nom de David qui en a composé un grand nombre. Les conseils de vie pratique sont réunis dans les **Proverbes,** tandis que l'**Ecclésiaste** (celui qui parle dans l'assemblée) contient des pensées sur la recherche du bonheur, exposées au peuple en prose et en poésie.

Le **Cantique des Cantiques** exalte l'amour humain comme figure de l'amour de Dieu envers le peuple élu. Le **Livre de la Sagesse** est un hymne sublime à la sagesse divine à laquelle les hommes participent par la religion et la vertu. L'**Ecclésiastique,** ou « Livre de l'Eglise », est ainsi appelé parce qu'il était lu dans les églises pour instruire les premiers chrétiens. C'est encore un recueil d'enseignements qui répètent ce thème : « La vraie sagesse, c'est la crainte de Dieu. »

l'enseignement de Job

L'ENSEIGNEMENT DE JOB

L'histoire de Job, homme juste et patient, enseigne à ceux qui souffrent à ne jamais se révolter contre Dieu, mais à garder confiance en sa Providence. Job habitait dans un pays appelé Hus ; c'était un homme droit, craignant Dieu et se gardant de tout mal. Il avait des richesses immenses en terres et en troupeaux ; il était père d'une famille nombreuse. Chaque jour il offrait un sacrifice à Dieu et priait longuement pour lui et les siens.

L'ÉPREUVE

Satan, l'ange mauvais, se présenta un jour à Dieu : *J'ai fait le tour de la terre ; je l'ai parcourue en long et en large.* Le Seigneur lui demanda : *As-tu remarqué mon serviteur Job, et as-tu observé que personne n'égale sa bonté ? — Oui,* répondit Satan, *mais tu l'as entouré de ta protection, lui, sa maison et ses biens ! Tu as multiplié ses richesses... Eprouve-le, enlève-lui tout, et tu verras qu'il te maudiras ! Eh bien, ôte-lui ce qu'il a.* Alors Satan mit Job à l'épreuve.

LE PREMIER MALHEUR

Et ce fut le début des malheurs permis par le ciel pour éprouver la fidélité de Job. Ses fils et ses filles étaient réunis pour un repas de fête chez l'aîné. Et voici qu'un messager arriva chez Job et lui dit : *Tes bœufs labouraient et les ânesses paissaient à leurs côtés, quand une bande de Sabéens a fait irruption sur notre territoire. Ils ont tout emporté ! Ils ont tué tes serviteurs. Moi seul, j'ai réussi à m'échapper.*

LA GRANDE DOULEUR

Le message du premier serviteur n'était pas achevé qu'il en surgit un autre, haletant : *Le feu de Dieu est tombé du ciel ; il a frappé les brebis et les serviteurs et à tout réduit en cendres ! Je suis le seul survivant.* Job n'eut pas le temps de demander des explications ; un troisième serviteur entrait et criait : *Trois groupes de Chaldéens ont attaqué tes caravanes, emmené les chameaux après avoir tué tes serviteurs !* Job, immobile, avait écouté les trois messagers...

Mais la liste des catastrophes n'était pas encore terminée. Un quatrième serviteur arriva et dit : *Tes enfants étaient à festoyer lorsqu'un vent violent, venu du désert, s'est levé et s'est abattu sur leur maison. Le bâtiment s'est écroulé, ensevelissant tout le monde. Je suis le seul à avoir échappé à la mort !* Job, terrassé par la douleur, déchira ses vêtements en signe de deuil.

RÉSIGNATION

Job ne possédait plus rien. Il avait perdu jusqu'à ses enfants. Or, malgré tout, il ne désespéra pas : il savait que Dieu est le maître. Pourquoi ne pas lui faire confiance ? Pourquoi ne pas s'en remettre à sa sainte volonté ? Aussi, au bout de quelques instants, il leva les yeux au ciel et murmura : *Le Seigneur m'avait tout donné, le Seigneur m'a tout enlevé : que son saint nom soit béni !* Puis il se prosterna par terre et il adora Dieu.

LA MALADIE

Satan ne voulut pas se tenir pour vaincu et il retourna près du Seigneur : *Il est encore facile pour Job de t'aimer parce que tout ce que l'homme possède, il le donne pour sauver sa vie. Mais étends ta main pour le frapper dans ses os et dans sa chair, et tu verras qu'il te maudira ! — Eh bien !* consentit le Seigneur, *Job est en ton pouvoir ; fais-en ce que tu veux, mais ne lui ôte pas la vie.* Alors Satan frappa Job d'un mal horrible : des ulcères purulents le couvrirent de la tête aux pieds.

Job ne pouvait donc plus habiter avec les autres ; la loi l'interdisait. Il n'était plus qu'un être répugnant ; il se réfugia sur un tas d'ordures, à distance de sa maison, assis sur la cendre. Il se soignait lui-même, nettoyant ses plaies avec un tesson de cruche. Au fil des jours, il maigrit et devint méconnaissable.

LA TENTATION

Satan se rendit auprès de Job et le regarda en ricanant, dans l'attente d'une parole blasphématoire. Il ne doutait pas que Job allait la prononcer. Ses souffrances inouïes le contraindraient à blasphémer. Jusqu'à sa femme qui l'insultait : *Tu persévères encore dans ta foi ? Maudis donc Dieu !* Mais Job ne faiblit pas : *Tu parles comme une folle,* répondit-il à sa femme ; *si nous avons reçu des biens de la main de Dieu, pourquoi ne devrions-nous pas en recevoir aussi des maux ?*

LA PATIENCE DE JOB

Satan le tentait, sa femme l'insultait et ses amis l'abandonnaient. *Même ceux qui me sont chers se sont éloignés de moi, comme un torrent qui se précipite dans la vallée !* murmura Job, se sentant seul et sans force ; *Je n'ai pas la résistance de la pierre et mon corps n'est pas de bronze. Personne n'a compassion de moi. Quand ils voient mon mal, ils sont horrifiés et se sauvent. Mais est-ce que je leur ai demandé quelque chose ?*

LES TROIS AMIS

Trois amis vinrent trouver Job, mais non pour le consoler. Ils pensaient qu'il souffrait ainsi parce qu'il avait beaucoup offensé le Seigneur, et ils se mirent à lui faire des reproches et à l'humilier. Job, lui, savait bien que ses tourments n'étaient pas la punition d'un péché particulier, mais une épreuve qu'il acceptait pour montrer à Dieu sa fidélité. Il supplia ses amis d'avoir pitié de lui, parce que la main du Tout-Puissant l'avait frappé.

Job ne comprenait pas tout le mystère de cette souffrance, mais il savait que Dieu est plus intelligent que les hommes, et qu'il peut nous conduire par des chemins que Lui seul connaît... La visite de ses amis, n'apporta pas de réconfort notable au grand malade. Malgré ses souffrances, cependant, il ne désespéra pas. *Je sais que mon Rédempteur vit et que je ressusciterai,* dit-il. *Revêtu de nouveau de ma chair, je verrai mon Dieu.*

LE SACRIFICE

Dans sa solitude, Job se demandait si Dieu ne s'était pas éloigné de lui. Enfin le Seigneur exauça la prière de son serviteur et le guérit de sa maladie. Aux amis qui l'avaient insulté, Dieu dit : *Votre droiture n'égale pas celle de Job. Prenez donc sept taureaux et sept moutons ; allez le voir et offrez un holocauste en expiation de vos péchés. Mon serviteur Job intercédera pour vous et, à cause de lui, je ne vous tiendrai pas rigueur d'avoir si peu réconforté mon serviteur.*

Les amis comprirent la patience héroïque de Job ; ils s'humilièrent donc et préparèrent le sacrifice. Les sept taureaux et les sept moutons étaient prêts. L'autel fut dressé près de Job ; les victimes étaient là pour être sacrifiées. Calomnié et calomniateurs les offrirent, mais ce fut Job qui pria : *Je reconnais, ô mon Dieu, que tu peux tout et qu'aucune pensée ne t'est cachée. Aie donc pitié de nous, oublie nos péchés et nos méchancetés...*

Le sacrifice de Job plut à Dieu. Satan dut s'éloigner. Le moment était venu pour les plaies du malade de se cicatriser, et pour sa santé de se remettre. Job allait retrouver sa famille et ses biens. Dieu l'avait purifié au creuset de l'épreuve, comme on fait passer dans les flammes le minéral précieux dont on veut extraire l'or et l'argent.

JOB EST RÉCOMPENSÉ

Job retrouva donc la santé et, avec la santé, le double de ce qu'il avait perdu. Brebis, bœufs et chameaux revinrent paître dans ses pâturages et de nombreux serviteurs gardèrent ses troupeaux. De sa terrasse, Job put contempler son jardin et ses champs et repenser à l'époque où il était privé de tout. Avec joie, il put s'écrier : *Dieu m'a rendu mes biens parce que je n'ai pas cessé de l'aimer.*

Mais il eut un autre bonheur, bien plus grand. Il lui naquit encore sept enfants, quatre fils et trois filles, puis des petits-enfants. Il connut même ses arrière-petits-enfants. De nombreux amis vinrent lui rendre visite et lui demander conseil. Il ne cessait de raconter les merveilles du Seigneur en recommandant de faire toujours confiance à Dieu.

MORT DE JOB

Job vécut cent quarante ans. Sa mission était accomplie. Dieu l'avait éprouvé dans ses affections et dans ses biens, dans son corps et dans son esprit. Il lui avait confié la tâche d'enseigner que la souffrance ne frappe pas seulement les pécheurs mais aussi les justes, qu'elle n'est pas seulement un châtiment, mais aussi un moyen de purification et de mérite. La vie et les paroles de Job, modèle de patience et de justice, enseignent à s'en remettre à la Providence.

Les Prophètes sont des hommes choisis par Dieu pour parler aux autres hommes en son nom. Ils rappellent à l'ordre le peuple élu quand il dévie, ils l'encouragent dans les adversités, ils annoncent les temps futurs ou messianiques. La Bible nous parle des Prophètes dès le temps de Samuel, mais ceux qui eurent le plus d'influence sur le peuple accomplirent leur mission sous les rois d'Israël et de Juda. Certains ne laissèrent pas d'écrits, comme Elie et Elisée dont l'histoire est racontée dans le Livre des Rois. Ceux qui laissèrent des écrits se divisent en quatre « grands » prophètes : **Isaie, Jérémie, Ezéchiel** et **Daniel,** et en douze « petits », en raison de la brièveté de leurs livres. Ce sont **Osée, Joël, Amos, Abdias, Jonas, Michée, Nahum, Habacuc, Sophonie, Aggée, Zacharie** et **Malachie.** A l'exception de Jonas, Amos et Osée, qui appartiennent au royaume d'Israël, tous les autres sont du royaume de Juda.

les Prophètes

ISAIE

Le royaume d'Israël avait disparu. Le petit royaume de Juda était resté seul héritier des promesses divines ; mais lui aussi sentit diminuer sa foi et son courage. Sa fin semblait toute proche. Il était nécessaire de ranimer les esprits, et Dieu ordonna au prophète Isaïe d'aller parler à son peuple. Isaïe se déclara indigne de cette mission, mais le Seigneur envoya un ange, qui lui toucha les lèvres avec un charbon brûlant : *Je t'enlève tout péché ; tu peux parler maintenant, Isaïe !*

Les ennemis resserraient le siège autour de Jérusalem. Isaï se rendit alors parmi ses concitoyens et les encouragea en leur parlant de la certitude de la victoire, mais surtout en ravivant leur foi dans les promesses divines : *Voici qu'une grande lumière brille sur ceux qui marchent dans les ténèbres : une* Vierge *concevra et donnera le jour à un fils dont le nom sera Emmanuel.* Le Messie devait naître dans la maison de David : le royaume de Juda ne périrait donc pas.

Toutefois le roi Ezéchias, enfermé dans Jérusalem par l'armée assyrienne de Sennachérib, voulut obtenir du prophète un encouragement explicite, et il envoya les prêtres les plus âgés lui demander de l'aide. Arrivés en présence de l'homme de Dieu, les prêtres le prièrent d'intercéder auprès du Seigneur, pour qu'il laisse survivre les deux tribus qui constituaient le royaume de Juda. Isaïe leur donna bon espoir : *Le Seigneur mettra un frein à l'orgueil de Sennachérib, le roi d'Assyrie !*

PROPHÈTE, MARTYR ET POÈTE

Encouragé par les paroles du prophète, le peuple de Juda ne fléchit pas. Sennachérib continua impitoyablement le siège. Il était certain de la victoire, car il disposait d'une forte armée, particulièrement bien exercée. Mais, une nuit, l'Ange du Seigneur entra dans le camp assyrien et tua de son épée de feu cent quatre-vingt-cinq mille hommes. Le matin, à la vue de tant de morts, Sennachérib, épouvanté, leva aussitôt le siège et s'éloigna de Jérusalem pour n'y plus revenir.

Le roi Ezéchias était gravement malade et Isaïe se rendit auprès de lui pour lui annoncer, au nom du Seigneur, sa fin prochaine. Affligé, le roi, qui aurait voulu ne pas mourir avant de laisser un héritier qui serait l'ancêtre du Messie, pria Dieu de prolonger sa vie. Isaïe allait sortir du palais royal, mais le Seigneur l'arrêta : *Retourne sur tes pas et annonce ceci à Ezéchias :* « *J'ai entendu ta prière et j'ai vu tes larmes ; eh bien, tu ne mourras pas ; tu guériras et tu vivras encore pendant quinze ans.* » C'est ce qui arriva.

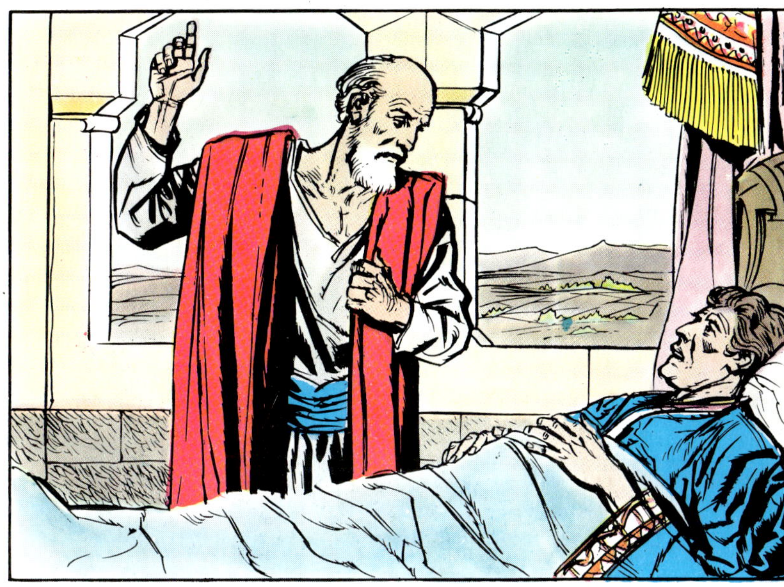

Manassé, souverain impie, succéda à Ezéchias. Sous son règne beaucoup d'hommes justes furent tués. Isaïe fut du nombre. Ainsi le prophète qui avait annoncé Jésus, Roi des Martyrs, mourut-il martyr. Isaïe avait dit de Jésus : *Comme un agneau, Il est conduit à la mort... Il est transpercé à cause de nos crimes.* Et de fait, Jésus mourra crucifié pour le salut du genre humain. Isaïe a été le plus grand poète d'Israël.

JÉRÉMIE

Il y avait, à six kilomètres de Jérusalem, la ville d'Anatot. C'est là que naquit Jérémie, dans une famille lévitique, au temps où Manassé régnait sur le royaume de Juda. Un jour, Dieu l'appela : *Je t'ai établi prophète auprès des étrangers ; tu iras loin de ton pays et tu parleras en mon nom.* C'est justement ce que Jérémie ne voulait pas... Mais il obéit. Il craignait pourtant son incapacité. *Seigneur,* dit-il, *je ne sais pas parler ! — Va, ne crains rien. Je suis avec toi,* lui répondit le Seigneur.

NABUCHODONOSOR

Jérémie répondit à l'appel divin et exerça son ministère prophétique sous les cinq derniers rois de Juda. Les événements historiques allaient se précipiter : Nabuchodonosor, roi de Babylone, entra par deux fois dans Jérusalem sous les rois Joaqim et Jéchonias. Il déporta le souverain de Juda avec une grande partie de la population. Jérémie assista, impuissant, à la mort progressive du royaume. Il contempla en pleurant la ville de Jérusalem, inexorablement vouée à la destruction complète.

Jérémie parcourut les villes et les pays en prophétisant. Un jour qu'il revenait de Tophet, il s'arrêta à Jérusalem dans l'atrium du Temple, et parla ainsi : *Je ferai tomber sur cette ville, et sur toutes celles qui en dépendent, tous les malheurs dont je les ai menacées. Jérusalem ne vivra plus.* Pashhur, surveillant-chef du Temple, se demanda, déconcerté : « Un tel langage, justement dans cet endroit ! » Et il ordonna d'enchaîner et d'emporter le prophète. Jérémie osa lui dire : *Toi aussi, tu iras en esclavage.*

EN PRISON

Le roi Sédécias tenta de se venger contre Babylone en faisant alliance avec l'Egypte. Pour éviter des maux plus grands, Jérémie lui conseilla, au contraire, de rester fidèle à Nabuchodonosor. Mais le roi fit jeter le prophète dans une citerne. Peut-être pensait-il que Jérémie pouvait être un traître ; ou plutôt, n'avait-il pas la force de résister aux pressions de ses puissants ministres ? Par deux fois, Sédécias le tira de la citerne pour l'interroger. Le prophète répétait : *La Ville et le Temple seront détruits.*

LE LIVRE

Les mauvaises nouvelles ne sont jamais bien accueillies ; il ne faut donc pas s'étonner si Jérémie fut emprisonné. Mais Dieu ne craint pas les oppositions des hommes, et il ne renonce pas à les rappeler à la pénitence. Il ordonna donc à Jérémie d'écrire toutes ses prédictions et de les relire au peuple. Jérémie, toujours enchaîné, donna le rouleau au prophète Baruch, qui en commença la lecture en présence du roi et de tout le peuple. Après la lecture, le souverain furieux ordonna de brûler le rouleau.

LES LAMENTATIONS

Les événements se déroulèrent comme les avait annoncés Jérémie. Jérusalem et le Temple furent détruits par Nabuchodonosor qui se vengea terriblement sur Sédécias. Avec quelques survivants, le prophète parvint à s'enfuir en Egypée où vraisemblablement il mourut. Les pleurs de Jérémie sur les malheurs de la ville sainte ont été recueillis dans les *Lamentations,* que l'Eglise répète comme prière de deuil quand elle commémore la Passion de Jésus.

ÉZÉCHIEL

Tandis que Jérémie exhortait en vain ses compatriotes à la pénitence et au repentir, le prophète Ezéchiel faisait écho à sa parole, alors qu'il vivait parmi les Hébreux déportés à Babylone. Après avoir annoncé la chute inévitable de Jérusalem, à cause de la perversité du peuple, le prophète réconfortait les exilés en leur parlant du salut que leur apporterait le Messie rédempteur.

Ezéchiel fut vraiment le prophète du futur règne messianique par ses nombreuses visions et ses actions symboliques. Il répétait à ce troupeau dispersé les paroles du Seigneur : *Je rassemblerai mes brebis de différentes nations, je les conduirai dans leurs terres, je les nourrirai sur les montagnes d'Israël. J'irai à la recherche des brebis égarées, je reconduirai celles qui ont été chassées, je soignerai les blessées, je soulagerai les faibles et j'encouragerai les robustes.*

VISION DES OSSEMENTS

Pour prouver que Dieu a le pouvoir de rendre la vie aux morts, le prophète raconta ceci : *Le Seigneur me déposa sur un champ qui était couvert d'ossements et il me demanda : — « Crois-tu que ces ossements puissent revivre ? Penche-toi maintenant sur eux et prophétise : voici que j'infuserai en vous l'esprit et vous vivrez »*. Dans la vision, le prophète obéit et voici que les ossements se rapprochèrent les uns des autres, ils se couvrirent de nerfs, la chair poussa, la peau se tendit, l'esprit y entra et ils devinrent des hommes.

PROMESSE POUR L'AVENIR

Beaucoup de squelettes reprirent vie dans la vision du prophète. Ils furent si nombreux qu'ils formaient une très grande armée. Puis le Seigneur ordonna à Ezéchiel : *Prends un morceau de bois et écris dessus : Je prendrai les fils d'Israël dispersés au milieu des nations et je ferai d'eux une seule nation, avec un seul roi.*

Ainsi par les paroles d'Ezéchiel se répandait chez les exilés la certitude de la résurrection de Jérusalem et de la venue d'un Messie. Le prophète commença à donner des directives pour la construction du nouveau Temple. Dans une vision, Dieu lui en fit la description : *Je fus conduit au pays d'Israël,* raconta Ezéchiel, *à la porte d'une grande ville, où un homme qui avait en main une corde et une canne commença à mesurer portes, cours et Saint des Saints du nouveau Temple.*

Les yeux d'Ezéchiel avaient vu, dans une extase, le nouveau Temple. Ils virent aussi l'instauration d'un nouveau culte et d'un nouveau sacerdoce répandu sur toute la terre. *Les eaux jaillissaient du Temple et se dirigeaient partout, apportant vie et bien-être. Le nouveau royaume sera un royaume de paix et de bonheur.* Avec la promesse du retour à Jérusalem, le prophète alimentait l'espérance dans le Messie. On croit qu'Ezéchiel fut tué par quelques-uns de ses compatriotes qui refusaient de croire à ses prédictions.

DANIEL

Daniel avait été déporté à Babylone au temps du roi Joaqim. Nabuchodonosor l'avait alors choisi ainsi que d'autre jeunes gens de famille royale pour faire partie de sa cour en qualité de pages. Au milieu du luxe et des vices des nobles Babyloniens, Daniel et ses compagnons menaient une vie de pénitence ; ils se nourrissaient de pain, d'eau et de légumes, et repoussaient les viandes qui leur étaient présentées par ordre du souverain.

SUZANNE ACCUSÉE

Le Seigneur avait accordé à Daniel le don de prophétie. A cette époque, une jeune femme, Suzanne, vivait à Babylone. Elevée selon la Loi de Moïse, Suzanne fuyait tout manquement aux préceptes, mais les personnes qui l'approchaient ne se comportaient pas toujours de la sorte, si bien qu'elle fut tentée de mal faire par deux vieillards. Suzanne résista ; mais, accusée injustement d'avoir enfreint la Loi, elle fut condamnée à être lapidée.

Inspiré de Dieu, Daniel intervint dans le procès public ; il rappela les deux accusateurs et les interrogea séparément. *Sous quel arbre as-tu vu Suzanne désobéir à la loi ?* demanda-t-il au premier. — *Sous un acacia.* Daniel interrogea ensuite le second vieillard : *Sous quel arbre as-tu vu Suzanne ? — Sous un tremble. — Préparez-vous,* conclut Daniel ; *l'épée vengeresse de l'ange du Seigneur pend sur vos têtes. Vous vous êtes contredits, vous êtes donc des menteurs.* Et ils furent exécutés.

LE SONGE DU ROI

Une nuit, Nabuchodonosor fit un rêve, et après beaucoup d'autres devins, il interrogea Daniel qui lui dit : *O roi, tu as vu en songe une grande statue, terrible et resplendissante. Elle avait la tête en or, la poitrine et les bras en argent, le ventre en bronze, les jambes en fer et une partie des pieds en argile. Une pierre soudain détachée de la montagne s'est abattue sur la partie d'argile et toute la statue est tombée en morceaux. Et la pierre est devenue une montagne si grande qu'elle a rempli la terre.*

Surpris, Nabuchodonosor dit que tel avait été vraiment son rêve. « Mais qu'est-ce que cela signifie, Daniel ? Donne-moi une explication.» Et Daniel continua : *..Tu es, ô roi, la tête d'or de cette statue. Après ton règne, il en viendra un autre moins grand, qui sera d'argent ; puis un troisième, qui sera de bronze et qui dominera toute la terre. Le quatrième règne sera comme le fer qui brise et détruit tout, mais il ne durera pas ; un autre règne surgira, et il sera éternel.*

Peut-être Nabuchodonosor ne comprit-il pas la prophétie dans toute sa signification, mais tout en l'énonçant, le regard de Daniel brillait de joie parce qu'il voyait l'empire babylonien s'effondrer sous la puissance de l'empire perse et ce dernier céder à son tour sous la puissance d'Alexandre le Grand. Enfin viendrait Rome qui dominerait tous les peuples ; puis au temps de l'empire romain apparaîtrait le Messie, Jésus-Christ, qui fonderait son nouveau royaume de justice et de paix sur les ruines des puissances humaines.

LA FOLIE DU ROI

L'empire de Nabuchodonosor était alors au faîte de sa puissance et Babylone était la ville la plus belle et la plus puissante du monde alors connu. Mais l'orgueil de son roi n'était pas moindre... Un jour pourtant, tandis que Nabuchodonosor passait sur la terrasse fleurie de son jardin suspendu et contemplait la ville fastueuse, il fut soudain emporté par la folie ; et envahi par des goûts et des désirs propres aux animaux, il s'enfuit du palais et erra dans les bois en se nourrissant d'herbes.

Sept années passèrent ; la folie de Nabuchodonosor prit fin et le roi régna de nouveau. Il se souvint alors d'un autre songe : il avait rêvé d'un arbre d'une grandeur démesurée et, dans son rêve, il avait ordonné de le couper et de ne laisser en terre qu'une de ses racines. Il se rappela aussi l'interprétation de Daniel : *Ils te chasseront de la société, tu vivras avec les bêtes, ô roi, et sept années passeront jusqu'à ce que tu reconnaissses que Dieu seul est le maître des hommes.*

LE FESTIN DU ROI BALTASSAR

Baltassar, fils et co-régent de Nabonide, dernier roi de Babylone, se préoccupa seulement d'étaler ses richesses en de fastueux festins offerts aux notables et aux courtisans. Les boissons de ces banquets étaient servies dans les vases précieux volés au Temple de Jérusalem. C'est pendant l'un de ces festins qu'apparut une main mystérieuse, qui traça sur le mur des caractères incompréhensibles...

LA FOSSE AUX LIONS

Profondément troublé, Baltassar interrogea Daniel en lui promettant honneurs et richesses. *O roi,* répondit Daniel, *je n'ambitionne pas les richesses ; je ne veux cependant pas te cacher la vérité. Voici, Dieu, que tu as outragé par la profanation des vases sacrés, t'annonce ceci:* MANÉ, THÉKEL, PHARÈS... *Tu as été pesé et trouvé trop léger ; ton royaume sera divisé entre d'autres peuples victorieux.* La même nuit, les Mèdes et les Perses envahirent Babylone et Baltassar fut tué.

Darius le Mède fut chargé par Cyrus de gouverner Babylone. Eprouvant une grande sympathie pour Daniel, il l'entoura d'honneurs, comme les souverains de Babylone l'avaient déjà fait. Mais les courtisans, poussés par la jalousie, accusèrent Daniel de désobéir aux décrets royaux et Darius signa à contrecœur l'acte qui le condamnait. Daniel fut jeté dans la fosse aux lions. Les bêtes féroces avaient l'habitude d'être les exécuteurs des condamnations à mort, mais les lions se couchèrent aux pieds de Daniel et ne lui firent aucun mal.

Plus tard, Daniel fut accusé par Cyrus, roi des Perses, de ne pas adorer l'idole Bel. *Je n'adore pas les idoles faites par les hommes,* répondit Daniel, *mais j'adore le Dieu vivant. — Mais Bel mange,* répartit Cyrus, *et s'il mange, donc il est vivant. — Ne sois pas dupe, mon roi !* Et Daniel démontra que les aliments offerts à l'idole étaient consommés par les serviteurs du temple : le roi le reconnut aux traces de pas imprimées dans la cendre que Daniel avait fait répandre secrètement autour de l'idole.

LE SERPENT SACRÉ

Irrité, Cyrus condamna à mort les faux prêtres de Bel et ordonna la destruction de l'idole et de son temple. Mais à Babylone on adorait aussi un gros serpent. Comme le roi l'invitait à l'adorer, Daniel répondit : *J'adore le Seigneur mon Dieu, parce que Lui seul est vivant et immortel, et non ce reptile que je ferai mourir, si tu me le permets. — Je te le permets,* consentit Cyrus. Peu après, Daniel montra à tous le serpent mort. Il avait suffi de présenter des aliments empoisonnés au faux immortel.

La succession de semblables incidents mit la population de Babylone en émoi : *Est-il donc possible, ô roi, que nos dieux demeurent impuissants et doivent disparaître à cause de Daniel ?* demandèrent-ils à Cyrus. *Si tu ne nous le livres pas tout de suite, nous n'hésiterons pas à nous révolter contre ton autorité. Nous te tuerons, toi et toute ta famille !* Craignant une violente rébellion populaire, Cyrus livra Daniel à ses accusateurs ; mais il lui dit : *Daniel, je suis certain que ton Dieu te sauvera.*

HABACUC

Pour la seconde fois, Daniel fut jeté dans la fosse aux lions. Habacus était alors près de Jérusalem. Il se dirigeait vers la campagne pour porter leur repas aux moissonneurs. Un ange du Seigneur l'arrêta et lui ordonna de porter le déjeuner à Babylone, au prophète Daniel. Habacuc avait peur de se tromper de chemin. L'ange le prit par les cheveux et le transporta en un clin d'œil au-dessus de la fosse aux lions : *Daniel,* cria-t-il, *prends ce repas que Dieu t'envoie !* Puis l'ange le ramena en Judée, tandis que Daniel, rescapé, revenait à la cour.

Cyrus et son peuple furent pris de respect pour le Dieu de Daniel. Le jour de la libération des Israélites se préparait. Cyrus publia enfin cet édit : *Le Seigneur, Dieu du ciel, m'a donné tous les royaumes de la terre et m'a ordonné de lui bâtir une demeure à Jérusalem. Tous ceux qui appartiennent au peuple de Juda pourront retourner dans leur patrie et y reconstruire le Temple. Tous devront participer à cette entreprise.*

La joie fut indescriptible dans le cœur des exilés. Beaucoup entreprirent aussitôt le long voyage du retour. Pendant la captivité à Babylone, ils avaient médité sur le grand destin de leur peuple, et ils avaient regretté d'avoir désobéi aux commandements de Dieu. Tournés dans la direction de Jérusalem et du Temple, ils avaient chanté les psaumes de David. Ils pouvaient maintenant revenir là-bas, sur le mont Sion et, agenouillés sur les ruines de la ville sainte, baiser la terre que Dieu leur rendait.

PRÉDICTIONS DE DANIEL

Daniel l'avait prédit : *Nous reviendrons dans notre patrie et il nous sera permis de reconstruire Jérusalem et son Temple.* Mais Daniel avait aussi prévu une seconde destruction : *Soixante-dix semaines d'années passeront, le Messie viendra effacer le péché des hommes, il sera tué et le peuple qui le reniera ne sera plus son peuple. A la fin de la dernière semaine, ville et Temple seront de nouveau détruits.* Dieu allait fonder son nouveau royaume sur ces ruines.

JONAS

Les miracles d'Elie et d'Elisée n'avaient pas ramené Israël à la foi, et son royaume avait succombé sous l'attaque de Salmanasar, roi d'Assyrie. Osée, le dernier roi d'Israël, avait été enchaîné et déporté au pays du vainqueur, avec toute la population valide. Mais pour cette terre étrangère, Dieu confia une mission à un prophète de son peuple : *Va à Ninive,* ordonna-t-il à Jonas, *va prêcher la pénitence parce que la perversité de cette ville est arrivée jusqu'à moi.*

LA TEMPÊTE

« Aller à Ninive, ville ennemie ? Prêcher la conversion dans la grande capitale du roi d'Assyrie qui a réduit Israël en esclavage ? Ah ! non ! non ! » Jonas s'enfuit ; à Joppé il s'embarqua sur un navire en partance pour la lointaine Tarsis. Mais, en haute mer, une tempête s'éleva et le navire menaça de se briser. Les marins effrayés jetèrent les dés pour connaître le coupable. Le sort tomba sur Jonas. *C'est vrai, je suis coupable,* confessa-t-il ; *jetez-moi à la mer, et la tempête se calmera.*

A peine Jonas eut-il touché l'eau que la tempête s'apaisa. Il était coupable... Devait-il mourir ? Un énorme poisson s'approcha de lui et l'avala, non pour le dévorer, mais pour le mettre à l'abri. Il le conserva trois jours et trois nuits dans son ventre, puis, une fois arrivé au rivage, il ouvrit la bouche et le jeta sur le rivage, sain et sauf. Jonas est une figure de Jésus. De même que Jonas est sorti vivant du poisson après trois jours, de même Jésus est sorti vivant du tombeau trois jours après sa mort.

PRÉDICATION A NINIVE

Jonas se rendit enfin à Ninive. Les trois jours et les trois nuits passés dans une prison inhabituelle l'avaient décidé à obéir. Il parcourut les rues de la ville en annonçant bien haut l'imminence du châtiment. Les regards se portèrent sur lui, d'abord avec curiosité, puis avec étonnement, et enfin avec terreur. « C'est le prophète du Dieu d'Israël ; et le Dieu d'Israël est puissant ! crièrent les gens de Ninive. Notre roi doit être informé de ce qui va nous arriver... Il doit nous sauver ! »

Ayant appris la prédiction de Jonas, le roi de Ninive proclama : « Nous ferons pénitence, et le Dieu d'Israël nous pardonnera. » Puis après avoir déposé ses vêtements royaux, il revêtit un sac, se couvrit de cendres et donna cet ordre : *Hommes et bêtes, bœufs et brebis, ne mangeront pas, ne brouteront pas et ne boiront pas d'eau. Tous se convertiront de leur vie mauvaise et de leurs mauvaises actions.* L'ordre du roi fut suivi, et la pénitence obtint le pardon de Dieu, qui éloigna de Ninive la menace du châtiment.

Après avoir prédit la destruction de Ninive, Jonas était sorti de la ville et, à l'abri de quelques branchages, il attendait le déroulement des événements. Ardent patriote, il goûtait peut-être à l'avance la joie de voir les Assyriens, ennemis des Hébreux, anéantis par la main de Dieu. Quarante jours passèrent, et la main de Dieu ne frappait pas. Jonas s'en attrista. « Mon Dieu, n'ai-je pas beaucoup souffert pour apporter ici ton message ? Et maintenant ? » — « Maintenant ma miséricorde l'a emporté sur ma justice, et j'ai pardonné aux Ninivites.

Le **Livre de Judith** et le **Livre d'Esther** présentent deux figures de femmes, saintes et héroiques, suscitées par Dieu pour sauver son peuple opprimé par les ennemis. Judith agit dans son pays, Esther parmi les Juifs exilés. Toutes les deux sont des figures de la Vierge Marie, la créature exceptionnelle, exempte de toute faute, qui sera rendue par Dieu invincible contre l'ennemi infernal, pour sauver les hommes par le Messie rédempteur.

Judith et Esther

JUDITH

Assurbanipal, roi d'Assyrie, qui régnait sur une bonne partie de l'Asie Mineure, envoya ses représentants dans les villes qu'il n'avait pas encore soumises, pour obtenir un acte de sujétion. Mais les enfants d'Israël refusèrent de céder à la prétention du roi, et ils se retranchèrent dans la ville de Béthulie, qu'assiégea aussitôt Holopherne, général assyrien. Il se promettait de tirer vengeance du peuple minuscule qui osait résister à l'armée la plus forte de la terre.

Encouragés par le grand prêtre Joakim, les Israélites organisèrent la défense, après avoir invoqué Dieu par des prières et des pénitences. Ils étaient décidés à mourir plutôt qu'à se rendre. Holopherne, fort de plus de cent vingt mille fantassins et vingt-deux mille cavaliers, résolut de prendre Béthulie par la faim et la soif. Il occupa les sources qui alimentaient les aqueducs de la ville, la privant d'eau et de ravitaillement. Les choses prirent une tournure telle que le découragement s'empara des assiégés.

Ozias, commandant de Béthulie, supplia les siens de résister encore cinq jours, car il espérait qu'une pluie abondante remplirait les citernes. Si rien de positif ne survenait, il ouvrirait les portes à l'ennemi. En entendant cette proposition, Judith, belle et vertueuse veuve de Béthulie, s'enflamma d'indignation et appela Ozias et les anciens : *Où est donc votre foi ?* dit-elle. *Pour vous prouver que Dieu n'abandonne pas son peuple, je mettrai mon plan à exécution...*

DANS LE CAMP ENNEMI

Les autorités de la ville furent conquises par les paroles de Judith. Ozias lui dit : *Nous prierons le Seigneur pour toi. Le sort de cette ville est entre tes mains.* Judith rentra chez elle et se mit en prière : *Seigneur, fais que nos ennemis reconnaissent que tu es notre Dieu et notre défenseur. Fais que s'écroule la force d'Holopherne, qui menace de souiller ton Tabernacle ; fais que son orgueil soit tranché par son épée elle-même... Créateur du ciel et de la terre, écoute ta servante...*

Judith quitta ses vêtements de deuil et mit ses habits de fête. Elle chaussa des sandales, mit ses colliers, ses bracelets, ses boucles d'oreilles, ses bagues et se para. Puis, accompagnée d'une domestique, elle sortit de Béthulie et se dirigea en priant vers le camp ennemi. Sa beauté resplendissait comme le soleil. Le Seigneur guidait ses pas et lui donnait du courage pour vaincre Holopherne et délivrer Béthulie des assiégeants. Judith descendit dans la vallée où campaient les Assyriens.

Au point du jour, elle tomba sur une sentinelle ennemie : *D'où viens-tu ? Où vas-tu ?* lui demanda la sentinelle. Judith répondit tranquillement : *Je suis une fille des Hébreux. J'ai fui les miens, parce que j'ai bien vite compris qu'ils tomberont en vos mains. Je désire parler à Holopherne, le commandant en chef de votre armée, pour lui donner des renseignements sûrs et lui montrer quel chemin il doit suivre pour s'emparer de Béthulie. — Va,* lui dirent les soldats dans l'admiration. *Ta vie est sauve, et ta visite plaira beaucoup au commandant.*

JUDITH ET HOLOPHERNE

C'est ainsi qu'elle fut conduite dans la tente d'Holopherne. Judith s'agenouilla en sa présence, mais le général, dans l'admiration de sa beauté, la fit se relever. *Général... Dieu est indigné des péchés des habitants de Béthulie, et je le prierai de m'avertir, quand l'heure de son châtiment aura sonné. Je te conduirai alors à Jérusalem en vainqueur.* Holopherne donna aussitôt des ordres pour que Judith pût circuler librement dans le camp et, au bout de quatre jours, il l'invita à dîner.

Pendant le repas, Holopherne but jusqu'à l'ivresse. Une fois tombé dans un lourd sommeil, il fut porté sous sa tente. Judith empoigna son épée et lui trancha la tête. Puis elle cacha le trophée dans sa besace et revint discrètement à Béthulie avec sa domestique. Au matin, la tête d'Holopherne fut suspendue à un créneau du rempart tandis que les assiégés attaquaient les ennemis. Ceux-ci, terrorisés, prirent la fuite en abandonnant armes et ravitaillement. Béthulie était sauvée.

CANTIQUE DE JUDITH

Les Assyriens définitivement battus, les habitants de Béthulie portèrent Judith en triomphe et lui chantèrent : *Tu es la gloire de Jérusalem, tu es la joie d'Israël, tu es l'honneur de notre peuple.* Héroïne vertueuse qui sauve son peuple, Judith devint une figure de la Vierge immaculée, qui écrase la tête du serpent tentateur et délivre le monde de son infernale domination. C'est pourquoi l'Eglise la salue du même cantique que les gens de Béthulie adressèrent à leur libératrice.

ESTHER

Une autre femme reçut de Dieu, comme Judith, la mission de sauver le peuple pendant l'exil à Babylone, Assuérus, appelé aussi Xerxès, régnait à Babylone. Il avait choisi pour épouse une jeune fille juive, orpheline, du nom d'Esther. Elle avait été élevée par son oncle, Mardochée, qui avait un emploi important à la cour. Le jour des noces, le roi posa avec une grande solennité le diadème royal sur la tête de la jeune fille que Dieu avait conduite à une si haute dignité.

Mardochée, l'oncle d'Esther, apprit un jour que deux employés du palais complotaient de tuer le roi. Il avertit aussitôt la reine qui parla au souverain : Assuérus fut sauvé. Après avoir ordonné une enquête, qui confirma la faute des conjurés, il prescrivit aux scribes d'inscrire dans les annales du royaume le service que lui avait rendu Mardochée.

ÉDIT D'EXTERMINATION

Un certain Aman était premier ministre d'Assuérus qui prétendait aux honneurs divins de la part des sujets. Comme les autres Hébreux, Mardochée s'y refusa. L'ayant appris, Aman décida de se venger ; il se présenta au roi : *Il y a dans ton royaume, un peuple qui a des lois et des cérémonies étrangères, et il méprise tes ordres,* dit-il. *Il n'est pas bien que ce peuple continue à vivre. Ordonne donc qu'il soit exterminé !* Assuérus y consentit et Aman fit aussitôt publier l'édit d'extermination.

HONNEUR A MARDOCHÉE

Mardochée recourut à Esther pour qu'elle intercédât auprès d'Assuérus. Mais la loi condamnait à mort quiconque se présenterait devant le roi sans être appelé. Quoique reine, Esther devait respecter la loi ; mais elle se dit courageusement : *Mieux vaut mourir que renoncer à la seule chance de sauver mon peuple !* Et elle entra dans la salle du trône. Sa douceur désarma Assuérus : *Relève-toi, ma reine. Demande-moi ce que tu voudras...* Esther invita le roi à un festin.

Pendant le repas, Esther parla au roi en faveur des Hébreux... Cette nuit-là, Assuérus ne pouvait pas fermer l'œil. Il appela ses serviteurs, se fit apporter les Annales du règne, se les fit lire. On lut longtemps... On arriva enfin à l'endroit où était raconté le complot contre le roi, déjoué par Mardochée. Assuérus demanda : *Quelle récompense Mardochée a-t-il eue pour sa fidélité ? — Aucune,* lui répondit-on. Le roi fit alors appeler son premier ministre, qui attendait pour demander au roi la condamnation de Mardochée.

Dis-moi, Aman, quel honneur revient à l'homme que le roi veut honorer ? Croyant que le roi pensait à son premier ministre, Aman fut prompt à suggérer : *Cet homme doit être vêtu d'habits royaux, monter l'un des chevaux du roi et être conduit tout autour de la ville par un haut fonctionnaire de la cour. — Eh bien, dépêche-toi ; fais tout ce que tu as dit pour le juif Mardochée, car il est digne d'honneur. Prends bien soin de ne rien omettre de ce que tu as proposé.*

LA PRIÈRE D'ESTHER

Il est facile d'imaginer la déception et le trouble que l'ordre du roi jeta dans le cœur d'Aman ! Il apporta à Mardochée le manteau et le diadème royaux, il le fit monter sur l'un des plus beaux chevaux et il le conduisit à travers les rues de Suze en proclamant : *Voilà ce que l'on fait à l'homme que le roi veut honorer!* Après avoir exécuté l'ordre reçu, Aman revint chez lui, la mort dans l'âme. Le jour suivant, il se rendit avec le roi au festin offert par Esther.

Assuérus savait que la reine avait quelque chose à lui demander et, pendant le repas, il l'encouragea : *Esther, dis-moi maintenant ce que tu attends de moi. Parle!* — *Eh bien, mon seigneur,* répondit Esther, *si j'ai trouvé grâce à tes yeux, accorde-moi la vie. Révoque l'édit par lequel Aman a ordonné le massacre et l'extermination de mon peuple. Moi aussi je suis juive ; je suis la nièce de Mardochée. Quoique innocents, nous avons été condamnés à mort sur l'ordre d'Aman.*

Aman paya de sa vie toutes ses intrigues. Mardochée le remplaça dans ses fonctions de premier ministre, et le roi lui prescrivit de pourvoir au salut des Hébreux, en expédiant d'urgence un nouvel édit dans toutes les provinces. De toutes les villes s'élevèrent des hymnes d'action de grâces au Seigneur. Une fois de plus le peuple élu avait été sauvé par l'héroïsme d'une femme qui devint, elle aussi, une figure de la Sainte Vierge.

Les **Livres d'Esdras** et de **Néhémie** décrivent le retour des Juifs en Terre sainte et les travaux de réforme sous la conduite d'Esdras et de Néhémie. Ce dernier reconstruisit Jérusalem et son Temple. Le prêtre Esdras fut le restaurateur de la législation religieuse. Les deux **Livres des Maccabées,** qui tirent leur nom des chefs militaires, ont été écrits environ un siècle avant Jésus-Christ ; ils racontent les événements de la « Guerre sainte » contre les rois de Syrie, qui voulaient imposer aux Juifs les usages paiens. Cette histoire, qui se termine en 143 par l'indépendance temporaire du peuple élu, clôt la période de l'Ancien Testament dans la Bible.

après l'exil: les Maccabées

A BABYLONE

Lorsque tout semblait perdu avec la destruction de Jérusalem et la dispersion de la dynastie de David, alors qu'Assyriens et Babyloniens déportaient les Hébreux en Mésopotamie, Dieu préparait la renaissance de sa nation. Dans les derniers temps, le peuple hébreu était devenu comme une vieille maison, dont les murs cèdent de toutes parts. Le peuple était divisé en deux royaumes, celui d'Israël et celui de Juda. Il fallait abattre, pour reconstruire ensuite. L'exil de Babylone joua ce rôle.

A Babylone, chaque Hébreu était affecté à un travail déterminé. Quelques-uns furent admis à la cour, comme le prophète Daniel ; mais, dans les débuts, la vie des exilés fut assez misérable. Les geôliers contrôlaient le travail et savaient se faire obéir. Peu à peu, les Hébreux se résignèrent et s'habituèrent à leur triste condition. Ils améliorèrent même leur train de vie ; ils obtinrent la permission de se rassembler dans des villages. Mais l'amertume d'avoir perdu leur patrie et le Temple ne s'effaça jamais de leur cœur.

LES CITHARES MUETTES

Le prophète Ezéchiel était avec le peuple en exil. Ses prophéties sur la destruction de Jérusalem s'étaient accomplies ; il annonçait à présent que le Seigneur allait réunir ses brebis des différentes régions pour les reconduire dans leur terre, sur les montagnes d'Israël. Muettes, les cithares des déportés pendaient aux saules de Babylone : *Nous ne chanterons pas les cantiques du Seigneur en terre étrangère,* disaient les exilés, tout en gardant l'espoir de revoir un jour Jérusalem.

L'ÉDIT DE CYRUS

Puis Cyrus le Perse vainquit Babylone, et il décréta que les peuples déportés par les Babyloniens pourraient, lorsqu'ils le souhaiteraient, retourner dans leurs pays. *Le Seigneur du ciel m'a prescrit de lui édifier une maison à Jérusalem,* dit-il. *Ceux qui font partie de son peuple peuvent retourner dans leur patrie.* Le roi retira des trésors royaux les vases du Temple, qui avaient été volés par Nabuchodonosor, et il les confia au chef de l'expédition. La captivité de Babylone avait duré soixante-dix ans.

RETOUR A JÉRUSALEM

Cinquante mille personnes environ prirent la direction de la Terre promise, avec chevaux, mulets, ânes et chameaux. Les familles des prêtres et des lévites marchaient en tête. Douze notables, parmi lesquels Zorobabel, dirigeaient les caravanes. Quand tous furent arrivés en Palestine, chacun retourna dans la terre de ses aïeux, selon les listes généalogiques qui avaient été préparées à Babylone.

Après avoir surmonté les premières difficultés, les Hébreux commencèrent l'édification du Temple. Ils élevèrent d'abord l'autel, puis jetèrent les fondations de l'édifice. Les Samaritains demandèrent à participer à la construction du Temple. *C'est à nous seuls qu'il appartient de bâtir la maison du Seigneur,* répondit Zorobabel. C'est ainsi que naquirent les oppositions entre les deux peuples, et la reconstruction fut compromise. Quinze ans plus tard, le roi de Perse décréta que quiconque gênerait les travaux serait pendu.

NÉHÉMIE

Néhémie, qui avait été échanson du roi Artaxerxès 1er, décida de reconstruire les remparts de Jérusalem ; il sonna le rassemblement de tout le peuple, qui se mit au travail avec ardeur. Mais les nations voisines tentèrent de faire massacrer les constructeurs. Néhémie ordonna de prendre les armes, de sorte qu'on travaillait d'une main et que, de l'autre, on tenait l'épée. Les remparts de Jérusalem furent restaurés, et munis de portes confiées à la surveillance des Juifs.

Néhémie pourvut encore au peuplement de la ville et arrangea à l'amiable les différends entre les rapatriés et les habitants restés sur place. Au cours de deux assemblées solennelles, il fit lire par le scribe Esdras le Livre de la Loi du Seigneur, et les Hébreux s'engagèrent par un serment collectif à l'observer. Le document fut signé et scellé par les notables, les prêtres et les lévites. Par ce serment, Néhémie avait pu ramener le peuple à son Seigneur, et Dieu serait désormais son défenseur, bien plus efficace que toutes les murailles.

RETOUR DES LÉVITES

Revenu à Jérusalem après une période d'absence, Néhémie trouva un Ammonite, du nom de Tobie, installé dans le Temple : il était pour lui et le peuple du Seigneur un grand ennemi. Avec courage et fermeté, Néhémie le chassa et fit purifier les pièces où Tobie avait habité. Il rassembla ensuite les lévites qui s'étaient éloignés, et il rappela à tous l'obligation de ne pas contracter de mariages avec les étrangers, ainsi que celle de se reposer le jour du sabbat.

RÉFORME

Néhémie, restaurateur de Jérusalem, avait vu des Juifs travailler le jour du sabbat ; il les reprit publiquement : *Pourquoi agissez-vous contre la Loi ? Ne vous rappelez-vous plus les châtiments qu'ont subis nos pères pour avoir profané le jour du Seigneur ? Par votre manière de faire, vous vous attirez la colère de Dieu !* Il ordonna alors de fermer les portes de la ville pendant le sabbat, et il éloigna les vendeurs qui offraient leur marchandise à l'extérieur des murs. Le jour consacré au Seigneur ne devait pas être profané.

ESDRAS

Artaxerxès, roi de Perse, envoya le scribe Esdras à Jérusalem pour instruire et diriger la population. Arrivé à Jérusalem avec ses compagnons, Esdras fit peser les vases d'or et d'argent destinés au Temple et chaque meuble fut estimé et inventorié. Beaucoup de cet or avait été donné par le roi de Perse, qui publia aussi cet édit : *Moi, Artaxerxès, j'ordonne à tous les trésoriers de la caisse publique de donner à Esdras tout ce qu'il demande, afin que Dieu ne se fâche pas contre le roi et contre son peuple.*

Esdras apprit par des représentants des notables de la ville l'état de péché auquel étaient réduits les Juifs mariés à des femmes étrangères. Il invoqua alors humblement le Seigneur, car il désespérait de pouvoir relever le peuple. Entouré d'une grande foule et invité à donner son avis, Esdras ordonna de renvoyer les femmes étrangères dans leur pays avec leurs enfants. Le peuple promit d'obéir à cet ordre. Tout cela fut accompli pour que la race du peuple élu restât fidèle à l'unique vrai Dieu.

ALEXANDRE LE GRAND

Après la reconstruction de la nation, les Hébreux jouirent pendant un certain temps de paix et de tranquillité. Mais Alexandre le Grand battit Darius III, empereur de Perse, à la célèbre bataille d'Issus, en 333 avant Jésus-Christ. Il devint alors le maître de la Palestine. Les conquêtes d'Alexandre le Grand et la politique de ses successeurs répandaient la culture et la religion grecques, en opposition à la religion des Hébreux. De là vint la réaction des Macchabées.

ANTIOCHUS ÉPIPHANE

La persécution contre les Juifs fut causée par la soif d'argent du roi Antiochus IV Epiphane, souverain séleucide de Syrie, un des royaumes issus de la division de l'empire d'Alexandre. Antiochus apprit qu'il y avait d'immenses trésors d'or et d'argent dans le Temple de Jérusalem, trésors qui pouvaient être facilement emportés. Antiochus envoya aussitôt un certain Héliodore à Jérusalem pour s'emparer en son nom des richesses conservées dans la Maison du Seigneur.

ONIAS

Le grand prêtre, Onias, tenta de s'opposer à cette intrusion, mais Héliodore, préoccupé des intérêts de son roi, ne voulut pas entendre raison et pénétra de force dans le Temple. Alors Onias adressa sa prière au Seigneur, qui envoya d'abord un ange à cheval. Le cheval frappa Héliodore de ses sabots de devant ; puis deux autres anges se mirent à le fouetter jusqu'à ce qu'il tombe sans connaissance. Ils l'auraient tué si Onias n'était intervenu en sa faveur.

HÉLIODORE

Pensant à la vengeance qu'Antiochus pourrait déchaîner si Héliodore était mort, le grand prêtre pria Dieu de lui laisser la vie. Et le Seigneur, une fois de plus, exauça la prière de son prêtre. Les deux anges s'approchèrent d'Héliodore et lui dirent : *Sois profondément reconnaissant au grand prêtre Onias que le Seigneur te fasse grâce de la vie par son intercession. Et toi, qui es puni par le Ciel, fais connaître à tous l'admirable puissance de Dieu.* Et ils disparurent subitement.

LE CULTE PAIEN

Antiochus publia ensuite un édit par lequel il interdisait l'observance de la loi mosaïque et punissait de mort ceux qui n'obéissaient pas à ce décret. Beaucoup se soumirent ; d'autres Israélites préférèrent se cacher ou chercher refuge loin de la ville, pour ne pas renier leur foi. C'est ainsi que commença la vraie persécution contre tous ceux qui voulaient rester fidèles à Dieu. Beaucoup subirent la mort plutôt que de céder et violer les Commandements.

Ayant eu connaissance des faits, le roi Antiochus ne pardonna pourtant pas à Onias, car il le croyait responsable de l'échec d'Héliodore. Il chargea donc Jason, frère d'Onias, jaloux de son autorité, de convaincre ses compatriotes d'adopter les usages et les rites païens. Revenu à Jérusalem, Jason travailla avec ardeur à introduire dans la cité les usages et les coutumes hellénistiques. Il fut vite secondé par un grand nombre de gens, qui s'étaient mis à mépriser la loi divine.

TUERIE A JÉRUSALEM

Antiochus lui-même se mit en marche avec son armée contre Jérusalem. Il occupa la ville et ordonna à ses soldats de tuer tous ceux qu'ils rencontreraient. Il y eut ainsi un vrai massacre de jeunes, une extermination de garçons, de femmes et d'enfants. Jérusalem devint comme un immense cimetière. En trois jours, cinquante mille personnes disparurent, dont quarante mille tuées, et les autres vendues comme esclaves. Ce n'était que désolation dans la ville sainte.

PROFANATION

Antiochus ne se contenta pas de cette tuerie ; il voulut s'emparer du trésor du Temple. Il entra donc dans la Maison de Dieu par la force, guidé par un Juif traître. Il s'empara des vases sacrés pour les utiliser dans ses banquets, ainsi qu'à d'autres usages profanes ; il dépouilla le Temple de tous ses ornements ; il emporta les trésors qui avaient été cachés et qu'il parvint à découvrir. Avec tout ce butin, il retourna dans son pays, laissant Jérusalem et la Judée dans la plus grande affliction.

En conclusion de tout cela, Antiochus envoya à Jérusalem un gouverneur qu'il chargea de faire observer ses édits, en obligeant les Juifs à abandonner les lois de leur Dieu, à désaffecter le Temple et à le dédier à Jupiter Olympien. Il ne fut pas permis aux Juifs d'offrir des sacrifices, ni de se rassembler pour la prière, ni d'observer les jours de fête et de repos. Beaucoup d'entre eux furent obligés par la force de participer aux sacrifices païens ou aux fêtes et banquets en l'honneur des dieux.

ÉLÉAZAR

La persécution s'étendit. Un vieillard, du nom d'Eléazar, fut pris de force. On voulait l'obliger à manger les viandes interdites par la loi de Moïse. Eléazar préféra mourir glorieusement plutôt que renier sa foi. A quelqu'un qui lui suggérait de faire semblant de manger ces viandes, il répondit courageusement: *Une telle feinte ne convient pas à mon âge ; elle pourrait tromper les jeunes et leur laisser un mauvais exemple.* Et il accepta de mourir sous le fouet des persécuteurs.

LES SEPT FRÈRES

Un autre jour, sept frères furent arrêtés avec leur mère. Le roi les fit battre pour les obliger à manger les viandes défendues. Un des garçons dit au nom de tous : *Nous sommes prêts à mourir plutôt que de transgresser les lois de nos pères.* Le roi, irrité, ordonna de préparer divers instruments de supplice pour intimider les autres, fit mutiler affreusement le garçon qui avait parlé et ordonna de le jeter au feu devant sa mère et ses frères.

Au lieu de s'épouvanter devant l'horrible supplice, ses frères s'encouragèrent réciproquement à mourir pour la sainte loi de Dieu, sûrs qu'après les tourments, ils recevraient la récompense du Seigneur. Leur mère même les encourageait à se montrer forts et à penser à la résurrection qui les attendait. Et c'est ainsi que les six autres garçons furent massacrés en présence de leur mère, qui fut tuée la dernière.

MATTATHIAS

Le Seigneur, cependant, n'avait pas oublié son peuple. Invoqué par les prières d'un grand nombre, touché par les souffrances des âmes généreuses, Dieu suscita parmi les opprimés une famille de héros qui allait libérer ses compatriotes du joug étranger. Cette famille fut celle de Mattathias, prêtre originaire de Jérusalem. Il avait cinq fils : Jean, Simon, Judas surnommé Maccabée, Eléazar et Jonathan. Ils étaient fidèles aux lois du peuple hébreu et remplis de zèle pour la cause de Dieu.

Mattathias s'était établi à Modin. Un jour, un officier du roi arriva dans la ville. Il devait décider le peuple à sacrifier aux idoles. Le prêtre Mattathias y fut invité le premier et, parce qu'il était considéré comme le personnage le plus respectable de la ville, on lui promit honneurs et richesses. Le vieillard répondit dédaigneusement : *Même si tous obéissaient et renonçaient à leur religion, mes fils et moi nous continuerions à adorer notre seul et vrai Dieu.* C'était environ en l'an 167 avant Jésus-Christ.

Mattathias avait à peine fini de parler qu'un Juif s'avança vers l'autel, sous les yeux de tous, pour sacrifier aux dieux païens. A cette vue, Mattathias, indigné, tua l'apostat en même temps que l'officier du roi ; il détruisit ensuite l'autel et cria à tous : *Que celui qui a du zèle pour la loi du Seigneur et veut observer l'Alliance parte d'ici et me suive !* Et il s'enfuit sur les montagnes avec ses fils et beaucoup d'autres Juifs, qui conservaient au cœur la fidélité au vrai Dieu.

LA GUERRE SAINTE

Mattathias et ses fils se mirent à parcourir les villages de Judée pour stimuler les timides et encourager les forts. Ils réunirent autour d'eux ceux qui avaient à cœur la survivance du peuple d'Israël et de ses institutions. Ils commencèrent à harceler leurs persécuteurs ; la nuit, ils s'approchaient de leurs campements, y mettaient le feu, en emportaient des armes et des munitions pour s'en servir ensuite pour la défense de leur patrie.

Quand le vieux Mattathias se sentit près de sa fin, il réunit ses fils et leur recommanda de rester fidèles aux lois et aux traditions des ancêtres, sans se laisser ébranler par les menaces ni par les mauvais exemples. Il leur recommanda de poursuivre leur effort pour rendre courage aux faibles, ramener à l'observance de la Loi ceux qui s'en étaient éloignés et de garder leur foi en Dieu. Il confia le commandement de l'armée à son fils Judas.

VICTOIRES DE JUDAS

Judas Maccabée prit la tête de ceux qui avaient répondu à l'appel de son père et se battaient pour la liberté d'Israël. Le premier à se mesurer avec lui fut Nicanor, général d'Antiochus. Celui-ci, informé de la révolte des Juifs, s'était proposé de les anéantir. Il rassembla vingt mille soldats et marcha contre Judas, qui disposait seulement de six mille hommes. Ceux-ci étaient décidés à tout. Au cri de *Dieu à l'aide !* Judas et les siens mirent les ennemis en déroute.

RÉTABLISSEMENT DU CULTE

La victoire de Judas Maccabée sur Nicanor ne fut que la première. Vint ensuite le tour d'Apollonius, de Timothée, de Bacchidès, tous généraux d'Antiochus. Pendant que le roi était parti en Mésopotamie pour toucher les tributs, il laissa Lysias en Palestine, en qualité de lieutenant. Celui-ci rassembla une armée de quarante mille fantassins et sept mille cavaliers qu'il confia à Gorgias pour vaincre Judas. Mais le héros juif s'adressa à Dieu et attaqua de nuit le camp de Gorgias, qu'il mit en déroute.

Après cette victoire, Judas occupa Jérusalem et monta avec son armée sur le mont Sion. Ils trouvèrent le Temple tombé en ruines, la porte brûlée, l'herbe poussant dans les cours entre les pierres, l'autel profané. Ils pleurèrent de douleur. Judas appela quelques prêtres, fit construire un nouvel autel, restaurer les objets liturgiques. Pour remercier Dieu de les avoir libérés de leurs ennemis, il fit célébrer pendant huit jours la première « Dédicace du Temple ».

MORT D'ANTIOCHUS

La nouvelle de la victoire de Judas arriva à Antiochus, alors qu'il était à Ecbatane, ville de Perse. Hors de lui, ivre de colère, Antiochus jura de prendre sa revanche. Mais il fut subitement saisi d'atroces douleurs et tomba de son char, tandis que les chevaux continuaient leur course. Les blessures qu'il portait tournèrent en gangrène. Abandonné de tous, il mourut seul dans d'horribles souffrances.

HÉROISME D'ÉLÉAZAR

Son fils Antiochus V Eupator fut couronné roi par les soins de Lysias. Le nouveau roi rassembla cent mille fantassins, vingt mille cavaliers et trente-deux éléphants de guerre. La bataille se déchaîna... Eléazar, frère de Judas, vit un éléphant plus gros que les autres et richement orné. Il pensa que c'était celui du roi. Il s'ouvrit alors un chemin par les armes, transperça l'éléphant de sa lance et mourut écrasé sous l'animal. L'armée juive dut battre en retraite.

Antiochus V vit la ténacité des Juifs et préféra faire la paix avec Judas et son peuple. Peu après, il fut tué par Démétrius, prétendant au trône. Celui-ci, poussé par des traîtres juifs, reprit la guerre contre Judas et envoya d'abord Bacchidès contre lui ; puis Nicanor, qui tenta de s'emparer de Judas par ruse, mais sans succès. Tout au contraire, Nicanor fut battu et tué dans la bataille. Sa tête fut portée à Jérusalem comme trophée de victoire.

MORT DE JUDAS MACCABÉE

Démétrius rassembla une forte armée devant laquelle les soldats juifs, réduits à trois mille, prirent peur ; beaucoup d'entre eux s'enfuirent. Il ne resta que huit cents braves avec Judas. Ils conseillèrent à celui-ci de se retirer pour chercher des renforts, mais Judas répondit fièrement : *Ne laissons pas ternir notre gloire. Si notre heure est arrivée, nous mourrons en braves.* Et il s'élança contre l'ennemi et fut tué dans le combat. Tout le peuple le pleura comme le plus grand de ses héros.

JONATHAN

Avec la mort de Judas, les ennemis d'Israël redoublèrent d'audace. Les persécutions recommencèrent. Mais les Hébreux ne cédèrent pas. Ils élurent à leur tête Jonathan, frère de Judas, et ils se livrèrent à la guérilla. Ils parvinrent peu à peu à s'imposer jusqu'à pouvoir traiter d'égal à égal avec le roi Démétrius d'abord, puis avec le roi Alexandre Epiphane. Devenu grand prêtre, Jonathan réussit, par sa diplomatie, à reconstituer la nation juive.

Pendant ce temps, Antiochus VI était monté sur le trône de Syrie ; il était bien disposé envers les Juifs. Mais un des ses généraux, Tryphon, qui enviait le pouvoir de Jonathan, eut recours à la ruse. Il l'invita dans la ville de Ptolémaïs avec la promesse de la lui livrer ; mais quand Jonathan fut arrivé, il le fit arrêter et mettre à mort, lui et toute son escorte.

SIMON

Le peuple juif pleura la perte de Jonathan et élut à sa place son frère Simon, le proclamant Prince du peuple de Dieu, jusqu'à ce que vienne un prophète. Simon réussit à s'emparer de la citadelle de Jérusalem, et il proclama l'indépendance, de droit et de fait, du peuple juif, complètement libéré de la domination étrangère. C'était en l'an 141 avant Jésus-Christ.

MORT DE SIMON

Mais voici arrivé sur le trône de Syrie un nouveau prétendant, Antiochus VII. Celui-ci battit Tryphon et voulut soumettre la nation juive. Il envoya dans ce but une armée contre les troupes de Simon, mais il fut battu. Peu après, Simon fut attiré dans un guet-apens. Invité par son gendre Ptolémée, jaloux de la gloire des Maccabées, il fut assassiné pendant un banquet, en même temps que deux de ses fils.

FIN DE L'HISTOIRE DE L'ANCIEN TESTAMENT

Avec la mort de Simon, le dernier des Maccabées, se termine dans la Bible l'histoire du peuple élu. Les événements ultérieurs nous sont connus par l'histoire profane de Flavius Josèphe. Nous savons que le fils de Simon, Jean Hyrcan, succédant à son père, battit Ptolémée et donna une grande prospérité à la nation. Mais ses successeurs recommencèrent à se disputer le commandement et divers partis se formèrent, qui causèrent la ruine de la Palestine.

LA GRANDE ATTENTE

En 63 avant Jésus-Christ, pendant une guerre civile entre les descendants des Maccabées, Rome intervint en Judée et lui imposa un tribut. En 37 avant Jésus-Christ, le Sénat romain place Hérode, d'origine étrangère, sur le trône de Jérusalem. Mais Dieu n'a pas abandonné son peuple, car la prophétie est sur le point de se réaliser : *Quand le sceptre sera ôté de Juda... le Sauveur naîtra d'une Vierge, à Bethléem.* Les événements de l'Ancien Testament ont préparé sa venue.

le nouveau testament

Promis dès les premiers temps de l'humanité, prédit par les Prophètes, Jésus-Christ a été envoyé par Dieu le Père pour annoncer la « Bonne Nouvelle » (en grec : **Evangile).** C'est pourquoi les écrits qui contiennent ce message de joie, c'est-à-dire les paroles, les miracles, les faits les plus importants de la vie de Jésus, portent le titre d'**Evangile.**

LES AUTEURS DE L'ÉVANGILE

SAINT MATTHIEU, disciple de Jésus, s'attachant à convertir les Juifs, transcrit les longs discours et les paraboles par lesquels Jésus cherche à convaincre ses compatriotes qu'Il est le Messie prédit par les Prophètes.

SAINT MARC rapporte dans son Evangile, destiné aux païens convertis, les faits et les paroles de Jésus, qu'il tient de la prédication de saint Pierre. Il a choisi ceux qui illustrent le mieux la figure de l'Homme-Dieu.

SAINT LUC, excellent écrivain, rassemble dans son Evangile les plus belles paroles de Jésus et décrit quelques épisodes de son enfance qu'il a peut-être appris de la Vierge Marie elle-même.

SAINT JEAN, l'apôtre préféré, est le dernier à écrire l'Evangile. Il veut que tous les hommes croient en la divinité de Jésus-Christ.

l'Evangile de Jésus

LA PREMIÈRE ANNONCE

Aux jours lointains des débuts de l'humanité, une annonce avait retenti à l'oreille de nos premiers parents. *Je mettrai une hostilité entre toi et la Femme,* dit Dieu au serpent, *entre ton lignage et le sien ; elle t'écrasera la tête.* Adam et Eve ne comprirent peut-être pas toute la signification de la promesse : quelqu'un viendrait mettre fin à la domination du démon. Ces paroles sont appelées le « protévangile », parce qu'elles contiennent la première prédiction de la rédemption.

LA GRANDE ATTENTE

Tous les événements racontés dans l'Ancien Testament sont des étapes de la rédemption. Dieu s'est préparé un peuple qui donnera naissance au Messie. Les prophètes tiennent en éveil, tout au long des siècles, l'attente du rédempteur. Mais celui qui doit venir ne sera pas, comme beaucoup le croyaient par erreur. un libérateur qui établira un royaume terrestre ; ce sera le Fils de Dieu, la seconde personne de la Sainte Trinité, qui deviendra homme pour sauver tous les hommes.

Le territoire destiné à recevoir le Messie est la Palestine, appelée *Terre promise* dans les livres saints, parce qu'elle avait été promise par Dieu à Abraham et à ses descendants. Ce pays, habité par des artisans et par de pauvres bergers, longe la côte méditerranéenne de l'Asie qui unit la Syrie à l'Egypte. Elle était alors partagée en différentes régions, notamment la Judée, au sud, où devait naître le Messie, et la Galilée, au nord, où il devait demeurer pendant la plus grande partie de sa vie.

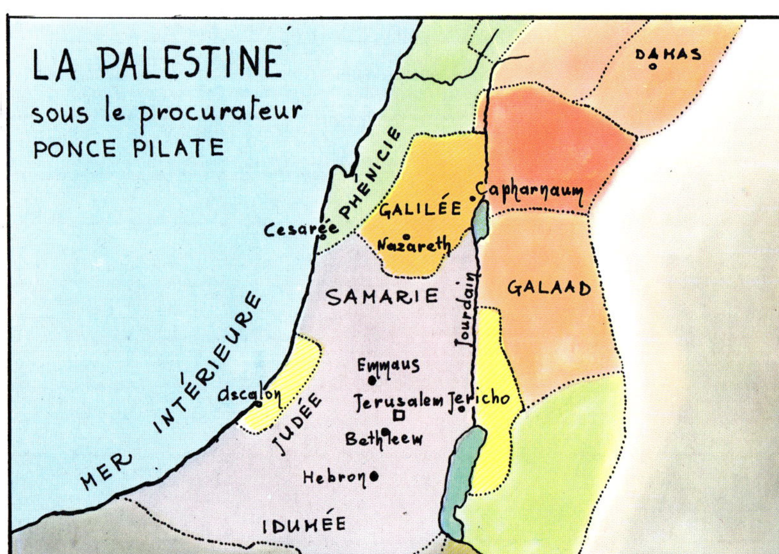

LE PRÉCURSEUR

Un prêtre du Temple, Zacharie, vivait avec sa femme, Elisabeth, à peu de distance de Jérusalem, dans une région montagneuse de Judée. Ils étaient avancés en âge, et n'avaient pu avoir d'enfants. Un jour, alors que Zacharie offrait l'encens dans le Temple et priait pour obtenir de Dieu l'envoi du Messie à son peuple, un ange du Seigneur lui apparut et lui parla ainsi : *Dieu a exaucé ta prière. Tu auras un fils que tu appelleras Jean. Il préparera le chemin au Messie qui doit venir.*

En raison de son âge et de celui de sa femme, le prêtre osa objecter à l'ange : *Mais comment est-il possible que je puisse encore avoir un fils ?* Et l'ange, qui parlait au nom de Dieu, lui dit : *Ce que je t'ai promis arrivera en son temps ; mais puisque tu as douté, tu resteras muet jusqu'à ce jour-là.* Quand son ministère au Temple fut terminé, Zacharie revint chez lui ; il ne pouvait pas parler. Mais Elisabeth, sa femme, conçut un enfant, selon la prophétie de l'ange.

L'ANNONCE A MARIE

Six mois après cet événement, Dieu le Père envoya son ange sur la terre à une jeune fille du nom de Marie, fille de Joaquim et d'Anne. Elle avait été élevée au Temple depuis son enfance. Elle était fiancée à un homme juste et droit, de la famille de David, appelé Joseph. L'ange la trouva chez elle, à l'heure de la prière, et il la salua ainsi : *Salut, pleine de grâce ; le Seigneur est avec toi.*

MÈRE DE DIEU

Tu as trouvé grâce devant Dieu. Voici que tu concevras et mettras au monde un fils, et tu lui donneras le nom de Jésus. Marie pensa au vœu de virginité qu'elle avait fait et demanda des explications à l'ange, qui la rassura ainsi : *L'Esprit-Saint descendra sur toi et la vertu du Très-Haut te couvrira.* Elle déclara alors : *Je suis la servante du Seigneur ; qu'il m'advienne selon ta parole.* C'est à ce moment que le Fils de Dieu s'incarna en elle.

NAISSANCE DU PRÉCURSEUR

L'ange avait dit à Marie que la femme de Zacharie, Elisabeth sa parente, attendait un enfant. C'est pourquoi Marie décida de se rendre près d'elle, pour l'aider et la réconforter. Le pays d'Elisabeth se trouvait sur les montagnes de Judée et était à trois ou quatre journées de marche de Nazareth. Marie accomplit le voyage à pied, en se joignant jusqu'à Jérusalem à une caravane de pèlerins qui descendaient à la Ville sainte.

Arrivée à Aïn-Karim, Marie entra dans la maison d'Elisabeth. *Le Seigneur soit avec toi,* dit-elle, ouvrant les bras pour embrasser sa cousine. La présence de Marie apporta une grande grâce dans cette maison, à tel point que l'enfant d'Elisabeth sursauta de joie dans son sein. Elisabeth elle-même, remplie de l'Esprit-Saint, fut éclairée sur le mystère qui avait fait de sa cousine la Mère du Seigneur.

CANTIQUE DE LOUANGE

Tu es bénie entre les femmes, répondit Elisabeth, *et le fruit de ton sein est béni.* A ces mots, Marie éprouva le besoin de chanter sa joie au Seigneur, qui l'avait choisie pour Mère de Dieu : *Mon âme exalte le Seigneur, mon Sauveur ; il a regardé l'humilité de sa servante. Et voici que désormais toutes les générations me proclameront bienheureuse, car le Tout-Puissant a fait en moi de grandes choses.*

Marie resta chez sa cousine Elisabeth pendant trois mois, jusqu'à la naissance de l'enfant. Ce fut une grande fête pour toute la famille. Les voisins et les parents venaient féliciter Elisabeth et Zacharie pour cette naissance qui réjouissait leur vieillesse. Le huitième jour, l'enfant, comme tout garçon hébreu, devait être circoncis pour faire partie du peuple élu. Au cours de cette cérémonie, le père lui donnait un nom.

Les proches parents conseillèrent à Elisabeth de l'appeler Zacharie, comme son père. Mais elle préférait l'appeler Jean, ce qui veut dire : Dieu est favorable. Les parents, cependant, insistaient et disaient : *Il n'y a personne dans ta parenté qui porte ce nom.* Ils se tournèrent alors vers le père pour savoir comment il voulait qu'on appelât l'enfant. Zacharie, encore muet, se fit apporter une tablette et y inscrivit : *Son nom est Jean.*

BÉNI SOIT LE SEIGNEUR

Tous s'étonnaient, quand le vieux prêtre, à peine après avoir écrit le nom de son nouveau-né, retrouva la parole et prononça à haute voix une hymne de louange : *Béni soit le Seigneur, Dieu d'Israël, il nous a suscité un Sauveur puissant, selon sa promesse.* Se tournant vers le petit, il ajouta : *Et toi-même, petit enfant, tu seras appelé prophète du Très-Haut ; tu marcheras, en effet, devant la face du Seigneur, pour lui préparer la voie et annoncer au peuple le salut.*

MARIAGE DE MARIE ET JOSEPH

Après la naissance de Jean-Baptiste, Marie retourna à Nazareth, où Joseph, son fiancé, était resté. Quand il s'aperçut que Marie attendait un enfant, comme il ne savait pas ce qui était arrivé, Joseph se troubla et pensa à rompre les fiançailles. Un ange lui apparut en songe et lui expliqua le mystère : *Joseph,* dit-il, *ne crains pas de prendre Marie pour épouse. L'enfant qui naîtra d'elle, et que tu appelleras Jésus, est le fruit de l'Esprit-Saint.*

Après cette révélation, Joseph, qui n'avait jamais douté de Marie en son cœur, fixa le jour du mariage qui fut célébré avec les réjouissances propres à ce temps. Après le repas de noces, Joseph prit son épouse avec lui et la conduisit, selon la coutume, dans sa maison. Les jours passèrent, et le temps de la naissance du Rédempteur d'après ce qui avait été prédit par la bouche des prophètes, était arrivé.

BETHLÉEM

En ce temps-là, l'empereur romain César Auguste, qui régnait aussi sur la Palestine, ordonna le recensement de tous les peuples soumis à la domination de Rome. Chacun devait donner son nom dans son pays d'origine. Joseph et Marie qui appartenaient à la descendance de David, avec résidence à Bethléem, durent se mettre en route pour se rendre dans leur ville d'origine, distante de Nazareth de plus de cent vingt kilomètres.

Tous les deux arrivèrent fatigués à Bethléem. Il faisait presque nuit et Joseph alla frapper à presque toutes les portes de ses amis et parents pour demander une place où faire reposer son épouse. Mais on ne voulut pas les recevoir, pas même à l'auberge publique, remplie de voyageurs ; il n'y avait pas de place. Ne pouvant laisser Marie passer la nuit à la belle étoile, Joseph se dirigea alors vers la campagne dans l'espoir de trouver quelque refuge.

Ils trouvèrent une grotte, utilisée parfois comme étable. Ils pensèrent qu'ils ne trouveraient probablement pas de lieu plus sûr et mieux abrité. Joseph y installa sa femme, lui prépara un lit avec la paille utilisée par les bergers quand ils avaient besoin, eux aussi, d'un abri provisoire. Il n'y avait pas d'autre logis pour l'enfant Jésus qui allait naître, lui qui dira un jour : *Le Fils de l'homme n'a même pas une pierre où reposer sa tête.*

NOEL

Jésus naquit dans la grotte, tandis que les anges chantaient : *Gloire à Dieu au plus haut des cieux et paix sur la terre aux hommes qu'il aime.* Personne n'apprit la naissance du Rédempteur, à l'exception de quelques bergers qui passaient la nuit au milieu des champs à garder leur troupeau. Un ange du Seigneur leur apparut et leur dit : *Je vous annonce une grande joie : aujourd'hui un Sauveur vous est né dans la ville de David ; allez-y, vous trouverez un petit enfant enveloppé de langes et couché dans une crèche.*

Restés seuls, les bergers se dirent l'un à l'autre : *Allons donc à Bethléem et voyons ce qui est arrivé, ce que le Seigneur nous a fait connaître.* Ils se mirent en route, portant dans leur cœur la mélodie des anges, et dans leurs mains leurs pauvres cadeaux. Ils arrivèrent à la grotte et trouvèrent Marie avec Joseph et l'enfant couché dans la crèche. Après avoir adoré l'enfant, les bergers s'en retournèrent, louant Dieu de tout ce qu'ils avaient vu.

La loi mosaïque prescrivait que tout nouveau-né fût circoncis le huitième jour. Par ce rite très simple, accompli par le père qui imposait en même temps le nom à l'enfant, celui-ci était introduit officiellement dans la communauté du peuple élu ; il devenait héritier des promesses que le Seigneur avait faites à Abraham et à sa descendance. Joseph accomplit le rite prescrit et imposa à l'enfant le nom de Jésus, qui veut dire Sauveur.

PRÉSENTATION AU TEMPLE

La loi mosaïque prévoyait encore que tout garçon premier-né serait consacré au Seigneur, en signe de dépendance totale envers lui. Quarante jours après la naissance de Jésus, Marie et Joseph se rendirent à Jérusalem avec l'enfant. Chaque maman devait en cette circonstance se purifier devant le Seigneur et faire une offrande selon sa condition. Marie, qui était pauvre, présenta au prêtre deux tourterelles.

Il y avait à Jérusalem un certain Siméon, homme pieux et juste, à qui l'Esprit-Saint avait révélé qu'il ne mourrait pas avant d'avoir vu le Messie. Il alla donc au Temple, vit l'enfant, le prit dans ses bras et remercia Dieu en disant : *Maintenant, Seigneur, laisse partir ton serviteur en paix, car mes yeux ont admiré ton Sauveur, la lumière qui éclaire les nations, et la gloire du peuple d'Israël.*

Puis le vieillard Siméon prononça cette prophétie qui remplit de tristesse le cœur de Marie : *Voici que Jésus est placé pour la ruine et le salut d'un grand nombre en Israël, et comme un signe de contradiction ; quant à toi, un glaive de douleur transpercera ton âme...* Jésus devait être, en effet, un motif de salut pour tous ceux qui croiraient en lui et, à l'opposé, un motif de condamnation pour ceux qui le rejetteraient.

LA PROPHÉTESSE ANNE

A peine le vieillard Siméon avait-il fini de parler qu'une prophétesse nommée Anne, âgée de quatre-vingt-quatre ans, s'approcha. Elle ne quittait jamais le Temple et servait Dieu nuit et jour par des jeûnes et des prières. Elle avait reconnu, elle aussi, en cet enfant, le Sauveur promis. Tout en rendant grâce à Dieu, elle parlait de l'Enfant Jésus à tous ceux qui attendaient la libération du peuple d'Israël par un Messie.

L'ADORATION DES MAGES

La nouvelle de la naissance de Jésus fut apportée par une étoile jusqu'en Orient ; là vivaient des savants, occupés à l'étude des astres. Ils connaissaient une prophétie qui avait annoncé le Rédempteur sous la figure d'une étoile. Certains de ces savants, appelés Mages, aperçurent dans le ciel ce signe extraordinaire ; ils quittèrent leur pays et allèrent à Jérusalem, où régnait le roi Hérode, pour chercher *le Roi des Juifs nouveau-né.*

Arrivés dans la ville sainte, les Mages s'adressèrent à Hérode, pour lui demander où était né le Roi des Juifs. Après avoir interrogé les prêtres, Hérode apprit que le Messie promis devait naître à Bethléem ; c'est là qu'il envoya les Mages. Dès que ces derniers furent sortis de la ville, l'étoile qui leur était apparue en Orient les précéda jusqu'à venir s'arrêter au-dessus de la petite maison où était l'Enfant. Les Mages entrèrent, adorèrent l'Enfant et lui offrirent leurs cadeaux : de l'or, de l'encens et de la myrrhe.

LE MASSACRE DES INNOCENTS

Hérode avait recommandé aux Mages de revenir le voir pour lui raconter ce qu'ils avaient vu ; il feignait de vouloir, lui aussi, adorer l'enfant. Mais les Mages, avertis en songe par un ange, retournèrent dans leur pays par un autre chemin. Se voyant joué par les Mages et craignant de perdre son trône, Hérode jura de tuer cet enfant et, pour frapper sûrement Jésus, il donna ordre de tuer tous les petits enfants de moins de deux ans, demeurant à Bethléem et dans les environs.

Mais le Seigneur ne permit pas que son Fils tombe sous l'épée du tyran, et il envoya l'un de ses anges avertir Joseph en songe : *Lève-toi,* lui dit le messager céleste, *prends l'Enfant et sa mère et va en Egypte ; reste là jusqu'à ce que je t'avertisse de nouveau, car Hérode cherche l'Enfant pour le tuer.* Joseph réveilla Marie et, de nuit, il partit pour l'Egypte.

Pendant ce temps, les soldats d'Hérode exécutèrent l'ordre du roi. Ils entrèrent dans toutes les maisons de Bethléem et des environs, arrachèrent les enfants des bras de leurs mères et les tuèrent sauvagement. Ainsi s'accomplit « le massacre des innocents ». Mais peu d'années après, Hérode mourut aussi dans d'atroces souffrances et de terribles remords.

RETOUR D'ÉGYPTE

Une fois Hérode mort, l'ange apparut encore à Joseph, en Egypte, et lui dit : *Lève-toi ; prends l'Enfant et sa mère et retourne dans la terre d'Israël, car ceux qui en voulaient à la vie de l'Enfant sont morts.* Joseph prit le chemin du retour ; il pensa d'abord s'installer à Bethléem, sa patrie d'origine. Mais quand il eut appris que régnait là Archelaüs, fils d'Hérode et aussi cruel que son père, il alla habiter à Nazareth.

A NAZARETH

Les années passèrent ; Jésus grandissait comme tous les autres enfants du village, sans que personne soupçonne son origine divine. Il participait aux travaux familiaux, se montrait serviable et obéissant. Il apprenait à lire et à écrire ; il se joignait aux jeux des autres enfants.

Aux yeux des habitants de Nazareth, Joseph était le vrai père de Jésus. Il avait un atelier de charpentier et gagnait ce qu'il fallait pour faire vivre sa petite famille. Jésus lui-même cherchait à s'initier au métier de charpentier et à aider son père dans le travail du bois. C'est de cette manière qu'il devait passer la plus grande partie de sa vie, jusqu'à l'âge de trente ans.

JÉSUS PERDU

En bons Israélites, Marie et Joseph montaient chaque année à Jérusalem pour les fêtes solennelles de la Pâque hébraïque, qui commémoraient la libération des Hébreux de l'esclavage d'Egypte. A l'âge de douze ans, Jésus y alla aussi avec ses parents. Au bout de huit jours de fêtes, Marie et Joseph se joignirent à différents groupes et repartirent vers Nazareth ; mais quand les groupes se réunirent, ils s'aperçurent que Jésus n'était pas avec eux.

Marie et Joseph coururent de caravane en caravane à la recherche de Jésus, mais personne ne l'avait vu. Alors ils retournèrent à Jérusalem. Ils le retrouvèrent au bout de trois jours. Il était dans le Temple, assis au milieu des maîtres, en train de causer avec eux. Jésus posait des questions à ces savants et il répondait à leurs interrogations, faisant preuve d'une intelligence supérieure à son âge, ce qui étonnait tous les assistants. En le voyant, Marie, toute préoccupée, lui dit :

Mon enfant, pourquoi nous as-tu fait cela ? Ton père et moi, fort en peine, nous te cherchions. Et Jésus répondit : *Pourquoi me cherchiez-vous ? Ne saviez-vous pas que je dois m'occuper des affaires de mon Père ?* Jésus parlait de son Père céleste, mais ni Marie ni Joseph ne comprirent tout à fait ses paroles. Ils s'en retournèrent tous les trois à Nazareth, où Jésus resta avec ses parents jusqu'au jour où il devait commencer sa vie de prédication.

DÉBUT DE LA VIE PUBLIQUE

Après la mort de Joseph, Jésus le remplaça à l'atelier afin de gagner le pain de chaque jour pour sa mère et pour lui. Marie observait son fils qui grandissait et elle conservait la crainte que la prophétie du vieillard Siméon ne se réalisât un jour ou l'autre. Cependant, Jésus ne montrait encore aucun signe d'un projet quelconque.

Parvenu à l'âge de trente ans, Jésus expliqua à Marie que le moment était venu pour lui de commencer la mission pour laquelle il était venu sur terre. Il lui fit ses adieux, puis quitta la maison et le village. En ce temps-là, Ponce Pilate était gouverneur de la Judée et Tibère César régnait sur l'empire romain. C'est sous leur gouvernement que devait s'accomplir la manifestation de Jésus, le Messie attendu depuis des siècles.

PRÉDICATION DU BAPTISTE

Quelques mois auparavant, Jean, le fils de Zacharie, avait commencé à prêcher sur les bords du Jourdain. Sa parole était grave et pressante : *Faites pénitence,* disait-il, *car le royaume de Dieu est proche.* Et il administrait en signe de pénitence un baptême à ceux qui l'écoutaient. Tout en baptisant, il disait : *Moi je vous baptise avec de l'eau, mais celui qui vient après moi est plus fort que moi. Lui vous baptisera dans l'Esprit-Saint et dans le feu.*

BAPTÊME DE JÉSUS

Jésus se présenta aussi à Jean-Baptiste pour se faire baptiser. Dès que Jean le vit, il alla se prosterner devant lui et dit : *C'est moi qui ai besoin d'être baptisé par toi, et tu viens à moi ?* Mais Jésus lui répondit : *Laisse-moi faire pour l'instant, car c'est ainsi qu'il nous convient d'accomplir toute la volonté du Père.* Jean laissa alors Jésus descendre dans les eaux du fleuve et le baptisa.

Dès qu'il fut baptisé, Jésus sortit de l'eau. Tandis qu'il priait sur le bord du Jourdain, tout d'un coup, les nuages s'écartèrent et l'Esprit-Saint, sous forme de colombe, descendit sur sa tête et l'on entendit une voix venue du ciel : *Tu es mon Fils bien-aimé, en qui je me suis complu.* Ce geste était une confirmation solennelle du Père céleste signifiant que, pour Jésus, l'heure de commencer sa mission était vraiment arrivée.

Quand il eut reçu le baptême des mains de Jean, Jésus se dirigea tout seul vers un lieu désert, pour y passer quarante jours et quarante nuits en prière, sans manger ni boire. Jésus se préparait par cette retraite austère à se présenter aux hommes comme leur Sauveur. Au bout des quarante jours, il eut faim ; mais en ce lieu il n'y avait rien à manger. Dieu permit alors qu'il soit tenté par le démon.

LES TENTATIONS DE JÉSUS

Satan guettait le moment favorable pour mettre à l'épreuve cet homme extraordinaire et voir si vraiment il était le Fils de Dieu, le Rédempteur promis par Dieu pour détruire son royaume. Il s'approcha donc de Jésus, après cette quarantaine de prière et de jeûne, lorsqu'il commença à sentir la faim. L'occasion était bonne et le démon espérait le faire tomber dans ses filets.

Satan s'approcha de Jésus et lui murmura : *Si tu es le fils de Dieu, dis que ces pierres deviennent du pain.* Jésus lui répondit : *Il est écrit : L'homme ne vit pas seulement de pain, mais de toute parole qui sort de la bouche de Dieu.* Plus tard Jésus accomplira un tel miracle, en multipliant les pains ; mais, pour le moment, il repousse fermement son tentateur.

Satan ne se tint pas pour battu, et il pensa mettre à l'épreuve l'humilité de Jésus. Il le transporta à Jérusalem, sur le pinacle du Temple, qui se dressait à 180 mètres au-dessus de la vallée. *Si tu es le Fils de Dieu,* dit le tentateur, *jette-toi en bas, car Dieu a dit à ses anges : J'ai ordonné de le porter dans leurs mains pour que son pied ne heurte pas contre une pierre.* Jésus répondit : *Il est aussi écrit : : Tu ne tenteras pas le Seigneur ton Dieu.*

L'AGNEAU DE DIEU

Enfin le démon transporta Jésus sur une montagne très élevée. En un instant, il lui montra tous les royaumes du monde et lui dit : *Tout cela, je te le donnerai, si tu te prosternes devant moi et si tu m'adores : tout sera à toi.* Jésus ne tolérant pas davantage la présence du Malin, le chassa en criant :*Va-t'en, Satan, car il est écrit : Tu adoreras le Seigneur ton Dieu, et tu ne serviras que lui seul.*

Le démon se retira. Les anges du ciel, vinrent apporter de la nourriture à Jésus. Puis celui-ci descendit de ce lieu de retraite pour retrouver la société des hommes. Il était prêt à commencer la prédication du message qui allait changer la face de la terre. Il se dirigea vers les rives du Jourdain où Jean prêchait et baptisait.

Jean s'était trouvé en difficulté : certaines personnes le prenaient pour le Messie. A l'apparition de Jésus, qui revenait du désert, il le présenta aux foules qui l'entouraient en grand nombre : *Voici l'Agneau de Dieu ; voici celui qui enlève les péchés du monde. D'abord je ne le connaissais pas ; mais c'est sur Lui qu'est descendu l'Esprit sous forme de colombe. Pour moi, je l'ai vu, et je vous assure qu'il est le Fils de Dieu.*

LES PREMIERS APOTRES

Jean fit signe à deux de ses disciples, André et Jean, de suivre le Messie. Un instant après, les deux hommes marchaient à côté de Jésus, sans dire un mot. Jésus rompit le silence le premier et leur demanda : *Que cherchez-vous ?* Et eux demandèrent à leur tour : *Maître, où habites-tu ? — Venez et voyez,* répondit Jésus. Ils poursuivirent ainsi jusqu'à la maison où demeurait le Messie ; et dès lors ils devinrent ses premiers disciples.

Le jour suivant, André retourna chez lui et rencontra son frère Simon. Il lui communiqua la joyeuse nouvelle : *Sais-tu, nous avons trouvé le Messie !* Simon, pêcheur de son métier, voulut être présenté à Jésus et il se fit accompagner par son frère. Dès qu'il le vit, Jésus le fixa d'un regard plein de prédilection et lui dit : *Tu es Simon, fils de Jean ; désormais tu t'appelleras Pierre.* Par ce changement de nom, il montrait qu'il avait un dessein particulier sur Simon.

Jésus continuait à circuler à travers la Galilée, accompagné de ses trois premiers disciples. Chemin faisant, il rencontra un homme du nom de Philippe, qui habitait à Bethsaïde, la ville des deux frères André et Pierre. Jésus lui dit : *Suis-moi.* Au ton de cette voix, Philippe fut profondément ému et il obéit aussitôt, se joignant au groupe qui suivait le Maître, sans demander d'explications.

NATHANAEL

Philippe ne pouvait contenir sa joie, et il voulut la communiquer à l'un de ses amis, Nathanaël : *Nous avons trouvé celui au sujet duquel Moïse et les Prophètes ont écrit ; c'est Jésus de Nazareth.* Mais Nathanaël, incrédule, secoua la tête : *De Nazareth peut-il sortir quelque chose de bon ?* Evidemment, Nazareth ne jouissait pas d'une bonne réputation auprès des Juifs. Pourtant Philippe insista : *Viens et vois.* Nathanaël, qui se tenait assis à l'ombre d'un figuier, se leva et le suivit.

Dès que Jésus vit Nathanaël s'approcher, il s'écria : *Voici un véritable Israélite, en qui il n'y a pas de malice.* C'était la première fois qu'ils se rencontraient. Aussi Nathanaël fut-il surpris de ce salut et demanda : *Comment me connais-tu ?* Jésus répondit : *Avant que Philippe ne t'appelle, je t'ai vu sous le figuier.* Nathanaël, appelé aussi Barthélemy, laissa échapper cette exclamation inattendue : *Maître, tu es le fils de Dieu ; tu es le roi d'Israël !*

LES NOCES DE CANA

Jésus fut invité à un mariage qui se célébrait à Cana, à quelques kilomètres de Nazareth. Il arriva, accompagné de ses cinq premiers disciples, et il y trouva aussi sa mère. Les familles des jeunes mariés étaient modestes. On manqua de vin au milieu du repas. Marie s'en aperçut et alla dire à Jésus : *Ils n'ont plus de vin.* Jésus répondit que cela ne les regardait pas.

LE PREMIER MIRACLE

Mais, à ce moment, un même sentiment traversa la mère et le fils, puisque Marie dit aux serviteurs : *Faites tout ce qu'il vous dira.* Jésus fit remplir d'eau les six urnes de pierre placées à l'entrée pour les invités qui devaient se laver les mains en entrant. Dès qu'elles furent remplies jusqu'au bord, Jésus dit aux serviteurs : *Puisez et portez au maître d'hôtel.*

Les serviteurs firent tout ce que Jésus avait prescrit et quel ne fut par leur étonnement quand ils s'aperçurent que l'eau était changée en vin ! Quand le vin fut porté sur la table, le maître d'hôtel, qui ne savait rien du miracle, le goûta et courut dire au marié : *Tout le monde sert d'abord le bon vin, quand on a déjà beaucoup bu, on sert le moins bon ; toi tu as au contraire gardé le bon vin jusqu'à présent.* Témoins de ce premier miracle, les disciples de Jésus crurent en lui.

LE DÉMONIAQUE

Jésus choisit pour résidence la petite ville de Capharnaüm. Le jour du sabbat, il se rendait à la synagogue et profitait de la lecture d'un passage de la Bible pour instruire les gens du pays sur la venue du Messie. Un sabbat, il y rencontra un pauvre homme possédé par le démon. Il en eut compassion et cria au démon : *Sors de cet homme.* Le malheureux fut délivré, tandis que les gens se demandaient : *Qui est donc celui qui commande si bien aux démons que ceux-ci s'en vont aussitôt ?*

JÉSUS ET LES FOULES

Partout où Jésus allait, une foule nombreuse se pressait autour de lui pour l'écouter et obtenir la guérison des malades, et elle insistait pour qu'il ne s'éloigne plus. Mais Jésus était venu pour sauver tous les hommes. Il devait donc prêcher et se faire connaître. C'est pourquoi il commença à parcourir toute la Galilée ; il enseignait dans les synagogues, il prêchait le royaume de Dieu, il guérissait toutes les infirmités, toutes les maladies et chassait les démons des possédés.

LA PÊCHE MIRACULEUSE

Jésus s'était assis un jour sur les bords du lac et instruisait la foule. Puis il monta dans la barque de Simon-Pierre et continua : *Faites pénitence, car le royaume des cieux est proche. Ne vous préoccupez pas des choses de la terre, mais procurez-vous des trésors pour le ciel où la rouille ne peut les corrompre ni les voleurs les dérober.* Après avoir ensuite congédié la foule, il dit à Pierre et aux autres : *Prenez le large et jetez vos filets pour la pêche.*

Pierre, qui avait déjà jeté ses filets plusieurs fois sans résultat, objecta à Jésus : *Maître, nous avons travaillé toute la nuit et nous n'avons rien pris. Quand même, sur ta parole, je jetterai les filets.* Dès qu'ils les eurent jetés, les filets se remplirent d'une si grande quantité de poissons qu'ils menaçaient de se rompre. Des camarades accoururent à l'aide, tandis que Pierre se jetait aux pieds de Jésus et s'écriait tout ému : *Seigneur, éloigne-toi de moi, car je suis un pécheur.*

LE CHOIX DES DOUZE

Un soir, Jésus s'éloigna tout seul de Capharnaüm ; il monta sur une colline où il passa toute la nuit en prière. Le matin suivant, il rassembla tous ses disciples et en choisit douze qu'il appela et établit Apôtres. Leurs noms sont : Simon-Pierre, André, Jacques et Jean, Philippe, Barthélemy, Thomas et Matthieu, Jacques, fils d'Alphée, Simon, Jude-Thaddée, Judas Iscariote, celui qui devait le trahir. Par le choix des Douze, Jésus a posé la première base de l'Eglise.

LES BÉATITUDES

Quand il se trouva entouré des Apôtres et d'une foule nombreuse, Jésus commença à enseigner sa nouvelle doctrine, dans laquelle la charité est le plus grand commandement. Et il dit : *Bienheureux les pauvres, bienheureux les affligés, bienheureux les doux, bienheureux ceux qui ont faim et soif de justice, bienheureux les miséricordieux, bienheureux ceux qui ont le cœur pur, bienheureux les pacifiques, bienheureux ceux qui sont persécutés pour la justice, parce que le royaume des cieux est à eux.*

LE « NOTRE PÈRE »

Beaucoup de Pharisiens montaient prier au Temple pour être vus des autres et passer pour pieux. Debout au milieu des gens, ils récitaient quantité de prières inintelligibles. Jésus suggéra une autre manière : *Quand vous priez, ne multipliez pas les paroles inutiles, puisque votre Père sait ce dont vous avez besoin, avant que vous le lui demandiez. Vous donc, priez ainsi : Notre Père qui es au cieux,* et il continua en enseignant la prière que nous récitons encore aujourd'hui, le *Notre Père.*

LES PARABOLES

Après avoir exposé à grands traits la loi de son royaume, Jésus voulut encore l'expliciter par des exemples et il raconta des paraboles : *Le royaume des cieux est semblable à un grain de sénevé qu'un homme prit et sema dans son champ ; c'est certainement la plus petite de toutes les semences, mais quand elle a poussé, elle est la plus grande des plantes potagères et elle devient un arbre, si bien que les oiseaux du ciel viennent nicher dans ses branches.* Ainsi l'Eglise étendra ses ramifications sur toute la terre.

Jésus dit encore : *Le royaume des cieux est semblable à un champ semé de bon grain. Pendant la nuit, l'ennemi du cultivateur vient jeter des graines de mauvaises herbes. Tout poussera, mais à la fin, le bon grain sera récolté et les mauvaises herbes seront brûlées.* Dans le royaume de Jésus, il y aura toujours des bons et des mauvais. Cependant, à la fin du monde, un tri se fera. Les bons seront emmenés au paradis par les anges du Seigneur, tandis que les mauvais seront jetés au feu de l'enfer.

Par une autre parabole, Jésus voulut enseigner que, pour posséder son royaume, il faut être disposé à tout vendre et à tout abandonner : *Le royaume des cieux est semblable à un trésor caché dans un champ. L'homme qui l'a découvert le cache de nouveau et, rempli de joie, va vendre ce qu'il possède et achète ce champ. Le royaume des cieux est encore semblable à un marchand qui cherche de belles perles. Quand il a trouvé une perle précieuse, il va vendre tout ce qu'il possède et achète la perle.*

LE SERVITEUR DU CENTURION

Quelques Juifs se présentèrent à Jésus pour le prier, au nom d'un centurion romain, de guérir l'un de ses serviteurs. « C'est bien, répondit Jésus, je vais le guérir. » Mais, chemin faisant, le centurion courut à sa rencontre et le supplia : *Seigneur, ne te dérange pas, car je ne suis pas digne que tu entres sous mon toit ; mais dis seulement une parole et mon serviteur sera guéri.* Et Jésus, admirant sa foi lui dit : *Va, qu'il te soit fait selon ce que tu as cru.* A cet instant même, le serviteur fut guéri.

LE FILS DE LA VEUVE

Alors qu'il entrait à Naïm, petite ville de Galilée, Jésus tomba sur un convoi funèbre. On conduisait à sa sépulture un jeune homme, fils unique d'une veuve. La mère, désolée, suivait le cercueil ; elle pleurait et appelait par son nom son enfant inanimé. Jésus vit cette mère éplorée ; peut-être pensa-t-il à la sienne, restée seule après son départ. Il fut ému de compassion et s'avança pour la consoler.

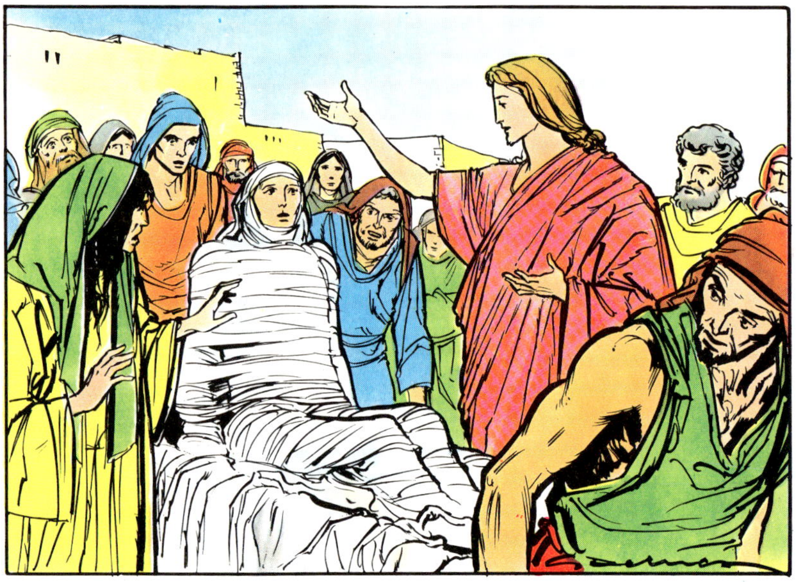

Ne pleure pas, lui dit-il. Il fit poser le cercueil à terre, toucha le corps sans vie et dit : *Jeune homme, je te le dis, lève-toi !* A la stupéfaction des assistants, le garçon se leva et se mit à parler. Jésus le prit par la main et le remit à sa mère qui pleurait de bonheur. Les gens commentaient ainsi le fait : *Un grand prophète est apparu parmi nous.* La nouvelle de la résurrection miraculeuse se répandit en un instant à travers toute la ville et dans tous les villages des environs.

JÉSUS ET LES ENFANTS

Les enfants entouraient souvent Jésus pour recevoir de lui une caresse. Les disciples cherchaient à les éloigner pour ne pas ennuyer le Maître. Mais Jésus, quelque peu fâché, leur disait : *Laissez venir à moi les petits enfants, car le royaume des cieux est à eux et à ceux qui leur ressemblent.* Et, un jour, il ajouta encore : *Si quelqu'un scandalise un seul de ces petits, mieux vaut pour lui qu'une meule de moulin soit attachée à son cou et qu'il soit jeté à la mer.*

L'AVEUGLE DE NAISSANCE

Jésus rencontra un aveugle de naissance. Ses disciples, comme la plupart des gens de cette époque, croyaient qu'il était devenu aveugle parce que lui ou ses ancêtres avaient péché. Mais Jésus précisa : *Ni lui ni ses parents n'ont péché ; s'il en est ainsi, c'est pour que les œuvres de Dieu se manifestent en lui.* Ayant ainsi parlé, il cracha à terre, fit de la boue avec la salive et en couvrit les yeux de l'aveugle en lui disant : *Va te laver à la piscine de Siloé.* L'aveugle y alla et, quand il revint, il voyait.

ZACHÉE

Un certain Zachée, chef des percepteurs, les employés des impôts, s'intéressait à Jésus. Poussé par la curiosité, il monta un jour sur un arbre pour mieux l'observer. Lorsque le Maître fut proche de l'arbre, il leva les yeux et dit : *Zachée, descends vite, parce que je désire m'arrêter chez toi aujourd'hui.* Zachée descendit lestement et accompagna Jésus à son domicile. Il se repentit de ses péchés et promit à Jésus de donner aux pauvres la moitié de ses biens, sans oublier de rendre au quadruple ce qu'il avait volé à quelqu'un.

MADELEINE

Jésus fut un jour invité à déjeûner par un de ses amis pharisiens, du nom de Simon. Pendant le repas, une pécheresse vint se jeter aux pieds du Maître et commença à les arroser de ses larmes. Puis elle les essuya avec son épaisse chevelure, les couvrit de baisers et les inonda de parfum. Voyant ce geste, Simon avertit Jésus que cette femme était une pécheresse. Jésus prit sa défense et dit : *Je te le dis : Ses nombreux péchés lui ont été pardonnés, parce qu'elle a beaucoup aimé.*

LA BREBIS PERDUE

Qui de vous, dit une fois Jésus, *possédant cent brebis, s'il en perd une, ne laisse les quatre-vingt-dix-neuf autres dans le désert et ne part à la recherche de celle qui est perdue, jusqu'à ce qu'il l'ait retrouvée ? Et quand il l'a retrouvée, il la met sur ses épaules tout joyeux et revient celle qui est perdue ? Et quand Réjouissez-vous avec moi, parce que j'ai retrouvé ma brebis qui était perdue. C'est ainsi, je vous le dis, qu'il y aura plus de joie dans le ciel pour un seul pécheur qui fait pénitence que pour quatre-vingt-dix-neuf justes.*

L'ENFANT PRODIGUE

Pour mieux prouver la miséricorde de Dieu envers le pécheur repentant, Jésus raconta encore cette autre parabole. Un père avait deux fils. Le plus jeune lui demanda la part de l'héritage qui lui revenait et il s'en alla vivre loin de la maison paternelle. Il mena grande vie, gaspilla rapidement son argent et, pris par la nostalgie de la maison paternelle, il décida de revenir. Son père, qui l'attendait, l'accueillit par une grande fête.

LA MULTIPLICATION DES PAINS

Quand Jésus constata que ses disciples avaient déjà acquis quelques notions du royaume de Dieu, il les envoya deux à deux dans les villages, en leur donnant le pouvoir de guérir les maladies et chasser les esprits malins. Ils revinrent, enthousiasmés du bien accompli, oublieux de leur fatigue. Jésus les invita à se reposer : *Venez à l'écart, dans un lieu solitaire, et reposez-vous un peu.* Il voulait échapper à la foule qui ne leur accordait même pas une heure de repos.

Mais les gens ne les perdait pas de vue et, ayant deviné leur projet, ils les rattrapèrent. Emu par tant de fidélité et oubliant la raison de ce voyage, sans songer au repos, Jésus s'assit sur une hauteur et continua à enseigner ces braves gens. Les heures passaient, le soleil allait se coucher, et personne n'avait mangé une bouché depuis le matin, tellement le désir était grand d'écouter Jésus, qui leur parlait du royaume de Dieu et guérissait ceux qui en avaient besoin.

Les apôtres se demandaient comment faire pour rassasier cette foule. Ils avertirent le Maître : *L'endroit est désert, il se fait tard ; renvoie ces braves gens qu'ils puissent aller dans les campagnes et les villages des environs se procurer de quoi manger.* Mais Jésus répondit : *Donnez-leur vous-mêmes à manger.* Les apôtres furent très surpris, car il y avait devant eux plus de cinq mille personnes.

LE PAIN VIVANT

Le Maître s'adressa de nouveau aux Apôtres et leur demanda : *Combien de pains avez-vous ?* Ils avaient bien peu de choses : cinq pains et deux poissons. Jésus fit asseoir la foule sur l'herbe, puis il prit les pains et les poissons, les bénit et les donna aux Apôtres, pour qu'ils les distribuent à la foule. Au lieu de s'épuiser, ce pain et ces poissons se multipliaient sous leurs yeux, de sorte que toute la multitude mangea à son appétit. Bien plus, avec les morceaux de reste, on remplit douze corbeilles.

A la vue du prodige, la foule disait : *Cet homme est vraiment le prophète que le monde attend,* et on voulait l'enlever pour le faire roi. Mais Jésus s'éclipsa et se retira pour prier. Puis, quand il reparut le jour suivant, le peuple qui avait assisté au miracle de la multiplication des pains se rassembla de nouveau autour de lui. Jésus comprit que le moment était venu de révéler une grande promesse, et il profita de l'enthousiasme soulevé dans le cœur de la foule par la multiplication des pains.

Jésus dit : *Vous me cherchez, non parce que vous avez vu des miracles, mais parce que vous avez mangé des pains et avez été rassasiés. Procurez-vous, non la nourriture périssable, mais la nourriture qui demeure pour la vie éternelle.* Il parlait de sa parole et de l'Eucharistie qu'il allait instituer : *Je suis le pain vivant descendu du ciel. Si quelqu'un mange de ce pain, il vivra à jamais. Et le pain que je donnerai, c'est ma chair.* Le peuple ne comprit pas et s'éloigna déçu.

SUR LE LAC DE GÉNÉSARETH

Après la multiplication des pains, Jésus voulut se faire connaître à d'autres populations que ses compatriotes ; il se rendit en Décapole, région composée de dix villes indépendantes entre elles. Il fit le voyage en traversant en barque le lac de Génésareth, facilement sujet à des violentes tempêtes. Les Apôtres n'étaient pas fâchés de se retirer un peu du milieu de la foule, qui ne laissait plus de répit à leur Maître.

Tout alla bien pendant un certain temps ; les Apôtres étaient heureux, tandis que le Maître prenait un peu de sommeil. D'autres barques suivaient l'embarcation de Jésus. Tout d'un coup un tourbillon de vent s'abattit sur le lac et souleva une bourrasque telle que les eaux se jetaient sur la barque et risquaient de la faire couler. Jésus cependant continuait à dormir, laissant aux Apôtres le soin de tenir la barque en équilibre.

La tempête ne paraissait pas devoir cesser et les Apôtres avaient peine à contrôler l'embarcation. L'eau qui y était entrée menaçait de la submerger d'un moment à l'autre. Ils se tournèrent vers le Maître, qui dormait toujours, en criant : *Maître, nous sommes perdus ! Seigneur, ne songes-tu pas que nous périssons ?* Et Jésus, s'étant réveillé, leur dit : *Pourquoi avez-vous peur, hommes de peu de foi ?*

LA TEMPÊTE APAISÉE

Jésus les délivra aussitôt de leur peur. Debout, il commanda au vent et dit à la mer : *Tais-toi, calme-toi !* Le vent cessa, les eaux s'apaisèrent et il se fit un grand calme. Puis il s'adressa de nouveau aux Apôtres : *Où est votre foi ? Pourquoi êtes-vous si peureux ? Ne croyez-vous pas encore ?* Et pendant ce temps les hommes qui avaient vu le prodige se disaient l'un à l'autre : *Qui est donc celui-ci, qui commande au vent et à la mer et en est obéi ?*

LES DEUX DÉMONIAQUES

Quand ils eurent abordé sur l'autre rive, Jésus et les Apôtres arrivèrent au pays des Géraséniens. Dès qu'ils furent descendus à terre, ils firent la rencontre de deux démoniaques qui vivaient parmi les tombes ; ils étaient si furieux que personne ne pouvait les approcher. A la vue de Jésus, l'un d'eux courut, se prosterna devant lui et lui dit en criant très fort : *Qu'y a-t-il entre nous et toi, Fils du Dieu Très-Haut ? Es-tu venu ici pour nous tourmenter ?*

Jésus demanda au démon qui parlait par la bouche de ce malheureux : *Comment t'appelles-tu ?* Il répondit : *Légion, car nous sommes nombreux.* De fait, les démons qui les possédaient étaient nombreux et ils suppliaient Jésus de ne pas les expulser hors du pays. Il y avait là, tout près, un grand troupeau de porcs qui paissaient et les démons dirent à Jésus : *Si tu nous chasses, envoie-nous dans ce troupeau de porcs pour que nous les possédions.* Jésus le leur permit et le troupeau alla se précipiter dans le lac.

LA CANANÉENNE

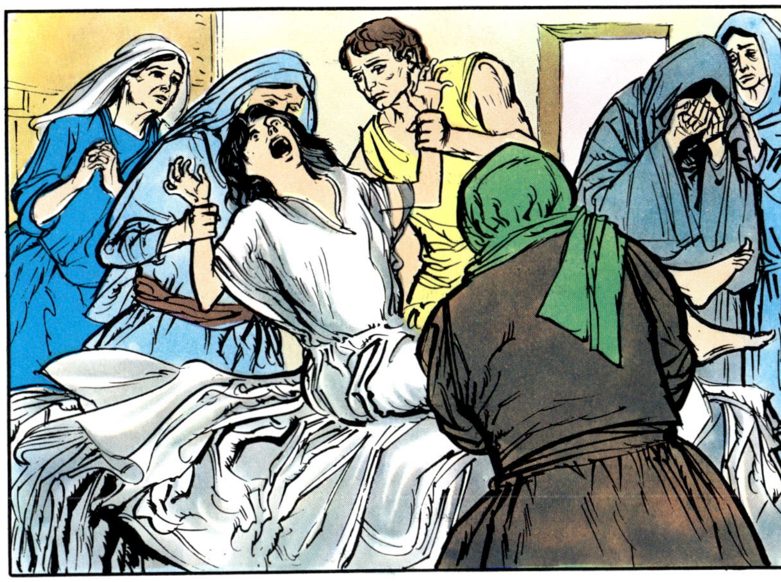

Poursuivant son voyage, Jésus se dirigea vers la région de Tyr et Sidon. Là aussi, le démon manifestait son pouvoir sur les hommes en pénétrant dans leurs corps. Il y avait, entre autres, une jeune fille possédée du démon. Sa mère, une païenne, ayant entendu dire que Jésus était venu dans les parages, décida d'aller à sa rencontre et de le prier de délivrer sa fille.

La femme criait ainsi : *Seigneur, Fils de David, aie pitié de moi ! Ma fille est cruellement tourmentée par le démon !* Mais il fit semblant de ne pas l'entendre, et les disciples, fâchés de ses cris, lui dirent : *Dis-lui qu'elle s'en aille en paix, car elle crie derrière nous.* Jésus répondit : *Je n'ai été envoyé qu'aux brebis perdues d'Israël.* Se tournant vers la femme, il ajouta : *Laisse d'abord les enfants se rassasier, car il n'est pas bien de prendre le pain des enfants et de le jeter aux chiens.*

Sans perdre courage, la mère répondit à Jésus : *C'est vrai, Seigneur, mais les petits chiens mangent sous la table les miettes des enfants.* Devant une foi si grande, Jésus céda : *O femme, ta foi est grande ! Va et, à cause de cette parole, ce que tu désires sera fait ; le démon est sorti de ta fille.* La femme crut et, revenue chez elle, elle trouva sa fille complètement guérie. Le démon l'avait quittée sur la parole de Jésus.

LA PRIMAUTÉ DE PIERRE

Après avoir prêché dans la région de Sidon, Jésus alla avec ses apôtres au pied du mont Hermon, dans la ville de Césarée de Philippe. Là, il demanda à ses disciples : *Au dire des gens, qui est le Fils de l'homme ?* Les Apôtres exprimèrent différentes opinions, puis Jésus ajouta : *Et vous, qui dites-vous que je suis ?* Au nom de tous, Pierre prit la parole et dit : *Tu es le Christ, le Fils du Dieu vivant.* Cette ardente profession de foi plut beaucoup à Jésus.

Et il récompensa aussitôt la confession de Pierre en lui répondant : *Tu es bienheureux, Simon, fils de Jean, car tu n'as pas compris cela tout seul, mais c'est mon Père qui te l'a révélé. Et moi, je te le dis que tu es Pierre, et sur cette pierre je bâtirai mon Eglise et les portes de l'enfer ne prévaudront pas contre elle. Je te donnerai les clés du royaume des cieux.* Par ces paroles, Jésus entendait constituer Pierre chef des Apôtres et son vicaire sur la terre.

L'ANNONCE DE LA PASSION

Peu après, Jésus expliqua à ses disciples qu'il devait aller à Jérusalem, y souffrir, y être condamné et mis à mort pour ressusciter le troisième jour. Les disciples ne comprenaient pourquoi Jésus, Messie et Fils de Dieu, devait souffrir ; Pierre lui dit : *Seigneur, cela ne doit pas arriver !... Cela n'arrivera jamais !* Mais Jésus lui répondit durement : *Eloigne-toi de moi, Satan ! Tes pensées ne sont pas celles de Dieu.*

LA TRANSFIGURATION

Jésus prit avec lui Pierre, Jacques et Jean, et monta avec eux sur le mont Tabor. Là il fut transfiguré. Son visage resplendit comme le soleil, ses vêtements devinrent blancs comme neige et deux hommes apparurent à côté de lui : Moïse et Elie. Les Apôtres se prosternèrent et Pierre dit : *Il est bon d'être ici, Seigneur ; faisons trois tentes et arrêtons-nous.* On entendit une voix venue d'en-haut : *Celui-ci est mon fils bien-aimé, écoutez-le !* Puis Jésus reprit sa physionomie habituelle.

Quand ils furent descendus au pied de la montagne, ils trouvèrent les autres Apôtres qui discutaient avec les scribes. Et voici qu'un homme, dès qu'il vit Jésus, se détacha du groupe et vint se prosterner à ses pieds, en le suppliant : *Seigneur, aie pitié de mon fils tourmenté par le démon.* Jésus se le fit amener et le guérit. Les Apôtres lui demandèrent : *Pourquoi n'avons-nous pas réussi à chasser le démon ?* Il leur expliqua que cette espèce de démons ne se chasse que par la prière et le jeûne.

L'INCRÉDULITÉ DES JUIFS

Les proches de Jésus insistaient pour qu'il aille à Jérusalem, afin d'accomplir des miracles à l'occasion de la Fête des Tabernacles. Lui voulait s'y rendre sans bruit. C'est pourquoi il laissa partir la caravane ; puis il se mit en route, seul avec ses disciples. Cependant, à la fête, les Juifs le cherchaient et disaient : *Où est-il ?* Et les opinions les plus diverses sur son compte circulaient dans la foule. L'un disait : *C'est un homme de Dieu.* L'autre : *Ce n'est pas vrai, il trompe le peuple.*

Un jour, Jésus se mit à enseigner publiquement dans le Temple. Emerveillés de sa doctrine, les Juifs disaient : *Comment connaît-il aussi bien les Ecritures sans avoir jamais fréquenté les écoles ?* Alors Jésus leur parla ainsi : *Ma doctrine n'est pas de moi, mais de Celui qui m'a envoyé. C'est pourquoi celui qui m'écoute écoute le Père qui m'a envoyé.* Par ces mots Jésus se disait Fils de Dieu, et les Juifs voulaient le faire condamner comme blasphémateur.

Puis, au dernier jour de la fête, Jésus s'écria à haute voix au milieu de la foule : *Si quelqu'un a soif qu'il vienne à moi et qu'il boive. Celui qui croit en moi, comme dit l'Ecriture, de son sein couleront des fleuves d'eau vive.* Il disait cela de de l'Esprit Saint que devaient recevoir ceux qui croiraient en lui. Ces révélations déconcertaient les Juifs qui, poussés par les scribes et les Pharisiens, s'obstinaient à ne pas croire en lui.

Jésus dit encore : *Celui qui gardera ma parole ne mourra pas.* Les Juifs se scandalisèrent : *Es-tu donc plus grand que notre père Abraham qui est mort ? Qui crois-tu être ?* Jésus précisa : *Abraham votre père a exulté de joie à la pensée de voir mon jour ; il le voit et s'en réjouit.* Ils ne comprenaient pas comment il avait pu voir Abraham. Jésus continua : *Je vous le déclare, avant qu'Abraham fût, je suis.* Ils prirent alors des pierres pour les lui jeter, mais Jésus s'éclipsa et sortit du Temple.

LE BON PASTEUR

Beaucoup, parmi les Juifs, haïssaient Jésus et désiraient sa mort. Lui, cependant, les aimait tous. C'est pourquoi il voulut un jour se comparer au bon pasteur qui donne sa vie pour ses brebis, et il dit : *Je suis le bon pasteur, je connais mes brebis, je les aime, je les appelle par leur nom et je donne ma vie pour elles. Je suis venu sur cette terre pour qu'elles aient la vie et l'aient en abondance. Le mauvais berger, au contraire, s'enfuit et abandonne ses brebis quand il y a un danger.*

LE BON SAMARITAIN

Un Pharisien demanda à Jésus : *Maître, que dois-je faire pour avoir la vie éternelle ?* Jésus répondit : *Tu aimeras le Seigneur ton Dieu de tout ton cœur et ton prochain comme toi-même.* — *Qui est mon prochain ?* demanda le Pharisien. Et Jésus raconta l'histoire d'un homme qui avait été dévalisé, blessé et abandonné sur la route. Un Samaritain, passant par là, le vit, en eut pitié, le soigna et paya pour lui. Puis Jésus conclut : *Va et fais comme ce Samaritain.*

LA FAMILLE DE LAZARE

Jésus se rendait souvent dans la maison de Lazare et de Marthe et Marie, ses sœurs. Un jour, pendant que Marthe s'affairait pour bien recevoir Jésus, Marie se tenait aux pieds du Maître pour l'écouter. Alors Marthe s'inquiéta un peu et dit à Jésus: *Maître, dis à ma sœur de m'aider.* Jésus répondit en souriant : *Marthe, tu te soucies et t'agites pour trop de choses. Marie a choisi, au contraire, la meilleure part : elle écoute les paroles de la vie éternelle.*

LAZARE DE BÉTHANIE

Lazare tomba malade et, comprenant que sa fin était proche, ses sœurs envoyèrent dire à Jésus : *Seigneur, celui que tu aimes est malade.* Mais Jésus n'attacha pas trop d'importance à la nouvelle ; il fit remarquer que cette maladie n'était pas mortelle et il continua à prêcher. Cependant il annonça luimême peu après que Lazare était mort, et il prit le chemin de Béthanie. Marthe vint à sa rencontre en pleurant. *Seigneur,* ditelle, *si tu avais été là, mon frère ne serait pas mort.*

Jésus, bouleversé, pleura et se fit conduire au tombeau de Lazare. *Enlevez la pierre,* dit-il aux proches dès qu'il fut arrivé devant la tombe. Tous le regardaient avec étonnement, et Marthe objecta qu'il y avait maintenant quatre jours que Lazare était enterré. Mais Jésus fit ôter la pierre et dit d'une voix forte: *Lazare, viens dehors !* La vie revint aussitôt dans ce corps mort, et Lazare ressuscita.

Quelques Pharisiens présents à la scène crurent en Jésus, tandis que d'autres coururent avertir les chefs du peuple parce que ce nouveau prodige allait accroître sa renommée. *Que faire ?* se demandèrent ces derniers. *Si nous le laissons faire, tous croiront en lui, de sorte que les Romains viendront et détruiront notre ville et notre nation.* Alors Caïphe, le grand prêtre, se leva et déclara : *Il vaut mieux qu'un seul homme meure pour le peuple.* Et à partir de ce jour les chefs des Juifs décidèrent de tuer Jésus.

L'ENTRÉE A JÉRUSALEM

Comme les fêtes pascales étaient proches, Jésus s'achemina vers Jérusalem. A deux kilomètres de la ville, il envoya deux disciples et leur dit : *Allez dans le village qui est devant vous, et vous trouverez à l'entrée une ânesse attachée avec son ânon. Détachez l'ânon et amenez-le-moi. Si on vous dit quelque chose, vous répondrez : Le Seigneur en a besoin, mais il vous le renverra bientôt.* Les disciples allèrent et, une fois l'ânesse et l'ânon trouvés, ils firent comme l'avait demandé Jésus.

Après avoir amené l'ânon, les disciples lui mirent sur le dos leurs manteaux et y firent asseoir Jésus, pour entrer à Jérusalem. La foule le vit et s'approcha en criant dans son enthousiasme : *Hosanna au Fils de David. Béni soit celui qui vient au nom du Seigneur. Hosanna au plus haut des cieux.* Les gens étendaient leurs manteaux sur la route où devait passer Jésus, et ils agitaient des branches d'olivier et de palmier car ils voyaient en Jésus le Messie attendu.

Quelques Pharisiens furent scandalisés par l'enthousiasme de la foule, qu'ils jugeaient excessif ; ils se fâchèrent surtout contre les disciples de Jésus, si bien qu'ils s'adressèrent à lui pour se plaindre : *Maître, fais taire tes disciples.* Mais Jésus leur répondit : *Je vous dis que, s'ils se taisaient, les pierres crieraient.* Les Pharisiens s'entêtaient dans leur aveuglement ; ils étaient jaloux de la popularité de Jésus, ce qui les empêchait de reconnaître en lui le Messie.

JÉSUS ENSEIGNE DANS LE TEMPLE

Après son entrée solennelle à Jérusalem, Jésus laissa sa monture et se dirigea vers le Temple, d'où il chassa à coups de cravache les vendeurs de brebis et de colombes, en même temps qu'il renversait les tables des changeurs. Puis il commença à enseigner la foule et à guérir les malades qu'on lui amenait. Pendant plusieurs jours, Jésus continua à enseigner et à guérir les malades dans le Temple.

Pendant que Jésus annonçait la bonne nouvelle, les grands prêtres, les scribes, et les anciens vinrent lui demander : *Réponds-nous : de quel droit fais-tu tout cela ?* Mais Jésus leur posa une question qui les mit dans un grand embarras. *Le baptême de Jean,* dit-il, *vient-il de Dieu ou des hommes ?* Mais ils pensaient qu'ils seraient également confondus quelle que fût leur réponse. Et ils se turent. Aussi Jésus ne leur répondit-il pas.

LES MAUVAIS VIGNERONS

Jésus raconta ensuite une parabole. Un homme avait donné en location une vigne et, au temps de la vendange, il envoya ses serviteurs prélever une partie de la récolte. Mais les vignerons les chassèrent. Alors il envoya son propre fils. Les vignerons le tuèrent pour avoir son héritage. *Que fera le maître de la vigne ?* demanda Jésus à ses auditeurs. — *Il punira ces vignerons et donnera la vigne à d'autres,* répondirent-ils. Jésus conclut : *Le royaume de Dieu vous sera enlevé et sera donné à d'autres.*

COMPLOT DU SANHÉDRIN

Les membres du Sanhédrin, tribunal suprême des Juifs, composé de scribes et de Pharisiens, se réunirent pendant la nuit pour décider la mort de Jésus et inventer une ruse pour s'emparer de lui. Ils furent presque tous d'accord pour mettre leur projet à exécution aussitôt après les fêtes pascales. Ils craignaient la foule ; c'est pourquoi ils décidèrent de ne pas se saisir de Jésus un jour de fête, de peur que le peuple ne prenne sa défense. Il ne restait plus qu'à attendre l'occasion favorable.

LA TRAHISON DE JUDAS

Judas, l'un des disciples de Jésus, se présenta aux chefs du Sanhédrin et leur offrit son entremise pour l'arrestation du Maître. *Que me donnerez-vous si je vous le livre ?* Ils lui offrirent trente pièces d'argent (le prix d'un esclave), et Judas promit de leur indiquer le lieu où le Maître passerait la nuit. Il était prêt à trahir le Seigneur, par amour de l'argent qui lui était promis.

LA DERNIÈRE CÈNE

Jésus se rendit à Jérusalem pour célébrer le repas pascal avec ses disciples. Avant de se mettre à table, il lava les pieds aux Douze et les invita à en faire autant entre eux, en leur disant : *Si je vous ai lavé les pieds, moi, le Seigneur et le Maître, vous devez, vous aussi, vous laver les pieds les uns les autres. Je vous en ai donné l'exemple. Que le plus grand d'entre vous soit votre serviteur.* Il dit encore : *J'ai désiré ardemment manger cette Pâque avec vous avant de mourir.*

LE TRAITRE DÉMASQUÉ

Pendant la Cène, Jésus dit : *L'un de vous me trahira ; il mange avec moi.* Les Apôtres, effrayés, demandèrent l'un après l'autre : *Serait-ce moi, Seigneur ?* Il répondit : *C'est celui à qui je donnerai un morceau de mon pain.* Il trempa alors une bouchée de pain et la donna à Judas Iscariote. Puis, tourné vers le traître, il dit : *Ce que tu veux faire, fais-le vite.* Se voyant découvert, Judas quitta le cénacle et courut chez les chefs du peuple.

L'INSTITUTION DE L'EUCHARISTIE

Jésus consomma la Cène suivant l'usage des Juifs ; puis il prit un pain, le bénit, le rompit et le distribua aux Apôtres en disant : *Prenez et mangez : ceci est mon corps donné pour vous.* Il prit aussi une coupe de vin, la bénit et la donna aux Apôtres en disant : *Buvez-en tous, car ceci est le calice de mon sang, le sang de la nouvelle alliance, qui sera versé pour vous et pour tous en rémission des péchés. Faites cela en mémoire de moi.*

La Cène achevée, Jésus prédit que, cette nuit même, les autres Apôtres l'abandonneraient, et il conclut : *L'heure est arrivée pour moi de quitter ce monde. Levez-vous, allons-nous en.* Pierre protesta avec vivacité. Mais Jésus l'avertit que, cette nuit même, il le renierait par trois fois. Pierre insistait en affirmant qu'il ne le ferait pas. Puis ils s'acheminèrent vers le jardin de Gethsémani.

A GETHSÉMANI

Quand ils furent arrivés à Gethsémani Jésus dit à ses disciples : *Arrêtez-vous ici, pendant que je vais prier là-bas.* Il prit avec lui Pierre, Jacques et Jean, et se rendit dans une clairière solitaire. Les trois Apôtres s'endormirent aussitôt, pendant que Jésus priait ainsi : *Père, tout t'est possible ; si tu veux, éloigne de moi ce calice.* Et il ajoutait : *Cependant que ta volonté soit faite et non la mienne.* A cause de sa souffrance, la sueur qui perlait sur son visage devint rouge de sang.

L'ARRESTATION DE JÉSUS

Jésus réveilla plusieurs fois les Apôtres. A l'approche des soldats, il dit : *Levez-vous et allons ; celui qui me trahit approche.* Judas avait prévenu les soldats : *Le Nazaréen, c'est celui que j'embrasserai. Emparez-vous de lui.* Dès qu'il fut près de Jésus, il l'embrassa et les soldats s'avancèrent. Mais Jésus leur demanda : *Qui cherchez-vous ?* Ils répondirent : *Jésus de Nazareth.* Il leur répondit : *C'est moi. Si c'est moi que vous cherchez, laissez partir ceux-ci.*

MARC, LE FUTUR ÉVANGÉLISTE

Quand les soldats commencèrent à entraîner Jésus vers la maison du grand prêtre, un jeune homme, n'ayant sur le corps qu'un drap, se mit à le suivre. Lorsqu'il fut découvert par les soldats, il allait être pris, mais, leur laissant le drap dans les mains, il se sauva tout nu. On a pensé que ce jeune homme pouvait être Marc : celui qui composerait plus tard, un des quatre Evangiles.

AU TRIBUNAL

Jésus fut conduit chez un homme qui avait été grand prêtre. Il s'appelait Anne. Celui-ci l'interrogea sur ses disciples et sur son enseignement, mais Jésus répondit : *J'ai parlé en public : interroge ceux qui m'ont entendu.* A ces mots, un individu le frappa d'un soufflet, croyant que sa réponse était injurieuse. Jésus lui dit : *Si j'ai mal parlé, prouve-le. Sinon, pourquoi me frappes-tu ?* Anne l'envoya à Caïphe, le grand prêtre en exercice.

CHEZ LE GRAND PRÊTRE

Caïphe réunit chez lui quelques témoins contre Jésus, mais aucun ne parvint à formuler de véritables accusations. Il demanda donc à Jésus de parler : *Je t'adjure, par le Dieu vivant, de nous dire si tu es le Christ, le Fils de Dieu. — Tu l'as dit,* répondit Jésus ; *je le suis.* Alors le grand prêtre déchira ses vêtements et s'écria : *Il a blasphémé ! Qu'avons-nous encore besoin de témoins ?* Les assistants répondirent en chœur : *Il mérite la mort !*

LE RENIEMENT DE PIERRE

Pendant ce temps, Pierre était entré dans la cour pour voir comment le procès de Jésus allait se terminer. Il fut d'abord reconnu par une servante, puis par une autre, et finalement par un groupe de personnes qui lui dirent : *Tu es un disciple de Jésus.* Mais Pierre, lâche et craintif, nia en disant : *Je ne le connais même pas !* Mais se rappelant ensuite que Jésus lui avait prédit le reniement, il pleura amèrement son péché.

DEVANT PILATE

La sentence capitale prononcée par le tribunal juif suprême ne pouvait être exécutée sans être confirmée par l'autorité romaine, représentée à cette époque par le procurateur Ponce Pilate. Le grand prêtre fit alors accompagner Jésus chez Pilate pour obtenir confirmation de la sentence de mort. Les chefs des Juifs envoyèrent aussi une grande foule pour crier contre Jésus et influencer la décision du procurateur.

Quand Pilate fut en présence de Jésus il voulut établir un jugement régulier, et il sortit du prétoire pour demander aux Juifs quelles accusations ils portaient contre lui. Ceux-ci ne voulaient pas d'un jugement, mais bien la confirmation de la condamnation à mort déjà prononcée par le Sanhédrin. C'est pourquoi ils se fâchèrent à la question du procurateur et lui répondirent très sèchement : *Si cet homme n'était pas un malfaiteur, nous ne te l'aurions pas livré !*

Pilate ne céda pourtant pas et interrogea Jésus. Mais, comme il ne parvenait pas à découvrir quelque faute en lui, il dit aux Juifs : *Je ne trouve en lui aucun motif de condamnation.* Les Juifs s'aperçurent alors que Pilate était prêt à libérer Jésus, et ils s'écrièrent : *Nous avons trouvé cet homme poussant notre peuple à la révolte : il interdisait de payer l'impôt à César et se disait le Christ-Roi.* A ces accusations, Pilate demanda de nouveau à Jésus : *Es-tu roi ?* Jésus répondit : *Oui, mais mon royaume n'est pas de ce monde.*

D'HÉRODE A PILATE

Le procurateur renvoya alors Jésus à Hérode, tétrarque de Galilée, qui se trouvait à Jérusalem. Hérode traita Jésus de fou et le renvoya. Pilate proposa alors de libérer Jésus ou bien un assassin, Barabbas. Mais les Juifs choisirent Barabbas et demandèrent que Jésus fût crucifié. Pilate tenta une dernière échappatoire : *Je le ferai flageller, et puis je le relâcherai.* Et il mit Jésus entre les mains des soldats pour être flagellé.

Les soldats dévêtirent Jésus, l'attachèrent à une colonne, le flagellèrent et le couronnèrent d'épines. Ainsi réduit, un chiffon de pourpre sur les épaules, la couronne d'épines sur la tête, Jésus fut présenté à la foule : *Voilà l'homme que vous voulez faire mourir !* Mais la foule cria : *Crucifie-le !* Voyant que Pilate ne se décidait pas à la condamnation, les Juifs lui dirent : *Si tu libères cet homme, tu n'es pas l'ami de César !* A ces mots, Pilate s'effraya et condamna Jésus à mort.

LA VOIE DOULOUREUSE

Alors que le vacarme grandissait, Pilate se lava les mains et dit : *Je suis innocent du sang de ce juste.* Cependant les soldats remirent à Jésus ses vêtements, chargèrent sur ses épaules une lourde croix et le conduisirent sur une hauteur voisine pour le crucifier. Le long du parcours, tandis que la foule l'insultait, Jésus tomba trois fois à terre. Les soldats obligèrent alors un passant, un certain Simon de Cyrène, à l'aider à porter sa croix.

LA CRUCIFIXION

Il y avait quelques pieuses femmes qui suivaient Jésus en pleurant et qui cherchaient à l'approcher pour le réconforter ; mais elles étaient tenues à l'écart. Pour répondre à leur compassion, Jésus leur dit : *Ne pleurez pas sur moi, filles de Jérusalem, mais sur vous-mêmes et sur vos enfants.* L'une d'elles pourtant, selon la tradition, réussit à s'approcher de Jésus ; elle lui essuya le visage avec un linge de lin ; l'image du visage de Jésus resta imprimée sur le linge.

Arrivés au sommet du Calvaire, les soldats dépouillèrent Jésus de ses vêtements, et lui offrirent une boisson de vin et de myrrhe qu'on donnait habituellement aux condamnés pour les étourdir et atténuer leurs souffrances. Mais Jésus ne voulut pas goûter le breuvage. Il fut étendu sur la croix et des clous lui transpercèrent les mains et les pieds. Deux malfaiteurs de droit commun furent aussi crucifiés à côté de Jésus.

LES DEUX MALFAITEURS

L'un d'eux insulta Jésus : *N'es-tu pas le Christ ? Sauve-toi toi-même et nous aussi !* Mais l'autre blâma son compagnon : *Tu n'as donc pas la crainte de Dieu, toi qui subis la même condamnation ? Nous, nous recevons le juste châtiment de nos crimes, mais lui n'a rien fait de mal.* Puis il se tourna vers Jésus : *Seigneur, souviens-toi de moi quand tu seras dans ton royaume.* Et Jésus lui répondit : *Aujourd'hui, tu seras avec moi au Paradis.* Il pardonna aussi à ses bourreaux : *Père, pardonne-leur, ils ne savent ce qu'ils font.*

AU PIED DE LA CROIX

Marie, la Mère de Jésus, qui avait suivi son Fils le long de la voie douloureuse, se tenait debout au pied de la croix, entourée de quelques femmes et elle avait Jean à côté d'elle. En la voyant près de Jean, Jésus baissa les yeux et lui dit : *Femme, voici ton fils.* Puis regardant le disciple préféré, il ajouta : *Voici ta Mère.* Par ces mots il donnait sa Mère à Jean et à tous les croyants, pour qu'elle devienne la Mère de l'humanité rachetée.

LA MORT DE JÉSUS

Au milieu de ses souffrances, Jésus leva les yeux au ciel et s'écria : *Mon Dieu, mon Dieu, pourquoi m'as-tu abandonné ?* Mais il manifesta aussitôt qu'il avait accompli jusqu'au bout la volonté de son Père et il pria ainsi : *Père, je remets mon esprit entre tes mains.* Puis il inclina la tête et il expira. Il était trois heures de l'après-midi. Il y eut un grand tremblement de terre et le soleil s'obscurcit. Le centurion, chef des soldats, s'écria, repentant : *Cet homme était vraiment le Fils de Dieu.*

LA SÉPULTURE

A la vue du tremblement de terre, beaucoup furent convaincus que Jésus était innocent. Un soldat voulut pourtant s'assurer que Jésus était bien mort et il lui perça le côté de sa lance ; il en sortit du sang et de l'eau. Joseph d'Arimathie, disciple de Jésus, bien que membre du Sanhédrin, demanda à Pilate le corps du Seigneur pour lui donner une sépulture. Pilate le permit ; Joseph enveloppa le corps de Jésus dans un linceul et l'ensevelit dans une tombe qu'il avait fait creuser dans son jardin.

LA RÉSURRECTION

Les amis de Jésus pensaient reprendre son corps le lendemain de la Pâque pour l'embaumer et lui donner une sépulture digne. Mais Jésus avait prédit : *Le troisième jour je ressusciterai.* Et voilà que le matin du troisième jour, très tôt, les soldats placés à la garde du sépulcre furent réveillés par une lumière éblouissante, et virent un ange qui renversait la pierre du sépulcre, maintenant vide, parce que Jésus était glorieusement ressuscité.

Pendant ce temps, les femmes qui avaient assisté à la mort du Sauveur s'acheminèrent de bon matin vers le Calvaire après le repos du sabbat, avec des vases remplis d'aromates pour embaumer le corps de Jésus. Pendant le trajet elles se demandaient : *Qui nous ôtera la pierre du sépulcre ?* Mais elles virent qu'il était déjà ouvert. Elles s'approchèrent et le trouvèrent vide. Et voici qu'un ange leur apparut et leur dit : *Je sais que vous cherchez Jésus de Nazareth ; il n'est plus ici, il est ressuscité.*

Les femmes coururent avertir les Apôtres que Jésus était ressuscité. Puis l'une d'elles, Marie Madeleine, retourna près du sépulcre. Un homme qui passait près du tombeau vide lui demanda : *Femme, pourquoi pleures-tu ? Qui cherches-tu ?* Pensant que c'était le jardinier, elle lui dit :*Si c'est toi qui as enlevé mon Seigneur, dis-moi où tu l'as mis.* Mais l'homme l'appela : *Marie !* Au son de la voix, Marie comprit que c'était Jésus : *Maître !* s'écria-t-elle, et elle se jeta à ses pieds.

APPARITION DE JÉSUS

Pierre et Jean, avertis par les femmes, allèrent voir si Jésus était vraiment ressuscité. Ils arrivèrent en courant au sépulcre. Ils entrèrent : Jésus n'y était plus. Ils virent les bandelettes qui l'avaient enveloppé, le suaire qui avait été placé sur sa tête. Encore sous le coup de la peur des jours précédents, ils ne pouvaient croire que Jésus fût vraiment ressuscité. Ils se retirèrent avec les autres Apôtres et restèrent à la maison, en attendant que les choses se clarifient.

Mais Jésus se montra à ses Apôtres le soir même de la résurrection. Les portes closes, il apparut au milieu d'eux et leur dit : *La paix soit avec vous.* Il se mit à converser avec eux et leur reprocha de ne pas avoir cru les femmes. Puis il dit encore : *Comme le Père m'a envoyé, moi aussi je vous envoie. Allez et prêchez l'Evangile à toutes les nations. Baptisez-les au nom du Père et du Fils et du Saint-Esprit. Celui qui croira en moi sera sauvé*

LES DISCIPLES D'EMMAUS

Le jour même de la résurrection, deux disciples s'en allaient vers un village appelé Emmaüs. Jésus se joignit à eux sans se faire reconnaître. Il leur posa des questions sur ce Jésus dont ils parlaient. Ils lui dirent : *Nous espérions que ce serait lui qui délivrerait Israël.* Arrivés au village, les deux disciples invitèrent le voyageur à partager leur repas ; c'est quand ils furent assis à table qu'ils le reconnurent, pendant qu'il bénissait et partageait le pain.

INCRÉDULITÉ DE THOMAS

L'Apôtre Thomas n'était pas avec les autres le soir où Jésus leur était apparu. Ils lui dirent donc : *Nous avons vu le Seigneur*. Mais il répliqua : *Si je ne vois dans ses mains la marque des clous, si je ne mets mon doigt à la place des clous et ma main dans son côté, je ne croirai pas*. Huit jours après, le Seigneur apparut de nouveau au milieu des Apôtres, et il dit à Thomas : *Mets ta main dans mon côté et ne sois plus incrédule !* Thomas s'écria : *Mon Seigneur et mon Dieu !*

LA PRIMAUTÉ DE PIERRE

Un jour Jésus se présenta aux Apôtres alors qu'ils étaient sur le lac de Tibériade. Après avoir mangé avec eux, il demanda à Pierre : *Simon, m'aimes-tu plus que ceux-ci ? — Oui, Seigneur, tu sais que je t'aime*. Jésus lui dit : *Pais mes agneaux*. Interrogé une seconde et une troisième fois, Pierre répondit : *Oui, Seigneur, tu sais bien que je t'aime*. Et Jésus lui dit : *Pais mes brebis*. C'est de cette manière qu'il le confirma chef de l'Eglise.

L'ASCENSION

Quarante jours étaient passés depuis la résurrection. Jésus apparut pour la dernière fois aux Apôtres et les pria de monter avec lui jusqu'au mont des Oliviers. Puis il leur dit : *Il était écrit que le Christ devait souffrir, mourir et ressusciter le troisième jour. Vous avez été les témoins de ces faits, afin de pouvoir les prêcher jusqu'aux extrémités du monde*. Après avoir dit cela, il les bénit et, s'élevant de terre, il fut emporté au ciel pour s'y asseoir à la droite de son Père.

Le livre intitulé **Les Actes des Apôtres** nous présente les premiers pas de l'Eglise, que Jésus a fondée pour annoncer la bonne nouvelle du royaume. On l'a défini **L'Evangile du Saint-Esprit,** parce qu'il montre comment l'Esprit-Saint a animé l'Eglise naissante par l'action des deux grands Apôtres, Pierre et Paul.

Saint Luc, qui avait déjà écrit l'Evangile, rassembla encore les « gestes des Apôtres » (Actes des Apôtres). Il accompagna saint Paul dans ses voyages missionnaires. C'est donc comme témoin oculaire qu'il rapporte de nombreux épisodes.

les Actes des Apôtres

LA PROMESSE DE JÉSUS

Avant de monter au ciel, Jésus donna aux Apôtres ses dernières instructions ; il leur parla encore du royaume des cieux et les réconforta en leur renouvelant la promesse du Saint-Esprit : *Vous allez recevoir la force du Saint-Esprit ; vous serez alors mes témoins à Jérusalem dans toute la Judée. la Samarie et jusqu'aux extrémités de la terre.* Quarante jours après la résurrection, Jésus s'en alla, emporté au ciel sous les yeux de ses Apôtres.

Ceux-ci retournèrent à Jérusalem et se réunirent dans le cénacle où ils avaient célébré la dernière Cène avec Jésus. Ils y étaient tous : Pierre et Jean, Jacques et André, Philippe et Thomas, Barthélemy et Matthieu, Jacques fils d'Alphée et Simon le zélote et Jude fils de Jacques. Il manquait Judas Iscariote, qui s'était pendu après avoir trahi le Maître. Il y avait avec eux Marie, la Mère de Jésus, et quelques autres femmes. Ils se tenaient en prière, dans l'attente de la descente du Saint-Esprit.

ÉLECTION DE MATTHIAS

Pierre se leva au milieu de l'assemblée et dit : *Frères, tout le monde sait à Jérusalem que Judas a trahi le Maître pour trente deniers et qu'il s'est pendu. Il faut qu'un autre témoin de la vie de Jésus prenne sa place.* Deux disciples furent proposés : Joseph, surnommé le Juste, et Matthias. Puis ils se mirent en prière : *Seigneur, tu connais le cœur de tous ; montre--nous lequel de ces deux hommes tu as choisi.* Ils tirèrent au sort, et le choix tomba sur Matthias.

LA DESCENTE DU SAINT-ESPRIT

Quand arriva le jour de la Pentecôte, fête d'action de grâce pour la moisson, qui se célébrait cinquante jours après la Pâque, les Apôtres s'étaient réunis au cénacle. Soudain arriva du ciel un bruit semblable à un vent impétueux qui remplit toute la maison. Apparurent ensuite des langues de feu qui se posèrent sur chacun des assistants. Tous furent remplis de l'Esprit-Saint et commencèrent à parler diverses langues.

Au bruit du vent qui avait secoué le cénacle, une multitude de pèlerins présents à Jérusalem pour les fêtes accoururent. Comme chacun entendait les Apôtres parler dans sa propre langue, ils se disaient : *Ces hommes ne sont-ils pas tous Galiléens ? Comment donc les entendons-nous annoncer les grandeurs de Dieu dans notre propre langue ?* Certains ne savaient pas comment expliquer ce miracle, mais d'autres se moquaient des Apôtres et disaient : *Laissez-les ; ils ont bu et sont ivres.*

LES PREMIERS CONVERTIS

Pierre se tourna alors vers la foule et commença à prêcher : *Hommes d'Israël,* dit-il, *et vous tous, habitants de Jérusalem, écoutez. Jésus de Nazareth, qui a accompli les miracles et les prodiges que vous savez, ce Jésus que vous avez envoyé à la mort en le crucifiant, Dieu l'a ressuscité.* A la fin, tous furent bouleversés et dirent à Pierre : *Que devons-nous faire pour être sauvés ? — Que chacun de vous se fasse baptiser au nom de Jésus,* répondit Pierre. Et trois mille hommes furent baptisés.

LES MIRACLES DE PIERRE

Pierre et Jean montèrent au Temple à l'heure de la prière. A la Belle Porte, ils rencontrèrent un estropié qui leur demandait l'aumône. Alors Pierre fixa les yeux sur lui, ainsi que Jean, et lui dit : *Regarde-nous.* L'homme les regardait attentivement dans l'espoir de recevoir quelque chose. Mais Pierre dit : *Je n'ai ni or ni argent, mais, ce que j'ai, je te le donne. Au nom de Jésus de Nazareth, lève-toi et marche.* L'estropié fut guéri à l'instant même, et il entra avec eux dans le Temple.

Les premiers chrétiens vendaient leurs biens et en apportaient le prix aux Apôtres, qui le mettaient à la disposition de tous ceux qui en avaient besoin. C'est ainsi que firent Ananie et son épouse, Saphire. Ananie vendit son champ, mais il cacha une partie de l'argent reçu et apporta le reste aux Apôtres. Alors Pierre lui dit : *Pourquoi as-tu menti ?* Et Ananie tomba mort sur-le-champ. Trois heures après, sa femme Saphire arriva et, elle aussi, mentit devant Pierre. Elle eut la même fin que son mari.

Les Apôtres faisaient beaucoup de miracles et de prodiges parmi le peuple qui les suivait. Le nombre des hommes et des femmes qui croyaient en Jésus ressuscité augmentait continuellement. Mais le grand prêtre, ses partisans et ceux de la secte des Sadducéens, remplis de jalousie, décidèrent de mettre la main sur les Apôtres et de les emprisonner. Ainsi firent-ils, mais l'ange du Seigneur intervint et libéra les Apôtres qui retournèrent à leurs prédications publiques.

LES APOTRES DEVANT LE SANHÉDRIN

Les chefs du peuple firent arrêter de nouveau les Apôtres et les présentèrent au Sanhédrin. Le grand prêtre les interrogea : *Nous vous avions rigoureusement interdit d'enseigner au nom du Christ, et vous avez rempli Jérusalem de votre doctrine.* Mais Pierre et les autres Apôtres répondirent : *Mieux vaut obéir à Dieu qu'aux hommes,* et ils annoncèrent aussi la parole du Seigneur à leurs persécuteurs.

LE MARTYRE D'ÉTIENNE

Afin de mieux s'adonner à la prière et à la prédication, les Apôtres choisirent sept diacres pour s'occuper des autres affaires. Parmi ceux-ci, Etienne, rempli de l'Esprit-Saint, accomplissait des prodiges au milieu du peuple. Les Juifs l'accusèrent d'avoir blasphémé Dieu et Moïse, et le conduisirent devant le Sanhédrin. Pour sa défense, Etienne prononça un long discours, traitant les Juifs d'homicides pour avoir tué les prophètes et le Fils de Dieu lui-même.

Traîné hors de la ville, Etienne fut lapidé. Pendant que ses ennemis lui lançaient des pierres, il priait ainsi : *Seigneur Jésus, reçois mon esprit. Ne leur impute pas ce péché.* Près de là se tenait un jeune homme, du nom de Saul, qui gardait les vêtements des assassins d'Etienne. Il était trop jeune pour participer à la lapidation, mais il approuvait tout ce qui se passait. Après avoir pardonné à ses bourreaux, à l'exemple du Christ en croix, Etienne expira.

SAUL

Saul qui avait participé à la lapidation d'Etienne et qui allait devenir l'un des persécuteurs les plus acharnés des chrétiens, était né à Tarse, ville de Cilicie, en Asie Mineure. Sa famille pratiquait le commerce des tentes. Dès ses premières années, il fut appliqué au travail dans l'atelier de son père pour apprendre le métier de fabricant de tentes. Plus tard il exerça ce métier, qui lui permettra de gagner sa vie tout en remplissant sa mission religieuse.

Quoiqu'elle eût la citoyenneté romaine, la famille de Saul appartenait à la classe des Pharisiens, Juifs les plus instruits de l'époque. Saul devait donc recevoir une excellente éducation : il fut envoyé à Jérusalem pour devenir enseignant. Il eut comme maître dans les saintes Ecritures Gamaliel, qui défendit plus tard les Apôtres menacés par le Sanhédrin. Beaucoup d'épisodes de la vie de Saul nous sont connus par ses lettres où il parle souvent de sa jeunesse.

Saul acquit les manières du parfait Pharisien, attaché à la Loi et à la tradition, rigide et zélé. Il commença à haïr les disciples de Jésus ; il les considérait comme des blasphémateurs et prit une part active aux persécutions que les Pharisiens et les chefs du peuple organisaient contre eux. Il entrait dans les synagogues et les maisons, obligeait les fidèles à blasphémer le nom de Jésus et faisait arrêter ceux qui refusaient. Les chrétiens se mirent à le redouter.

LA CONVERSION DE SAUL

Saul ne rêvait que menaces et massacres contre les disciples du Seigneur. Sachant qu'il y avait à Damas beaucoup de chrétiens, il se présenta au grand prêtre et lui demanda la permission d'aller dans cette ville pour arrêter tous ceux qu'il y trouverait, hommes et femmes, fidèles au Christ. Le grand prêtre lui remit des lettres pour pouvoir agir librement contre les chrétiens.

Le voyage de Jérusalem à Damas pouvait durer sept à huit jours à cheval. Saul l'avait entrepris, accompagné d'une bonne escorte de soldats, qui pourraient l'aider dans sa mission contre les chrétiens. Il n'était plus qu'à quelques kilomètres de Damas, et il savourait par avance la joie de mener sa mission à bon terme, ce qui ferait de lui un Pharisien zélé aux yeux de Dieu et des chefs du Sanhédrin. Cependant, sa réputation de persécuteur l'avait déjà précédé à Damas.

Tout d'un coup, Saul fut frappé d'une lumière éblouissante qui l'aveugla et le jeta à terre, tandis qu'une voix lui disait : *Saul, Saul, pourquoi me persécutes-tu ?* Et il répondit : *Qui es-tu Seigneur ?* Et la voix lui dit : *Je suis Jésus que tu persécutes.* Ses compagnons de voyage s'arrêtèrent, étonnés. Ils entendaient la voix, mais ne voyaient personne. Saul, désormais gagné au Christ, demanda tout tremblant : *Seigneur, que veux-tu que je fasse ?*

Le Seigneur répondit : *Lève-toi et entre dans la ville. Là, on te dira ce que tu dois faire.* Saul, soutenu par ses compagnons, se releva de terre, mais la forte lumière l'avait rendu aveugle. Ses compagnons de voyage le prirent par la main et le conduisirent à Damas, où il demeura trois jours sans voir et sans prendre ni nourriture ni boisson. Il avait compris que ce Jésus, pour lequel Etienne avait donné sa vie était vraiment le Messie promis, le Rédempteur.

ANANIE

Il y avait à Damas un disciple du nom d'Ananie. Tandis qu'il était en train de prier, le Seigneur l'appela : *Ananie. — Me voici, Seigneur. — Lève-toi et va dans la rue appelée Droite, dans la maison de Judas ; tu trouveras Saul de Tarse.* A ce nom, Ananie eut peur. Il savait très bien qui était Saul et il dit : *Seigneur, je sais tout le mal qu'il a fait aux chrétiens de Jérusalem. Je sais aussi qu'il a reçu mandat d'arrêter ici, à Damas, tous ceux qui invoquent ton nom.*

Le Seigneur rassura Ananie. *Sois tranquille, Saul est un instrument que j'ai choisi pour porter mon nom aux nations, aux rois et aux enfants d'Israël. Je lui montrerai quelles souffrances il devra endurer pour mon nom. Va, il est en train de prier.* Ananie alla à la maison de Judas ; il trouva Saul et lui dit : *Frère le Seigneur Jésus qui t'est apparu sur la route m'a envoyé pour te rendre la vue et pour que tu sois rempli du Saint-Esprit.* Dès cet instant Saul recouvra la vue et fut baptisé.

SAUL DANS LE DÉSERT D'ARABIE

Après son baptême, Saul resta encore quelques jours avec les disciples qui se trouvaient à Damas ; il fréquentait la synagogue pour annoncer Jésus et témoigner : *Il est le Fils de Dieu !* Mais les gens disaient : *Cet homme n'est-il pas celui qui jusqu'à maintenant persécutait les chrétiens et tous ceux qui invoquaient le nom de Jésus ? N'est-ce pas lui qui est venu pour les emprisonner ?* Saul, quant à lui, continuait à prêcher hardiment et à confondre les Juifs.

Pour approfondir la religion chrétienne et mûrir sa conversion, Saul décida de se retirer dans un lieu solitaire. Il choisit le désert d'Arabie, où il resta trois ans. Il passait ses journées dans la prière et l'étude de la Bible. Pendant cette période, il eut des visions et Jésus lui révéla directement sa doctrine. Il racontera ensuite comment, dans une extase, il se sentit transporté au troisième ciel et put avoir un avant-goût des beautés du Paradis.

Le temps de retraite accompli, Saul retourna à Damas pour prêcher comme il l'avait fait trois ans auparavant. Sa parole était décidée et claire, personne ne pouvait douter de sa conversion au Christ. Mais les Juifs lui demeuraient toujours hostiles ; ils le considéraient comme un renégat, menaçaient de le tuer, si bien qu'il dut se cacher. Pendant plusieurs jours, il ne lui fut plus permis de sortir de chez lui, parce que ses ennemis épiaient sa porte nuit et jour pour le capturer.

SAUL A JÉRUSALEM

Les disciples de Saul cherchèrent le moyen de le soustraire à ses ennemis et de l'aider à fuir la ville de Damas. Pour tromper la surveillance des gardes que les Juifs avaient placés aux portes, on ne trouva rien de mieux que de cacher Saul dans un panier et de le descendre de nuit au bas du rempart. Délivré des Juifs, Saul s'achemina vers Jérusalem pour y rencontrer les Apôtres.

Les chrétiens de Jérusalem, eux aussi, avaient peur de Saul ; ils ne croyaient pas qu'il puisse être un disciple de Jésus. Mais Barnabé, qui devint aussitôt son ami, le présenta aux autres Apôtres, leur racontant comment Saul avait vu le Seigneur sur le chemin de Damas, et comment il avait prêché le nom de Jésus sans craindre la colère des Juifs. Saul resta à Jérusalem une quinzaine de jours ; il n'avait pas encore organisé sa prédication future.

Saul put faire la connaissance de Jacques et de Pierre qui se trouvaient alors à Jérusalem ; ceux-ci l'accueillirent comme un frère. Il n'avait pas été témoin de la passion, de la mort et de la résurrection de Jésus, mais ces événements étaient bien gravés dans son esprit, surtout l'image du Christ lumineux, du Christ ressuscité qu'il avait vu sur le chemin de Damas.

INTRIGUES A JÉRUSALEM

Pendant son séjour à Jérusalem, Saul eut l'occasion de s'entretenir avec les Gentils et avec les Juifs ; il prêchait et discutait avec eux. Il parlait bien le grec, en plus de l'hébreu, et il envisageait de se consacrer à la conversion des nations helléniques et des autres païens, appelés « Gentils ». Or, dans la ville sainte aussi, Saul fut menacé de mort, si bien que Pierre lui conseilla de s'en aller et de se retirer à Tarse. On l'accompagna à Césarée et, de là, il prit le bateau pour sa ville natale.

MARTYRE DE JACQUES

Le roi Hérode Agrippa 1er, grand ami des Juifs, commença à persécuter quelques membres de l'Eglise, notamment l'Apôtre Jacques le Majeur, frère de Jean, qui ne perdait aucune occasion de stigmatiser en paroles les scribes et les Pharisiens. Hérode permit aux Juifs de flageller et de décapiter Jacques, qui fut ainsi le premier des Apôtres à rendre le témoignage du sang à l'Evangile de Jésus.

PIERRE LIBÉRÉ DE PRISON

Voyant que tout cela plaisait aux Juifs, Hérode fit aussi emprisonner Pierre : il attendait l'occasion de le présenter au peuple qui l'aurait certainement fait tuer comme Jacques. Pendant ce temps, tous les chrétiens étaient en prière pour lui. Une nuit, un ange apparut à Pierre et le délivra, quoiqu'il fût attaché par de lourdes chaînes et que deux soldats fussent de garde à côté de lui. Hérode, indigné, fit tuer les sentinelles.

SAUL A ANTIOCHE

Antioche était l'une des villes où le christianisme s'était le plus répandu. Les Apôtres y avaient envoyé Barnabé pour qu'il y fasse connaître Jésus. Barnabé se souvint de Saul et l'envoya chercher à Tarse, afin de lui demander de l'aide et de le faire venir à Antioche. Ils demeurèrent dans cette ville une année entière. Ils instruisaient une foule de fidèles ; c'est là que pour la première fois le nom de « Chrétiens » fut donné aux disciples du Christ.

Quelques prophètes descendirent à cette époque de Jérusalem à Antioche ; l'un d'eux dit : *Il va y avoir une grande famine sur toute la terre.* En effet, celle-ci devait avoir lieu sous l'empereur Claude. Les chrétiens décidèrent d'envoyer des secours aux frères qui étaient en Judée. Ils envoyèrent ces secours aux Anciens par l'intermédiaire de Barnabé et de Saul. Après avoir rempli leur mission, ces derniers s'en retournèrent en amenant avec eux un jeune disciple, Jean-Marc.

Il y avait à Antioche beaucoup de prophètes et de docteurs dont le Seigneur se servait pour faire connaître sa volonté. Un jour, tandis qu'ils étaient tous en prière, l'Esprit-Saint leur dit : *Sélectionnez Barnabé et Saul pour l'œuvre à laquelle je les ai destinés.* Il n'y avait pas de doute : Barnabé et Saul étaient appelés à prêcher l'Evangile aux autres peuples. C'est pourquoi les chefs de l'Eglise d'Antioche, après avoir jeûné et prié, leur imposèrent les mains et les laissèrent partir.

PREMIER VOYAGE APOSTOLIQUE DE SAUL

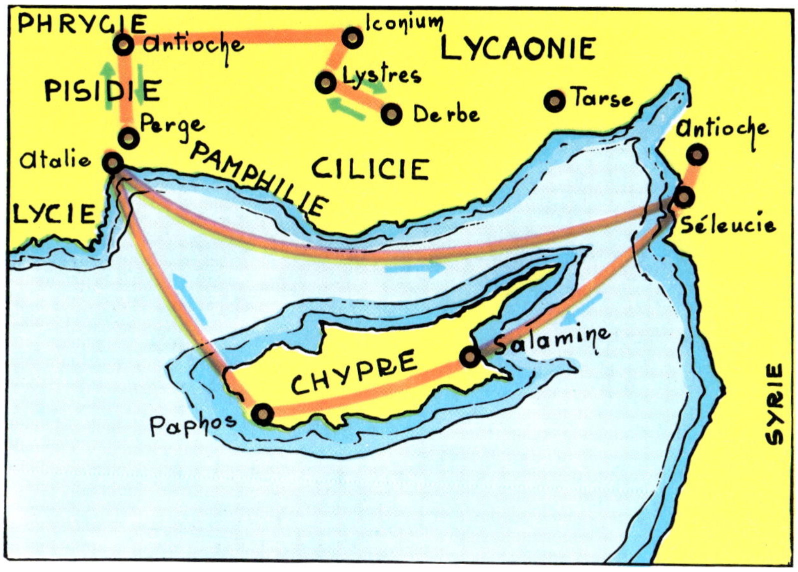

Barnabé, Saul et Jean-Marc s'embarquèrent au port de Séleucie, près d'Antioche, et arrivèrent à Salamine, la ville la plus importante de l'île de Chypre. Ils parcoururent Chypre, patrie de Barnabé, d'un bout à l'autre, jusqu'à Paphos, au sud-ouest de l'île. C'est à Paphos que commença la première grande mission de Saul dont la prédication s'adressait d'abord aux Juifs, puis aux païens de bonne volonté. Ce voyage, d'environ deux mille kilomètres, s'achèvera à Antioche.

LE MAGICIEN ÉLYMAS

Les conversions qui suivirent la prédication des deux Apôtres dans l'île de Chypre furent si nombreuses qu'ayant appris le succès des missionnaires, le gouverneur de l'île, Sergius Paulus, voulut les appeler auprès de lui. Après les avoir écoutés, il était prêt à se convertir. Mais Elymas, un magicien, faisait tout pour détourner le gouverneur de la foi chrétienne. Pendant que Saul parlait, Elymas cherchait à le contredire pour faire croire à Sergius Paulus que les dires du prédicateur étaient faux.

Alors Saul menaça ainsi le magicien : *Homme plein de toutes sortes de ruses et de fourberies, fils du diable, ennemi de toute justice, ne cesseras-tu pas de détourner les voies droites du Seigneur ? Voici que maintenant la main de Dieu est sur toi. Pendant un certain temps, tu resteras aveugle et tu ne pourras plus voir la lumière du soleil.* Aussitôt le magicien devint aveugle. A la vue de ce prodige, Sergius Paulus crut. Saul prend désormais un deuxième nom, Paul, à l'usage du monde gréco-romain.

JEAN-MARC S'EN VA

Après la conversion de Sergius Paulus, Barnabé, Paul et Jean-Marc s'embarquèrent pour Pergé en Pamphylie. Cependant Jean-Marc, peut-être fatigué par le voyage qu'il avait fait jusque-là, préféra poursuivre tout seul sa route vers Jérusalem, au lieu de rester avec ses deux compagnons. Barnabé était cousin de Jean-Marc ; il fut déçu de son départ. Dans la suite Jean-Marc s'attachera à Pierre, et il écrira le second Evangile.

Demeurés seuls, Barnabé et Paul gagnèrent la ville d'Antioche de Pisidie, et comme c'était un jour de sabbat, ils furent invités à lire la Bible dans la synagogue et à adresser une exhortation au peuple. Ils acceptèrent l'invitation et Paul commença ainsi : *Israélites, et vous qui craignez Dieu, écoutez ! La promesse que Dieu a faite à Abraham est accomplie : Jésus, qui est mort et ressuscité, est le vrai Messie.* Le discours eut un si grand succès que Paul fut invité pour le sabbat suivant.

Le samedi d'après, presque toute la ville accourut pour entendre la parole de Dieu. Mais, à la vue d'une si grande foule, les Juifs furent pris de jalousie et répliquèrent à Paul par des blasphèmes. Alors Paul et Barnabé dirent en toute franchise : *C'est à vous les premiers que devait être annoncée la bonne nouvelle ; mais puisque vous la repoussez, voici que nous nous tournons vers les Gentils.* A ces mots, les Gentils se réjouirent, mais les Juifs ameutèrent les notables contre Paul et Barnabé : ils durent s'enfuir de la ville.

PAUL GUÉRIT LE BOITEUX

Au bout de douze kilomètres, ils atteignirent une autre ville d'Asie Mineure appelée Iconium. Après un ministère fructueux, ils durent, à cause de l'hostilité des Juifs, repartir de nouveau vers d'autres villes. A Lystres, Paul vit un boiteux qui l'écoutait avec une grande foi et il lui dit d'une voix forte : *Lève-toi, tiens-toi sur tes pieds.* Aussitôt le boiteux se leva et se mit à marcher. La foule dans l'admiration disait : *Les dieux sont descendus vers nous sous une forme humaine !*

PAUL APPELÉ MERCURE

Les gens de Lystres appelaient Barnabé Jupiter et Paul Mercure, parce qu'il était le plus éloquent. Au comble de l'exaltation, ils allèrent trouver le prêtre qui gardait le temple de Jupiter, à l'entrée de la ville, et organisèrent une manifestation pour solenniser la visite que les dieux avaient faite à leur ville par l'intermédiaire de Barnabé et Paul. Ils prirent deux taureaux, les entourèrent de guirlandes et les conduisirent en cortège pour offrir un sacrifice en l'honneur des deux « dieux ».

Quand les Apôtres comprirent ce que les gens de Lystres avaient l'intention de faire, ils se précipitèrent au milieu de la foule en criant : *Pourquoi faites-vous cela ? Nous aussi, nous sommes des hommes comme vous ; nous sommes venus vous annoncer que vous devez abandonner ces vanités pour vous tourner vers le Dieu vivant, qui a créé le ciel et la terre, la mer et toutes les merveilles qui s'y trouvent.* Ainsi réussirent-ils à empêcher qu'on offre le sacrifice en leur honneur.

PAUL EST LAPIDÉ

Grande fut la déception de la foule lorsque Paul et Barnabé expliquèrent qu'ils n'étaient pas des divinités. Des Juifs, qui avaient déjà agité la foule à Iconium, survinrent alors dans la ville, et le peuple se souleva contre Paul, dont la prédication fut accueillie par des sifflements et des huées. Peu s'en fallut que l'Apôtre ne pérît sous une grèle de pierres. Comme on le croyait mort, Paul fut traîné hors de la ville, mais les chrétiens le soignèrent et réussirent à le sauver.

LE RETOUR

Quand Paul se fut remis de ses blessures, il se joignit à Barnabé et ils partirent ensemble pour Derbé où ils convertirent beaucoup de païens sans être inquiétés par les Juifs. Il y avait quatre ans qu'ils évangélisaient l'Asie Mineure. C'est pourquoi les deux Apôtres décidèrent de revenir à Antioche de Syrie d'où ils étaient partis. Ils firent le chemin en sens inverse, repassant par les villes où ils avaient annoncé Jésus afin de fortifier le courage des nouveaux convertis.

Quand ils revenaient dans les communautés qu'ils avaient fondées, les deux Apôtres, après avoir prié et jeûné, ordonnaient des prêtres pour chaque Eglise ; ils les recommandaient au Seigneur en qui ils avaient cru. Ils traversèrent ensuite la Pisidie et arrivèrent en Pamphylie ; ils prêchèrent à Pergé et descendirent à Attalie. De là, ils s'embarquèrent pour Antioche de Syrie. Dès qu'ils furent arrivés, ils rassemblèrent l'Eglise et racontèrent tout ce qu'ils avaient accompli pendant leur voyage avec l'aide du Seigneur.

LE CONCILE DE JÉRUSALEM

Pendant que Paul et Barnabé se trouvaient à Antioche, quelques gens venus de Judée enseignaient à ceux qui du paganisme étaient passés au christianisme cette doctrine : *Si vous n'êtes pas circoncis selon la Loi de Moïse, vous ne pouvez pas être sauvés.* Cela voulait dire qu'avant de se convertir au christianisme, les païens auraient dû d'abord s'assujettir aux pratiques de la religion juive. Une longue discussion devait sortir de là.

Après avoir beaucoup discuté, Paul décida d'aller à Jérusalem pour soumettre la question à Pierre et aux autres Apôtres. Arrivés à Jérusalem, Paul et ses compagnons furent reçus par la communauté des chrétiens, par les Apôtres et par les Anciens. Paul et Barnabé racontèrent ce que le Seigneur avait opéré par leur intervention au cours de leur voyage missionnaire. Puis ils demandèrent à parler à Pierre auquel ils exposèrent le motif de leur venue. Pierre convoqua alors les Apôtres et les Anciens en assemblée.

Quelques membres de la secte des Pharisiens, convertis au christianisme mais encore attachés à leurs coutumes hébraïques, se levèrent et dirent : *Il faut soumettre au rite de la circoncision les Gentils convertis eux-mêmes et exiger qu'ils observent la Loi de Moïse.* Paul et Barnabé soutenaient, au contraire, qu'une telle pratique n'était pas nécessaire, et qu'elle constituerait même un obstacle à la conversion des païens. Pour convaincre les judaïsants, ils leur racontèrent les prodiges et les miracles accomplis par Dieu parmi les Gentils.

PIERRE DÉCIDE

Pierre se leva alors et dit à toute l'assemblée : *Frères, vous savez que Jésus est venu pour sauver aussi les Gentils par la prédication de la bonne nouvelle, en leur donnant le Saint-Esprit comme à nous. Il n'a fait aucune différence entre nous et eux. Pourquoi voulez-vous donc imposer aux Gentils un joug que ni nos pères ni nous n'avons pu porter ? La grâce qui nous est donnée par Notre Seigneur Jésus-Christ suffit à nous sauver nous-mêmes autant que les Gentils.*

Les paroles de Pierre calmèrent toute l'assemblée. Puis Jacques se leva encore et suggéra quelques règles pratiques pour résoudre la question : *Frères,* dit-il, *écoutez-moi ! Ce que Pierre a dit est conforme à ce que Dieu a disposé depuis le commencement. Mais en raison de circonstances particulières et par respect pour les Juifs, je crois bon que certains usages soient aussi observés par les Gentils, par exemple celui de ne pas manger des viandes offertes aux idoles.*

Il parut alors bon aux Apôtres d'envoyer, en même temps que Paul et Barnabé, deux hommes éminents, Jude et Silas, à Antioche, avec cette lettre : *L'Eglise de Jérusalem aux frères qui sont à Antioche, en Syrie et en Cilicie, salut ! Comme nous avons appris que certains Juifs sont venus vous tenir des discours qui ne sont pas conformes à notre enseignement, nous nous sommes réunis et avons décrété de ne vous imposer aucun fardeau, sauf quelques règles secondaires. Paul et Silas vous expliqueront tout.*

DEUXIÈME VOYAGE APOSTOLIQUE DE PAUL

Quelques jours après leur retour d'Antioche, Paul dit à Barnabé : *Retournons visiter les frères, dans toutes les villes où nous avons annoncé la parole de Dieu, pour voir comment ils se trouvent.* Barnabé voulut emmener avec lui Jean-Marc. Mais Paul ne voulait pas prendre pour compagnon quelqu'un qui l'avait quitté dans le voyage précédent. C'est ainsi qu'ils sc séparèrent. Barnabé partit avec Marc pour Chypre et Paul commença son second voyage avec Silas.

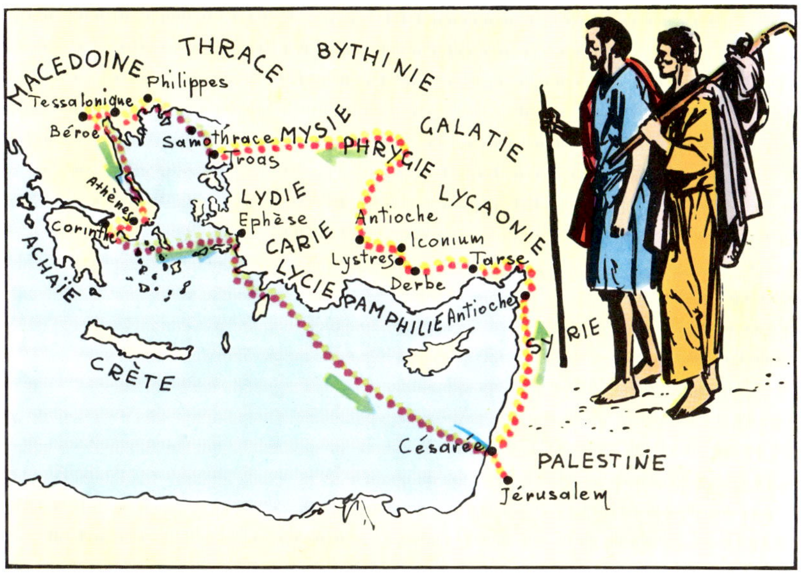

Paul et Silas partirent avec l'intention de visiter les Eglises fondées par Paul et Barnabé dans leur premier voyage apostolique. Mais ils poussèrent jusqu'à Athènes, la patrie du paganisme, couvrant ainsi environ cinq mille kilomètres en trois ans. Comme dans tous les voyages, le point de départ était Antioche. Les premières étapes de la visite furent les Eglises de Syrie et de Cilicie, afin d'encourager ces communautés de chrétiens et leur transmettre les dispositions du concile de Jérusalem.

A Lystres, Paul trouva Timothée, fils d'un père grec et d'une mère juive devenue chrétienne. Ils s'étaient connus pendant la première prédication de Paul dans cette ville. Comme les chrétiens rendaient de bons témoignages au sujet de Timothée, Paul le choisit pour compagnon de voyage. Il lui imposa les mains et le consacra prêtre. Par égard pour les Juifs, présents en cet endroit, il le fit aussi circoncire, parce que tous savaient que son père était païen.

RENCONTRE AVEC LUC

Où Paul irait-il maintenant ? L'Esprit-Saint lui indiqua le chemin de l'Occident. Après un long voyage, Paul, Silas et Timothée arrivèrent à Troas. Là, Paul fit la connaissance d'un médecin doué d'une bonne culture littéraire. Celui-ci se prit d'affection pour Paul et se joignit à son groupe. Muni d'un stylet et de tablettes, il écrivait ce que Paul faisait et disait. Il rassembla ses notes dans les *Actes des Apôtres*.

Une nuit, Paul eut un songe. Un Macédonien lui apparut ; il le regardait et criait : *Viens en Macédoine et aide-nous !* Paul comprit que le Seigneur lui envoyait cette vision pour l'inviter à prêcher l'Evangile en Macédoine. Ils s'embarquèrent et arrivèrent à Néapolis, puis ils poursuivirent leur voyage à pied jusqu'à Philippes, ville la plus importante de la région. A Philippes, il y avait très peu de Juifs et il n'y avait pas de synagogue. Les Juifs se réunissaient dans le jardin d'un particulier.

CONVERSION DE LYDIE

Le jour du sabbat, les missionnaires se rendirent à la réunion. Paul lut un passage de la Bible et tint un bref discours. Parmi les femmes de l'auditoire, il y en avait une du nom de Lydie, de son métier marchande de tissus de luxe. Le Seigneur ouvrit son cœur et, quand elle entendit parler de Jésus Sauveur, il se fit une grande lumière dans son âme. Dès que Paul eut fini d'expliquer l'Ecriture, elle vint à lui et demanda à recevoir le baptême avec toute sa famille.

Après avoir reçu le baptême avec ses proches, Lydie, très généreuse, s'adressa à Paul et lui dit : *Si vous me jugez fidèle au Seigneur, venez loger chez moi.* Son insistance fut telle qu'à la fin Paul et ses compagnons acceptèrent son invitation. Dès lors sa demeure devint un centre de prédication et d'instruction religieuse.

Alors que Paul se rendait à la prière, il rencontra une jeune esclave possédée du démon, qui prédisait l'avenir aux gens et procurait ainsi un bon profit à ses maîtres qui l'exploitaient. Elle suivait Paul et disait : *Ces hommes sont les serviteurs du Dieu Très-Haut ; ils vous annoncent la voie du salut.* Ce fait se répéta pendant un certain temps. Mais un jour Paul dit au démon qui tourmentait la jeune femme : *Je t'ordonne au nom de Jésus-Christ de sortir de cette fille.* Et le diable s'en alla.

PAUL ET SILAS EN PRISON

Les maîtres de la jeune esclave, voyant s'évanouir la source de leurs revenus, s'emparèrent de Paul et de Silas et les conduisirent sur la place publique ; puis ils les présentèrent aux magistrats en leur disant : *Ces hommes troublent notre ville ; ils prêchent des choses inacceptables pour nous autres, Romains.* Les magistrats ordonnèrent que les Apôtres soient battus de verges et ils les firent mettre en prison.

LE TREMBLEMENT DE TERRE

Le geôlier plaça Paul et Silas dans la partie la plus intérieure de la prison. Vers le milieu de la nuit, les deux missionnaires se mirent à prier et à chanter des cantiques au Seigneur, éveillant un grand intérêt chez les autres prisonniers. Tout à coup, il se fit un tremblement de terre si violent qu'il secoua les fondations de la prison. Toutes les portes s'ouvrirent et les chaînes de tous les prisonniers se brisèrent. Mais, chose tout à fait extraordinaire, aucun d'eux n'en profita pour s'enfuir.

Quand le geôlier se réveilla, il vit les portes de la prison ouvertes et, pensant que les prisonniers s'étaient enfuis, il tira son épée pour se tuer. Mais Paul lui cria d'une voix forte : *Ne te fais pas de mal, nous sommes tous ici.* Alors le geôlier demanda de la lumière et se jeta tout tremblant aux pieds de Paul et de Silas. Puis il les fit sortir et leur dit : *Que dois-je faire pour être sauvé ? — Crois au Seigneur Jésus,* lui répondirent-ils, *et tu seras sauvé.* Il crut et fut baptisé avec toute sa famille.

Le geôlier prit avec lui Paul et Silas, les fit monter chez lui, lava leurs plaies et les fit manger, remerciant Dieu d'avoir été baptisé. Le jour venu, les magistrats envoyèrent des licteurs qui dirent : *Mets ces hommes en liberté.* Le geôlier annonça le fait à Paul : *Les magistrats ont donné l'ordre de vous remettre en liberté ; vous êtes donc libres dès maintenant. Allez en paix et que le Seigneur soit avec vous.* Paul et Silas firent pourtant comprendre qu'ils n'étaient pas satisfaits de cette manière de procéder.

Ils répondirent donc à ceux qui avaient apporté l'ordre de mise en liberté : *Après nous avoir fait battre de verges en public et nous avoir mis en prison sans procès, voulez-vous maintenant nous renvoyer secrètement ? Rien à faire. Que les magistrats viennent eux-mêmes nous mettre en liberté.* Les licteurs rapportèrent ces choses aux magistrats ; ceux-ci furent impressionnés d'apprendre que Paul et Silas étaient citoyens romains. Ils vinrent alors faire des excuses, parce qu'il n'était pas permis de faire flageller des citoyens romains.

CHEZ JASON

Après avoir quitté la ville de Philippes, Paul et Silas arrivèrent à Thessalonique et furent reçus dans la maison d'un certain Jason. Il y avait là aussi la synagogue des Juifs. Paul se présenta à eux et, pendant trois sabbats, il discuta sur les saintes Ecritures, en prouvant que le Messie devait souffrir et ressusciter des morts. *Ce Jésus que je vous annonce,* disait-il, *c'est le Christ.* Quelques Juifs crurent et suivirent Paul et Silas, ainsi qu'une grande partie des Gentils et un grand nombre de femmes païennes.

Les Juifs hostiles, poussés par la jalousie, recrutèrent quelques mauvais sujets et fomentèrent une émeute, mettant toute la ville en émoi. Puis la foule se dirigea vers la maison de Jason pour s'emparer des missionnaires, qui n'étaient justement pas là. Alors ils prirent Jason et le traînèrent devant les magistrats de la ville en criant : *Paul et Silas ont mis le monde sens dessus dessous et sont même venus dans notre ville. Jason les a reçus.* Ce n'est qu'après avoir reçu une caution de Jason qu'ils le laissèrent partir.

VERS ATHÈNES

Paul et Silas, mis au courant par les chrétiens de ce qui était arrivé à leur ami Jason, partirent de nuit pour Bérée. Là aussi ils se mirent à fréquenter les Juifs et à prêcher dans leur synagogue. Ceux-ci étaient plus respectueux que ceux de Thessalonique et ils écoutèrent la prédication de Paul avec avidité. Cependant quelques Juifs venus de Thessalonique agitèrent la population contre Paul, l'obligeant à quitter la ville sans délai.

Silas et Timothée restèrent à Bérée avec mission de rejoindre au plus tôt l'Apôtre qui s'était embarqué pour la Grèce. « Si ces gens ignorants ne veulent pas comprendre que Jésus est le vrai Dieu, pensait Paul, j'irai le prêcher aux savants d'Athènes. » Comme il s'approchait de la ville des philosophes, des lettrés et des artistes, il pouvait entrevoir ses monuments grandioses : l'Acropole, le Parthénon. Tout laissait prévoir que les Athéniens accueilleraient le christianisme.

Athènes, capitale de la Grèce, où les dieux et les statues qui les représentaient dans les rues et sur les places, étaient si nombreux, frappa énormément l'esprit de Paul. Il parcourait la ville de long en large, discutait avec les Juifs et avec les gens qu'il rencontrait. Il fut bien vite confondu avec l'un de ces nombreux prédicateurs qui perdaient leur temps, et beaucoup se demandaient avec curiosité : *Que veut donc dire celui-là ? On dirait qu'il annonce une divinité étrangère.* Paul leur annonçait Jésus-Christ et la résurrection.

DISCOURS A L'ARÉOPAGE

Quelques Athéniens dirent un jour à Paul : *Pouvons-nous savoir ce qu'est cette nouvelle doctrine dont tu parles ? Explique-nous de quoi il s'agit.* Arrivé à l'Aréopage, Paul chercha à captiver l'esprit de ses auditeurs en disant : *Athéniens, je vous trouve très religieux. J'ai vu qu'il y a dans votre ville des temples et des autels. Il y en a même un qui est dédié à un dieu inconnu. Eh bien, ce dieu que vous honorez sans le connaître, je vous l'annonce.*

Et il continua en disant : *C'est le Dieu qui a fait le ciel et la terre, qui donne vie et souffle à toutes les choses. Il habite au ciel, sur terre, partout et en nous-mêmes. C'est par Lui, en effet, que nous vivons, que nous nous mouvons et que nous existons. Pour nous sauver, Dieu a envoyé son fils Jésus sur la terre. Et pour que nous croyions en Lui, Il l'a ressuscité des morts.* En entendant parler de résurrection des morts, les Athéniens se moquèrent de Paul et ne le laissèrent pas continuer.

Paul se retira, attristé que la doctrine de Jésus ait été tournée en ridicule. Cependant tous les Athéniens ne prirent pas ses paroles à la légère. Quelques-uns même crurent et se joignirent à lui. Parmi ceux-ci, il y eut un certain Denys, membre de l'Aréopage, qui devint le premier évêque d'Athènes, et une femme nommée Damaris. Il ne s'agissait que d'un petit groupe, suffisant cependant pour faire germer la graine de la bonne nouvelle.

A CORINTHE

Quittant Athènes, Paul se rendit à Corinthe. Alors qu'Athènes était le centre intellectuel de la Grèce, Corinthe en était le centre commercial ; dans son port il y avait un continuel va-et-vient de marchandises qui arrivaient et partaient. Mais en fait de religion et de coutumes, la ville était à un niveau très bas, et la corruption s'y répandait. Un temple dédié à la déesse Aphrodite se dressait sur l'Acropole. Paul commença aussitôt à prêcher.

Un Juif nommé Aquila et sa femme Priscille habitaient à Corinthe. Partis de Rome après l'édit de l'empereur Claude qui expulsait les Juifs et les chrétiens, ils s'étaient établis à Corinthe où ils exerçaient le métier de fabricants de tentes. Ce ménage fit la connaissance de Paul et mit sa demeure à sa disposition. Paul, lui aussi tisserand de tentes, accepta volontiers. Quand il ne prêchait pas, il exerçait son métier et gagnait sa vie.

LA PREMIÈRE LETTRE AUX THESSALONICIENS

Silas et Timothée, qui étaient restés en Macédoine, rejoignirent Paul à Corinthe et l'informèrent de la marche des communautés chrétiennes de cette région. Partout les chrétiens aimaient Jésus-Christ et pratiquaient l'Evangile que Paul leur avait annoncé. A Thessalonique cependant, certaines paroles de l'Apôtre sur la fin du monde n'avaient pas été bien comprises. Alors Paul leur écrivit une lettre, la première lettre aux Thessaloniciens, la première de ses quatorze Epîtres.

L'APOTRE DES GENTILS

Avec l'aide de Silas et de Timothée, Paul intensifia sa prédication ; il s'adressait aussi bien aux Juifs dans leurs synagogues qu'aux Grecs. Il parlait de Jésus crucifié, et, quand il commença à dire que Jésus était le Sauveur prédit par Isaïe, quelques Juifs ne purent admettre que Jésus, Celui qui était attendu depuis des siècles, soit mort en croix. Ils attendaient, en effet, un Messie glorieux et puissant qui les délivrerait de l'occupation romaine.

Puisque les Juifs ne voulaient pas se calmer, qu'aucun ne l'écoutait plus et qu'ils rejetaient toute information sur Jésus-Christ, l'Apôtre secoua la poussière de ses vêtements et dit : *Que votre sang tombe sur votre tête ; j'en suis innocent. Désormais, je ne m'occuperai plus de vous, mais je m'adresserai aux Gentils.* Paul avait tout fait pour annoncer la bonne nouvelle aux Juifs, mais il ne pouvait plus rien contre leur dureté de cœur et il les abandonna.

CRISPUS, LE CHEF DE LA SYNAGOGUE

Dès lors Paul ne fréquenta plus la synagogue ; il se mit à chercher une salle pour y donner ses instructions. Il la trouva chez un certain Justus, à côté de la synagogue. L'abandon de Paul avait divisé les Juifs, et certains quittèrent la synagogue pour le suivre. Crispus lui-même, le chef de la synagogue, se convertit avec toute sa famille au christianisme prêché par Paul. Beaucoup de Corinthiens, à la suite de Crispus, se convertirent à leur tour ; mais certains, plus obstinés, tentèrent de le tuer.

VISION DE PAUL

Paul s'attristait du fait que, partout où il allait, les judaïsants lui étaient toujours opposés et mettaient des obstacles à la prédication de l'Evangile. Une nuit, il eut une vision. Le Seigneur venait le réconforter : *Sois sans crainte ; parle et ne te tais pas, car je suis avec toi et personne n'osera te faire du mal. J'ai un grand peuple dans cette ville de Corinthe. Il m'honorera et me glorifiera.* Après cette vision, Paul décida de prolonger son séjour et il resta à Corinthe un an et six mois.

DEVANT GALLION

Les Juifs étaient toujours prêts à causer des soucis à Paul. Un jour, ils se soulevèrent unanimement contre lui et le conduisirent devant le proconsul Gallion. Ils lui dirent : *Cet homme pousse les gens à adorer Dieu d'une manière condamnée par la Loi.* Paul allait ouvrir la bouche, quand Gallion dit aux Juifs: *S'il s'agissait de quelque injustice ou de quelque méfait grave, je pourrais vous écouter selon la loi, ô Juifs ; mais il s'agit de questions religieuses, examinez-les vous-mêmes.*

Quand il eut fini de parler, le proconsul Gallion renvoya les Juifs du tribunal. Alors, déçus de ne pas avoir été entendus par le proconsul, ils passèrent leur rage sur le nouveau chef de la synagogue, un certain Sosthène ; ils le battirent plus que de raison devant le tribunal même. Gallion vint observer la scène et laissa faire, sans intervenir pour défendre Sosthène, qui n'avait rien fait de mal.

LE VŒU DE PAUL

Après deux ans de séjour à Corinthe, l'heure du départ arriva. La séparation fut pénible pour les chrétiens de Corinthe, d'autant plus que Paul partait avec Silas, Timothée et les deux tisserands, Aquila et Priscille, chez lesquels ils s'étaient si souvent réunis pour entendre la parole de l'Apôtre. Le petit groupe s'embarqua sur un bateau en direction d'Ephèse, ville très importante d'où partaient les grandes routes de communication qui unissaient la mer Egée au fleuve Euphrate, à la Phrygie et à la Galatie.

Paul s'arrêta peu de temps à Ephèse. Alors qu'il prêchait dans la synagogue, il rencontra une grande sympathie de la part de ses compatriotes, qui lui dirent : *Reste quelque temps parmi nous et enseigne-nous la doctrine du Christ.* Mais Paul ne pouvait pas, et il répondit : *S'il plaît à Dieu, je reviendrai chez vous une autre fois.* Il avait hâte d'arriver à Jérusalem, parce qu'il avait fait un vœu et devait l'accomplir dans le Temple ; il s'agissait du vœu du naziréat qui comportait divers exercices de pénitence.

Peut-être Paul avait-il fait son vœu quand il fut conduit devant le proconsul Gallion. Le Seigneur l'avait aidé et maintenant il allait tenir les promesses. Aussi, après avoir assuré les Ephésiens de son retour dans leur ville, il se mit en route pour Jérusalem. Au Temple, il offrit un sacrifice, puis il prit contact avec les chrétiens et constata que ceux-ci menaient une vie très pauvre. Il les réconforta et leur promit de les aider.

TROISIÈME VOYAGE APOSTOLIQUE DE PAUL

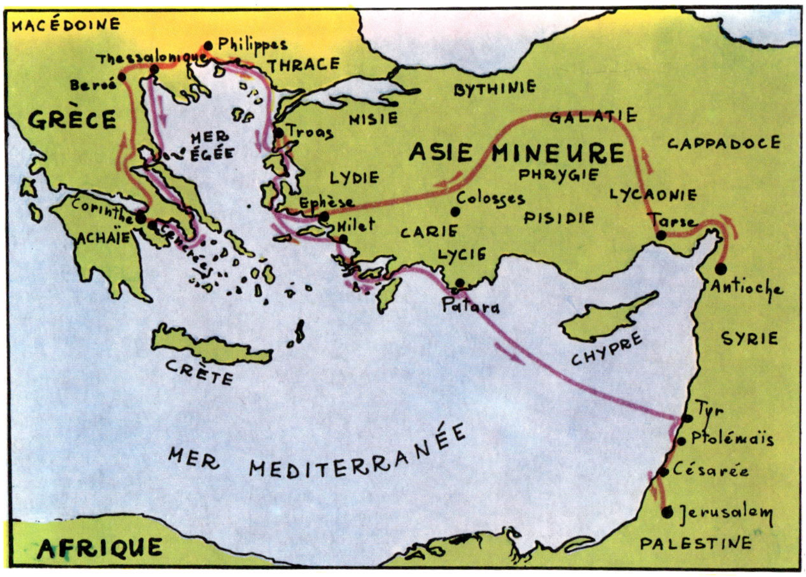

Paul s'arrêta un certain temps à Antioche, qui était pour ainsi dire le centre de son activité apostolique ; il y avait beaucoup d'amis. C'est de là, en effet, qu'il avait entrepris son premier voyage apostolique avec Barnabé ; son deuxième voyage avec Silas, puis avec de nouveaux compagnons, son troisième voyage, le plus long de tous, au cours duquel il sera fait prisonnier après avoir visité les Eglises qu'il avait fondées.

APOLLOS

En ce troisième voyage, le premier but qui tenait à cœur à Paul était Ephèse. Mais un certain Apollos, venu d'Alexandrie, était arrivé à Ephèse avant Paul. C'était un homme éloquent et très instruit en Ecriture sainte. Il prêchait Jésus-Christ ; mais il ignorait le baptême institué par Jésus, qui délivre du péché et donne l'Esprit Saint. Il enseignait seulement le baptême de Jean-Baptiste. Il fréquentait la synagogue des Juifs et, grand orateur, il s'attirait de nombreux disciples.

Aquila et Priscille, passés de Corinthe à Ephèse, allèrent écouter Apollos. Mais ils s'aperçurent qu'il ne connaissait pas toute la doctrine de Jésus. Ils l'invitèrent chez eux et lui dirent : « Tu parles très bien, mais ton enseignement n'est pas complet ; tu ne parles pas de Jésus comme Paul de Tarse. » Ils lui exposèrent alors dans tous les détails la doctrine de Jésus, si bien qu'Apollos s'enthousiasma encore davantage et, encouragé par Aquila et Priscille, il décida d'aller à Corinthe.

PAUL A ÉPHÈSE

Pendant ce temps, Paul était parti d'Antioche ; il avait rendu visite à sa ville natale et aux Eglises de la Galatie et de la Phrygie ; et il arriva à Ephèse. Avant toute chose, il alla à la synagogue. Il trouva un groupe de chrétiens et leur dit : *Avez-vous reçu le Saint-Esprit ?* Ils répondirent : *Nous n'avons même pas entendu dire qu'il y a un Esprit Saint.* Paul demanda encore : *De quel baptême avez-vous donc été baptisés ?* Ils répondirent : *Du baptême de Jean-Baptiste.*

Ces quelques fidèles expliquèrent à Paul que Jésus leur avait été annoncé par un certain Apollos. Alors Paul leur dit : *Jean a baptisé du baptême de pénitence, et il disait au peuple de croire en celui qui viendrait, c'est-à-dire en Jésus.* Quand ils eurent entendu ces paroles, tous demandèrent à être baptisés au nom du Seigneur Jésus. Paul leur imposa les mains et le Saint-Esprit descendit sur eux ; ils commencèrent aussitôt à parler diverses langues et à prophétiser, comme les Apôtres le jour de la Pentecôte.

LA PREMIÈRE LETTRE AUX CORINTHIENS

Des nouvelles de Corinthe parvinrent à Paul. Apollos avait commencé à prêcher là-bas aussi et des chrétiens préféraient son style, tandis que d'autres préféraient celui de Paul. De ce fait, des divisions s'étaient créées. Paul écrivit alors une lettre aux Corinthiens comme il avait déjà fait pour les Thessaloniciens. Il leur disait : *Vous dites : je suis de Paul, je suis d'Apollos, je suis de Pierre, je suis du Christ. Mais est-ce Paul, Apollos ou Pierre qui sont morts en croix ?*

21

L'ÉCOLE DE TYRANNOS

Pendant trois mois, Paul fréquenta la synagogue où il annonçait librement la religion chrétienne. Souvent toutefois, il devait discuter avec les Juifs, qui lui posaient des objections. Ceux-ci n'avaient aucune intention d'abandonner leur religion hébraïque et ils se mirent à dire du mal de Paul et de ses disciples. Les réunions devinrent agitées, à tel point que Paul emmena avec lui ceux qui lui étaient fidèles et abandonna la synagogue.

Paul se mit à rechercher une nouvelle salle pour y réunir ses disciples et y donner ses instructions. Il trouva la maison d'un certain Tyrannos, propriétaire de cinq écoles de la ville, et il conclut un accord avec lui. Lorsque Tyrannos aurait terminé ses leçons, il laisserait sa place à Paul, qui pourrait ainsi exposer la doctrine du Christ aux élèves. De cette manière Paul enseigna en paix et avec d'excellents résultats pendant deux ans.

Il ne faudrait pas croire que l'enseignement de Paul ne s'adressait qu'aux jeunes élèves qui restaient, après les leçons de Tyrannos, pour écouter les belles choses que Paul disait de Jésus. L'école était devenue un centre pour tous les habitants d'Ephèse et des villes voisines. Paul évangélisa encore Smyrne, Sardes, Colosses et Laodicée. Ainsi beaucoup d'habitants de l'Asie Mineure, qu'ils fussent Juifs ou venus du paganisme, entendirent la parole de Dieu.

LES MAGICIENS D'ÉPHÈSE

A l'époque où Paul prêchait l'Evangile de Jésus en Asie Mineure, la magie était très répandue. A Ephèse même, les magiciens cherchaient à duper les gens au moyen de formules compliquées et de signes mystérieux. On rencontrait fréquemment sur les routes des hommes qui exorcisaient des possédés du démon, ou qui faisaient des choses surprenantes Il n'y avait pas de famille qui ne possédât des livres de magie. Tout cela constituait un grand obstacle à la parole de Paul.

Dieu accorda à son messager une force supérieure qui lui permit d'accompagner sa prédication de miracles. Beaucoup de malades lui étaient amenés pour être guéris ; les gens s'approchaient de lui, le touchaient avec des mouchoirs et des linges, et puis s'en retournaient chez eux pour les poser sur le corps des malades. Les guérisons furent nombreuses ; les esprits malins sortaient du corps des démoniaques. Mais les magiciens se mirent bientôt à imiter Paul.

Un grand prêtre, du nom de Scévas avait sept fils, tous magiciens. Comme ils avaient expérimenté à leurs dépens que, malgré les supplications et les formules récitées, les démons faisaient toujours la sourde oreille, ils décidèrent d'imiter Paul qu'ils croyaient doué d'un pouvoir magique plus fort que le leur. Ils étaient convaincus que ce pouvoir consistait dans les paroles que Paul prononçait quand il voulait guérir quelqu'un, et il les apprirent par cœur. Ayant trouvé ensuite un démoniaque, ils se mirent à l'œuvre.

LE BUCHER DES LIVRES

Répétant les paroles miraculeuses, les mages s'adressèrent au démon qui s'était emparé de cet individu : *Au nom de ce Jésus prêché par Paul, nous t'adjurons de sortir de cet homme.* Mais au lieu de sortir, l'esprit malin leur répondit : *Je connais Jésus et je sais qui est Paul ; mais vous, qui êtes-vous ? Je ne vous connais pas.* Les magiciens n'avaient pas prévu que le démon réagirait ainsi ; ils ne surent que lui répondre, tandis que le démoniaque devenait de plus en plus violent.

Comme les magiciens insistaient, le diable se jeta sur eux avec une fureur bestiale, déchira leurs vêtements et les frappa avec une telle vigueur que deux d'entre eux faillirent y rester, et que les autres réussirent à grand-peine à s'échapper, nus et couverts de blessures. La nouvelle se répandit aussitôt parmi les habitants d'Ephèse, qui en furent fortement impressionnés. Beaucoup crurent et se repentirent en confessant à Paul leurs mauvaises actions.

Plusieurs aussi de ceux qui s'étaient laissé attirer par la magie ou par d'autres pratiques malsaines se convertirent. Ils prirent leurs livres de magie, très coûteux à cette époque, et ils en firent un bûcher sur la place publique. Ils appelèrent ensuite Paul et ses disciples pour y mettre le feu en présence d'une grande foule. Ce geste contribua à faire connaître davantage la parole de Dieu, et à la renforcer en ceux qui l'avaient déjà reçue.

LA GRANDE DIANE

Les Ephésiens adoraient une divinité appelée Artémis. Ils lui avaient construit un temple au pied d'une colline, le fameux temple d'Artémis, l'une des sept merveilles du monde. Ils avaient un grand respect et une grande vénération pour leur déesse, qu'ils appelaient la « grande Diane ». On célébrait chaque année, au mois de mai, une grande fête en son honneur. Les bijoutiers et les orfèvres gagnaient beaucoup par la vente de statuettes représentant la déesse et de petits temples en miniature.

Cette année-là, la fête s'annonçait mal pour les bijoutiers et les orfèvres, et Paul en était rendu responsable. En effet, à la suite de la prédication de Paul, les chrétiens abandonnaient le culte d'Artémis et ne participaient plus à la fête. Alors un orfèvre, du nom de Démétrius, qui fabriquait des petits temples de Diane en argent et procurait à ses ouvriers un gain considérable, rassembla tous ceux qui pratiquaient le même métier, pour leur parler et leur demander de faire quelque chose.

Démétrius leur dit : *Mes amis, vous savez que notre bien-être dépend de cette industrie. Or, comme vous pouvez le constater, ce Paul de Tarse a convaincu beaucoup d'habitants de notre ville de se détourner des idoles que nous fabriquons. Il dit que les idoles fabriquées de main d'homme ne sont pas des dieux. A cette allure, nous finirons tous dans la misère. Le dommage qui en découle ne concerne pas que nous seuls, car le temple de la grande Diane ne sera plus apprécié, et la renommée de notre grande déesse, répandue dans le monde entier, sera détruite.*

ÉMEUTE DES ORFÈVRES

En entendant ces mots, les orfèvres et les bijoutiers se mirent en colère et s'écrièrent : *Grande est l'Artémis des Ephésiens !* Tout en criant ainsi, ils avançaient en rangs serrés, dans les rues de la ville, attirant l'attention de tous. Bien vite, la ville fut bouleversée. La foule qui augmentait toujours, par suite des incitations de Démétrius et des autres orfèvres, se précipita vers le théâtre de la ville ; elle traînait avec elle Gaïus et Aristarque, compagnons de voyage et fidèles collaborateurs de Paul.

Quand Paul eut connaissance des faits, il voulut se rendre au théâtre et se présenter devant le peuple. Mais les disciples, craignant pour sa vie, l'en empêchèrent. Il y avait, en effet, une grande confusion dans le théâtre. Mille cris divers s'y faisaient entendre, tandis que la plupart ne savaient même pas pourquoi ils étaient réunis là. Alors, pour ramener un peu de calme, on fit avancer un certain Alexandre. Mais dès qu'on reconnut qu'il était juif, tous se mirent à crier pendant près de deux heures : *Grande est l'Artémis des Ephésiens !*

Le secrétaire du gouverneur arriva sur les lieux et harangua la foule : *Ephésiens, quel est l'homme qui ignore que la ville d'Ephèse est la gardienne du temple de la grande Diane, fille de Jupiter ? Vous devez rester calmes et ne rien faire d'insensé. Les hommes que vous avez conduits ici ne sont coupables ni de sacrilège ni de blasphème contre la déesse. Aussi, si Démétrius et les autres ont quelque chose contre eux, qu'ils fassent appel au tribunal et tous les conflits seront réglés.*

PAUL RESSUSCITE LE JEUNE EUTYQUE

Quand le tumulte causé par l'orfèvre Démétrius fut apaisé, Paul quitta Ephèse pour se rendre en Macédoine. Après avoir beaucoup prêché dans cette région, il avait l'intention de retourner à Antioche de Syrie, parce qu'il voulait terminer son voyage et aller ensuite à Rome. Mais les Juifs lui tendirent encore un piège. Il resta un semaine à Troas où il rassembla les chrétiens pour rompre le pain, c'est-à-dire pour célébrer le mystère eucharistique.

La veille de son départ de Troas, Paul s'entretint avec les chrétiens jusqu'à une heure tardive. Il y avait là quelques garçons qui participaient aussi à la réunion et écoutaient l'Apôtre. Or, un jeune homme, du nom d'Eutyque, assis sur le rebord d'une fenêtre de l'étage supérieur, s'endormit pendant le long discours de Paul, et tomba du troisième étage. Ceux qui étaient près de lui se précipitèrent pour le secourir, mais ils le trouvèrent déjà mort.

Paul descendit avec les autres et fut profondément ému. Alors il se pencha sur le corps, le prit entre ses bras et dit : *Ne vous troublez pas, car son âme est en lui.* En effet, le jeune Eutyque était ressuscité. Tous étaient émerveillés et glorifiaient Dieu. Ils remontèrent à l'étage supérieur, où Paul rompit le pain et le distribua aux chrétiens. Il s'entretint encore avec eux jusqu'au jour, puis il prit congé d'eux, car le moment du départ était arrivé.

ADIEU A MILET

Le bateau sur lequel Paul s'était embarqué pour retourner en Palestine s'arrêta à Milet. Comme l'escale était plutôt longue, il envoya chercher les chefs de la communauté d'Ephèse pour les saluer. Il leur parla ainsi : *Vous savez ce que j'ai fait pendant les trois années que j'ai passées au milieu de vous. Et maintenant, je sens que le Seigneur m'appelle à Jérusalem et m'annonce que là des chaînes et des persécutions m'attendent.*

Il ajouta : *Soyez vigilants ; rappelez-vous que, pendant trois ans, je n'ai jamais cessé, nuit et jour, d'exhorter chacun de vous avec larmes. Que le Seigneur vous assiste toujours.* Quand il eut fini de parler, il se mit à genoux et pria. Quand il se releva, tous fondirent en larmes et se jetèrent à son cou, affligés à la pensée de ne plus le revoir. Les chrétiens, les chefs des communautés d'Ephèse et de Milet l'accompagnèrent jusqu'au bateau, qui repartit. La traversée dura plusieurs jours et, finalement, il arriva à Césarée.

Pendant que Paul était à Césarée, chez le diacre Philippe, un prophète nommé Agabus arriva de Judée. Il prit la ceinture de Paul, s'attacha les mains et les pieds et dit : *Voici ce que dit l'Esprit-Saint : L'homme à qui appartient cette ceinture sera ainsi lié à Jérusalem.* Ayant entendu cela, Philippe et les autres chrétiens conjurèrent Paul de ne pas aller à Jérusalem, mais il leur dit : *Pourquoi pleurez-vous à me fendre le cœur ? Je suis prêt à mourir pour le nom du Seigneur.*

PAUL EMPRISONNÉ

A Jérusalem, Paul fut accueilli avec joie par tous les chrétiens. Jacques le Mineur, évêque de Jérusalem, et les Anciens se réunirent pour se faire raconter par lui tout le bien qu'il avait fait au milieu des populations païennes. Puis Jacques lui dit : *Tu vois, frère, que, à côté de nombreux Gentils convertis, beaucoup de Juifs ont cru aussi à l'Evangile, et ils sont encore très zélés pour la Loi. Or, ils ont entendu dire que tu enseignes de ne pas circoncire leurs enfants et de ne pas suivre les traditions.*

L'Apôtre Jacques cherchait un moyen pour que rien de mal n'arrivât à Paul. *Que faire donc ? On va certainement apprendre ton arrivée. Ainsi fais ce que nous allons te dire. Nous avons ici quatre hommes qui ont fait un vœu au Seigneur. Prends-les avec toi, purifie-toi avec eux, charge-toi des frais des sacrifices. Ainsi tous sauront que ce qu'ils ont entendu dire sur toi est faux, et que toi aussi tu observes la Loi.* Paul prit alors ces hommes avec lui et ils allèrent au Temple.

Mais les Juifs, ayant vu Paul dans le Temple, soulevèrent tout le peuple et mirent la main sur lui en criant : *Israélites, à l'aide ! Voici l'homme qui prêche partout contre la Loi de Moïse.* En effet, ils avaient vu peu auparavant Paul se promener en ville avec un groupe de païens, et ils croyaient qu'il les avait fait entrer dans le Temple, ce qui était interdit par la Loi. Toute la ville fut alors en émoi, et le peuple accourut de toutes parts. On se saisit ensuite de Paul et on le traîna hors du Temple pour le mettre à mort.

22

PAUL ENCHAINÉ

Pendant que les Juifs maltraitaient Paul, la nouvelle arriva au tribun de la cohorte que tout Jérusalem était en ébullition. Il prit aussitôt des soldats et des centurions et courut dans la direction du Temple où le tumulte était le plus grand. A son arrivée, les Juifs cessèrent de battre Paul. Le tribun prit alors Paul et le fit enchaîner, puis il demanda qui il était et ce qu'il avait fait pour irriter à ce point les esprits des Juifs. Paul se justifia en disant qu'il n'avait rien fait de mal.

Du milieu de la foule, les uns criaient une chose, les autres une autre ; le tribun n'y comprenait rien. Il fit alors conduire Paul à la forteresse. La bousculade était si violente qu'arrivé sur les degrés Paul dut être porté par les soldats. Tous criaient : *A mort !* Au moment d'entrer dans la forteresse, Paul dit au tribun : *Me permets-tu de te dire un mot ?* Le tribun, entendant que Paul parlait grec, lui dit, étonné : *Comment, tu sais le grec ?*

Et il ajouta : *N'es-tu donc pas l'Egyptien qui s'est révolté dernièrement et a emmené quatre mille hommes dans le désert ?* — *En vérité*, répondit Paul, *je suis Juif de Tarse en Cilicie. Permets-moi, je t'en prie, de parler au peuple.* Le tribun le lui permit. Paul se fit alors enlever les chaînes des poignets et, debout sur les degrés, il fit au peuple un signe de la main. Les cris s'apaisèrent et il se fit un grand silence.

CITOYEN ROMAIN

Mes frères et mes pères, écoutez ce que je vais vous dire pour ma défense. Quand ils entendirent qu'il parlait hébreu, le silence s'accrut encore Et l'Apôtre se mit à leur raconter l'extraordinaire événement de sa conversion, et comment le Seigneur l'avait appelé à prêcher l'Evangile aux populations païennes. Mais les Juifs se mirent de nouveau à crier : *Enlevons du monde un pareil individu. Il n'est pas digne de vivre.* Comme le tumulte allait grandissant, le tribun ordonna de faire entrer Paul dans la forteresse.

Voulant mettre un terme à cette confusion, le tribun ordonna de fouetter Paul, dans l'espoir d'arriver à savoir le motif qui poussait les Juifs à s'ameuter si fort contre lui. Mais comme les soldats se disposaient à l'attacher avec des cordes et à le battre, Paul s'adressa au centurion et dit : *Vous est-il permis de flageller un citoyen romain qui n'a pas encore été jugé ?* A ces mots, le centurion courut immédiatement avertir le tribun : *Que vas-tu faire ? Cet homme est citoyen romain.*

Le tribun alla trouver Paul et lui demanda : *Dis-moi, es-tu citoyen romain ? — Oui,* répondit Paul. — *Pour moi,* dit le tribun, *la citoyenneté romaine m'a coûté très cher. — Moi,* répondit Paul, *je l'ai eue de naissance.* En entendant que Paul était citoyen romain, le tribun eut peur, parce qu'il n'avait pas respecté la loi. Il n'était même pas permis, en effet, d'attacher un citoyen romain avant de l'avoir jugé. Ceux qui voulaient flageller Paul pour découvrir la vérité se retirèrent.

LES SADDUCÉENS ET LA RÉSURRECTION

Le tribun nommé Claudius Lysias fit réunir le Conseil supérieur des Juifs et y conduisit Paul, afin d'avoir des explications. *Mes frères,* dit Paul, *jusqu'ici je me suis conduit devant Dieu en parfaite bonne conscience.* En entendant ces mots, le grand prêtre le fit frapper sur la bouche. Paul dit alors : *Dieu te frappera, sépulcre blanchi. Tu es ici pour me juger selon la Loi, et tu violes la Loi en me faisant frapper.*

Ceux qui étaient près de lui le reprirent : *Tu insultes le grand prêtre de Dieu.* Et Paul répondit :*Je ne savais pas, mes frères, qu'il était grand prêtre.* Puis il ajouta : *Mes frères, je suis Pharisien, fils de Pharisiens ; je suis jugé à cause de l'espérance en la résurrection des morts.* Parmi les assistants, les Pharisiens croyaient à la résurrection, et ils s'en prirent aux Sadducéens qui n'y croyaient pas. Il en sortit une vive discussion qui fit oublier un moment la présence de Paul.

Quelques rabbins du parti des Pharisiens affirmèrent fermement : *Nous, nous n'avons rien trouvé de mal en cet homme. Et si un ange lui avait parlé ?...* Le vacarme grandissait et le tribun, pour protéger Paul, le fit de nouveau reconduire dans la forteresse. La nuit suivante, le Seigneur apparut à Paul et lui dit : *Prends courage ; tu as bien rendu témoignage de moi à Jérusalem, mais il faut aussi que tu me rendes témoignage à Rome.*

LE NEVEU DE PAUL

Pendant que Paul se trouvait dans la forteresse Antonia, les Juifs complotèrent contre lui et firent vœu de ne boire ni manger tant qu'ils ne l'auraient pas tué. Ceux qui avaient tramé cette conjuration, plus de quarante Juifs, se présentèrent aux prêtres et aux Anciens et dirent : *Nous avons fait vœu de ne rien manger avant d'avoir tué Paul. Adressez-vous au tribun Lysias pour qu'il vous l'amène, et dites-lui que vous devez examiner son affaire avec le plus grand soin ; et ainsi nous pourrons le tuer avant son arrivée.*

Les membres du Sanhédrin se trouvèrent d'accord avec ces quarante hommes, qui commencèrent à se poster en embuscade sur les chemins, dans l'attente que Paul fût transporté suivant le plan étudié. Mais la sœur de Paul vivait à Jérusalem et elle avait un fils. Ce dernier découvrit le complot des Juifs et songea à aider son oncle. Sa mère l'envoya aussitôt à la forteresse pour avertir l'Apôtre du danger qu'il courait à cause des Juifs.

Paul appela le centurion et lui dit : *Conduis ce garçon au tribun Lysias ; il a quelque chose à lui dire.* Le jeune garçon parla ainsi au tribun : *Les Juifs se sont mis d'accord pour te prier de conduire mon oncle Paul au Sanhédrin sous prétexte qu'ils veulent l'interroger mieux. Mais ne les écoute pas, car quarante de leurs hommes lui tendent un piège et ils ont promis avec serment de ne rien manger ni boire jusqu'à ce qu'ils l'aient assassiné. Ils attendent maintenant que tu répondes à leur demande.*

LE COMPLOT DÉJOUÉ

Après avoir écouté le garçon, le tribun le renvoya, en lui disant : *Tu as bien fait de m'avertir. Je te recommande pourtant de ne rien dire à personne.* Puisque le prisonnier était en danger constant à Jérusalem, le tribun pensa que le mieux était de l'envoyer à Césarée où résidait le gouverneur Félix. Il fit appeler deux centurions et leur dit : *Tenez prêts deux cents soldats, soixante-dix cavaliers et deux cents archers, car cette nuit vous devrez aller à Césarée.*

Puis il écrivit une lettre pour le gouverneur dans laquelle il disait : *Claude Lysias au très excellent gouverneur Félix, salut ! Les Juifs s'étaient emparés de cet homme et ils étaient déjà prêts à le tuer quand je suis intervenu avec des soldats et l'ai libéré, ayant appris qu'il était citoyen romain. Voulant ensuite connaître le crime dont il était accusé, je l'ai conduit devant le Sanhédrin. J'ai trouvé qu'on l'accusait pour des questions relatives à la loi juive, sans qu'il ait rien commis de grave, passible de mort ou de prison...*

Le tribun concluait sa lettre en expliquant comment les Juifs avaient ourdi un complot pour tuer le prisonnier, et que c'était pour cette raison qu'il l'envoyait au gouverneur, afin qu'il jugeât cette affaire. Le lendemain matin, le Sanhédrin se rendit chez Lysias et lui dit qu'il voulait revoir le jugement du traître. Mais Lysias les informa que Paul était parti pour Césarée avec une escorte de soldats, et il ajouta : *Si vous voulez revoir le jugement, allez chez le gouverneur Félix.*

PAUL DEVANT LE GOUVERNEUR FÉLIX

Arrivés à Césarée, les cavaliers remirent la lettre au gouverneur et lui présentèrent Paul. Après avoir lu la lettre, le gouverneur demanda à Paul de quelle région il était. Paul répondit : « De Tarse, en Cilicie. » Félix comprit aussitôt que Paul était innocent. Mais il voulut aussi satisfaire ses accusateurs, et il dit à Paul : *Je t'entendrai quand tes accusateurs seront arrivés.* Il ordonna donc de garder Paul dans le prétoire d'Hérode.

Cinq jours après l'arrivée de Paul, quelques membres du Sanhédrin vinrent à leur tour de Jérusalem, conduits par le grand prêtre. Ils avaient amené avec eux un avocat nommé Tertullus, qui tenta de décider Félix à condamner Paul : *Grâce à toi, excellent Félix, nous jouissons d'une paix profonde et, si cette nation a obtenu de salutaires réformes, c'est à toi que nous le devons. Mais pour ne pas te faire perdre de temps, je te prie de m'écouter au sujet de notre venue.*

Nous avons trouvé cette peste d'homme qui soulève des troubles parmi tous les Juifs du monde. Il est le chef de la secte des Nazaréens, et il a même tenté de profaner le Temple. Nous l'avons arrêté et nous voulons le juger selon notre loi. Mais le tribun Lysias, étant intervenu, nous l'a arraché des mains, et il a ordonné à ses accusateurs de venir devant toi. Or, si tu l'interroges, tu pourras découvrir la vérité de nos accusations. Les Juifs présents se joignirent à l'avocat et confirmèrent les accusations.

PAUL SE DÉFEND

Dès que le gouverneur lui eut fait signe de parler, Paul répondit : *Je suis certain de n'être en rien coupable. Ils m'ont trouvé dans le Temple où j'étais allé me purifier, sans déranger personne. A moins que l'on ne m'accuse de cette expression que j'ai prononcée devant le Sanhédrin : je suis appelé aujourd'hui en jugement à cause de la résurrection des morts.* Félix renvoya la discussion en disant : *Quand le tribun Lysias sera arrivé j'examinerai votre affaire.*

Quelques jours plus tard, le gouverneur fit de nouveau appeler Paul et voulut entendre exposer la doctrine du Christ.. Mais, comme Paul parlait de justice, de tempérance et de jugement futur, Félix, effrayé, lui dit : *Pour le moment, retire-toi. Je te rappellerai à la prochaine occasion.* En faisant traîner le procès en longueur, Félix espérait que Paul lui donnerait de l'argent. Aussi il le faisait souvent appeler et s'entretenait avec lui, dans le but de lui faire comprendre ses intentions.

Deux années passèrent de la sorte. Tout en restant prisonnier, Paul jouissait d'une certaine liberté et pouvait rencontrer à tout moment ses disciples et des chrétiens. A la fin des deux années, l'ordre arriva de Rome selon lequel Félix devait abandonner sa charge et laisser sa place au nouveau gouverneur, Porcius Festus. Avant de partir, Félix voulut être agréable aux Juifs et, au lieu de libérer Paul qu'il ne parvenait ni à trouver coupable ni à corrompre, il le laissa en prison.

L'APPEL A CÉSAR

Trois jours après son arrivée, Festus, le nouveau gouverneur, se rendit à Jérusalem avec une suite nombreuse. Là, on lui réserva de joyeuses réceptions. Les grands prêtres lui soumirent le cas de Paul et lui demandèrent de le faire venir à Jérusalem. Ils lui préparaient un guet-apens pour le tuer pendant le voyage. Mais Festus répondit : *Paul est bien gardé à Césarée. J'y retournerai sous peu. Que ses accusateurs viennent à Césarée.*

Dès qu'il fut rentré à Césarée avec les Juifs venus accuser Paul, Festus fit appeler le prisonnier et commença le jugement. Les accusations que les Juifs dressaient contre Paul étaient réfutées par lui en ces termes : *Je n'ai rien fait de mal, ni contre la Loi des Juifs, ni contre le Temple, ni contre César.* Alors Festus, dans l'intention de se rendre agréable aux Juifs, demanda à Paul : *Veux-tu monter à Jérusalem, et là, en ma présence, être jugé sur ce qu'on te reproche ?*

Paul répondit : *Je suis devant le tribunal de César et c'est là que je dois être jugé. Je n'ai rien fait contre les Juifs, comme tu le sais. Si j'avais commis quelque injustice ou quelque crime digne de mort, je ne refuserais pas de mourir, mais si rien n'est vrai dans leurs accusations, personne n'a le droit de me livrer à eux. J'en appelle à César.* Cela signifiait que Paul voulait être jugé à Rome par un tribunal de l'empereur. Festus, après avoir réuni son conseil, lui répondit : *Tu en as appelé à César, tu iras à César.*

PAUL PARLE AU ROI AGRIPPA II

Le roi Agrippa II, qui gouvernait la Judée, et sa sœur Bérénice vinrent à Césarée pour saluer Festus. Le nouveau gouverneur leur raconta l'affaire de Paul, et comment il était sur le point de l'envoyer à Rome, puisqu'il en avait appelé à César. Poussé par la curiosité, Agrippa dit à Festus : *Moi aussi, je voudrais entendre cet homme.* Le lendemain, Agrippa et Bérénice vinrent en grande pompe et entrèrent dans la salle d'audience pour s'y rencontrer avec Paul.

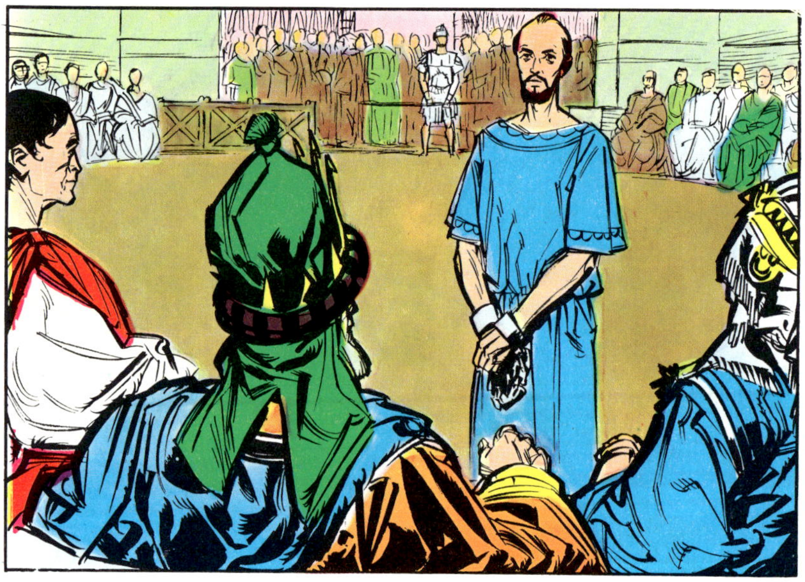

Paul parla à Agrippa de sa vie passée et, en conclusion, Festus dit à haute voix : *Tu déraisonnes, Paul ; ton trop grand savoir t'est monté à la tête !* Mais Paul reprit : *Je ne suis pas fou, très excellent Festus ; je dis au contraire des paroles vraies et sages. Le roi Agrippa sait bien ce que j'ai dit.* Et s'adressant à Agrippa, Paul lui dit : *Crois-tu aux prophètes, roi Agrippa ? Je sais que tu y crois.* Agrippa lui répondit : *Si tu parles encore un peu, tu vas me persuader de devenir chrétien.*

Tandis que le roi, le gouverneur et Bérénice se retiraient, ils se disaient entre eux : *Cet homme n'a rien fait qui mérite la mort.* Et Agrippa dit à Festus : *On pourrait le mettre en liberté, s'il n'en avait pas appelé à César.* Au bout de quelques mois, Paul s'embarqua pour l'Italie avec d'autres prisonniers, sous la conduite du centurion Julius. Celui-ci devint vite l'ami de Paul ; lorsque le navire faisait une escale, il le laissait en ville pour saluer la communauté chrétienne.

LE NAUFRAGE

La traversée en direction de l'Italie allait lentement, mais sans grandes difficultés. Quand les voyageurs furent arrivés en Cilicie, le centurion trouva un navire d'Alexandrie qui partait aussitôt pour l'Italie ; il y fit monter les prisonniers. Le temps favorable à la navigation touchait à sa fin. Prévoyant que la mer allait devenir mauvaise, Paul avertit l'équipage : *Mes amis,* leur dit-il, *il me semble que la navigation va devenir dangereuse et gravement dommageable, non seulement pour la cargaison, mais aussi pour nos personnes.*

Le centurion écouta plus volontiers le pilote et le patron du navire que Paul. Ils avaient, en effet, l'intention d'aller en Crète et d'y passer l'hiver, et c'est dans cette direction qu'ils partirent. Quand ils furent arrivés à proximité de l'île, un vent impétueux se déchaîna, qui menaça de faire couler le navire. Les voiles furent abaissées et le navire se trouva à la merci de la mer. Le lendemain, la situation empira et le capitaine ordonna de jeter la cargaison à l'eau, sans rien épargner, pas même les agrès du navire.

Pendant plusieurs jours, la mer fut agitée par la tempête. L'espoir du salut diminuait à vue d'œil. Alors Paul se leva et dit : *Si vous m'aviez écouté, mes amis, nous ne serions pas partis ! Cependant je vous exhorte à prendre courage, car aucun de vous ne perdra la vie, et il n'y aura pas d'autre perte que celle du navire.* Un ange du Seigneur lui avait en effet dit en songe : *Paul, ne crains pas, il faut que tu ailles à Rome et le Seigneur sauvera, à cause de toi, tes compagnons d'infortune.*

SUR L'ILE DE MALTE

La quatorzième nuit, les marins pensèrent qu'on devait être proche de la terre, comme Paul l'avait annoncé. L'eau devenait en effet de moins en moins profonde. Depuis longtemps les prisonniers n'avaient rien mangé. Avant le lever du jour, Paul exhorta tout le monde à prendre de la nourriture. Les amis de Paul, parmi lesquels Luc, qui a raconté ces aventures, l'entourèrent. Il prit le pain, le rompit et offrit à Dieu le sacrifice de grâces pour les avoir sauvés.

Le jour venu, ils se trouvèrent échoués entre deux langues de terre remplies de récifs, contre lesquels le navire se disloqua sous la violence des vagues. Les soldats étaient d'avis de tuer les prisonniers, de peur qu'ils ne prennent la fuite. Mais le centurion, qui voulait sauver Paul, les en empêcha et ordonna à ceux qui savaient nager de se jeter à l'eau pour pouvoir atteindre la terre ; les autres se mettraient sur les débris du navire. Les deux cent soixante-seize passagers atteignirent le rivage sains et saufs.

Ils étaient échoués sur une île. Ils apprirent des insulaires qu'il s'agissait de l'île de Malte. Les habitants étaient accourus et se montrèrent très aimables envers ces pauvres naufragés qui étaient tous en piteux état, à cause du froid et de la pluie. Ils allumèrent un grand feu pour les réchauffer. Paul se rendait utile et, pendant qu'il prenait un tas de bois pour le jeter dans le feu, une vipère en sortit et s'attacha à sa main.

MIRACLES DE PAUL

Quand les habitants de Malte virent la vipère suspendue à la main de Paul, ils se dirent entre eux : *Certainement cet homme doit être un assassin, car, quoique rescapé du naufrage, la justice divine ne veut pas qu'il survive.* Paul secoua le reptile dans le feu et ne ressentit aucun mal. Tous attendaient sa mort d'un moment à l'autre. Mais, après avoir longtemps attendu et constaté que Paul allait bien, ils changèrent d'avis et crurent qu'il était un dieu.

Paul fut reçu avec beaucoup de courtoisie par le chef de l'île, un certain Publius. Comme le père de Publius était gravement malade, Paul alla le visiter, pria, lui imposa les mains et le guérit. A la suite de cet événement, tous les malades de l'île furent amenés à Paul et guéris par lui. Sa renommée grandit, et de grands honneurs lui furent rendus, ainsi qu'à ses compagnons de voyage. Le séjour de Paul et de tout l'équipage à Malte dura trois mois.

Les insulaires fournirent à Paul ce qu'il lui fallait pour la seconde partie du voyage ; puis il s'embarqua sur un navire d'Alexandrie qui avait passé l'hiver à Malte. Il arriva à Syracuse où il resta trois jours. De là, la navigation reprit jusqu'à Reggio en Calabre. Après un escale d'un jour, comme le temps était favorable, le voyage se poursuivit jusqu'à Pouzzoles. Paul rencontra là quelques chrétiens qui le prièrent de s'entretenir avec eux. Paul y resta une semaine, puis il continua son voyage par terre.

PAUL A ROME

Lorsque les chrétiens de Rome apprirent que Paul était proche, ils allèrent à sa rencontre jusqu'au Forum d'Appius et aux Trois Tavernes. En les voyant l'Apôtre eut une grande joie et se sentit réconforté : bien que prisonnier, il trouvait dès son arrivée des amis dévoués. Paul leur avait déjà écrit une très longue lettre, l'Epître aux Romains.

Paul arrivait à Rome en qualité de prisonnier. C'est pourquoi une escorte l'accompagnait toujours pour le garder, mais elle lui laissait une grande liberté. Trois jours après son arrivée, il convoqua la communauté romaine et se mit à parler des choses de Dieu avec les fidèles. Il rassembla aussi les Juifs, auxquels il raconta ses péripéties ; puis il leur dit : *Les Juifs de Jérusalem n'ont pas voulu que je sois libéré, et j'ai été obligé d'en appeler à César. Mais je n'ai nullement l'intention d'accuser mes compatriotes.*

Dans l'attente de son procès, Paul demeura pendant environ deux ans dans une maison où il continua à prêcher. Les Juifs vinrent souvent chez lui, pour mieux faire expliquer la nouvelle doctrine. C'est à ce moment que les Actes des Apôtres terminent le récit, et ils ne nous disent plus rien de Paul ni de Pierre. Mais la tradition nous dit qu'ils échappèrent à la première persécution que Néron déclencha contre les chrétiens en l'an 64, quand il les accusa de l'incendie de Rome. Ils furent ensuite arrêtés un peu plus tard.

LA MORT DE PIERRE ET PAUL

Pierre et Paul furent mis en prison pendant une autre persécution de Néron, en 67. Cette fois, Paul fut tenu sous étroite surveillance dans une vraie prison, la prison Mamertine, où avait été incarcéré vingt ans auparavant Vercingétorix, le chef gaulois. Pendant la période de sa vie qui s'écoule entre la fin de sa première captivité et sa mort Paul écrivit plusieurs lettres à ses disciples préférés, Tite et Timothée.

L'Apôtre Pierre qui avait tellement prêché à Rome, qui avait partagé avec les chrétiens les souffrances de la persécution, qui s'était souvent uni à leur prière dans les catacombes, fut l'une des plus illustres victimes de la persécution de Néron. Il fut séparé de Paul et conduit sur la colline du Vatican, là où il allait être tué et où s'élève aujourd'hui la Basilique. Quand Pierre apprit qu'il mourrait par le supplice de la crucifixion, il voulut être crucifié la tête en bas, parce qu'il ne se croyait pas digne de mourir comme Jésus.

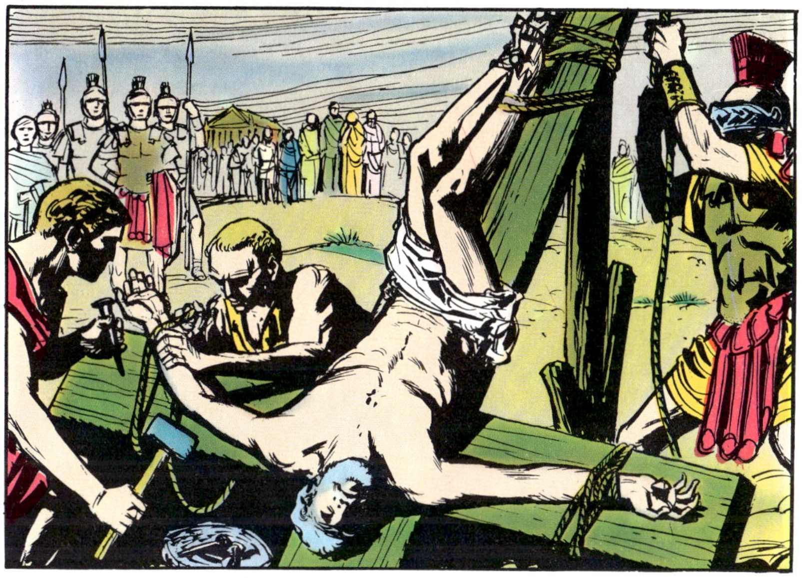

Paul, au contraire, parce qu'il était citoyen romain, fut condamné à la décapitation. De sa prison, il fut escorté par la voie d'Ostie jusqu'à un lieu appelé « Les Eaux Salvie ». Dépouillé de ses vêtements, l'Apôtre fut flagellé, selon la loi ; puis, la tête inclinée, il reçut le coup fatal qui le décapita. *O mort, où est ta victoire ? Grâces soient rendues à Dieu qui nous donne la victoire par Jésus-Christ.* C'est ce que Paul avait écrit dans ses lettres. Il pensait à la mort comme au jour où il rendrait témoignage à l'Evangile.

Quand les Apôtres avaient fondé les premières communautés chrétiennes, ils ne les abandonnaient pas à elles-mêmes, mais ils les visitaient et leur écrivaient souvent des lettres, pour les exhorter à la pratique de l'Evangile. Ces lettres étaient destinées aux lectures liturgiques qui se faisaient dans les assemblées religieuses.

LES LETTRES qui sont parvenues jusqu'à nous sont au nombre de vingt et une. Quatorze ont été écrites par saint Paul, deux par saint Pierre, trois par saint Jean, une par saint Jacques, et une par saint Jude.

L'**APOCALYPSE** (« vision des choses futures ») est le message de l'Apôtre saint Jean, qui achève le Nouveau Testament. Ecrit vers l'année 95 de notre ère, il raconte les visions que l'Apôtre eut à Patmos pendant sa déportation.

je vous écris...

LES LETTRES DE PAUL

Je t'ai choisi parmi ce peuple comme un instrument pour porter mon nom aux nations, aux rois et aux enfants d'Israël. En plus des voyages et de la prédication, Paul a mené à bien sa mission en écrivant quatorze lettres aux chrétiens qu'il avait convertis. Par ces lettres il réconforte, il rappelle et il instruit ; il montre combien son cœur est rempli d'affection pour ses fils dans le Christ : *Nous avons agi avec chacun de vous comme un père avec ses enfants.*

Pendant ses différents voyages, Paul envoya des lettres aux *Thessaloniciens,* aux *Galates,* aux *Corinthiens* et aux *Romains.* Aux Thessaloniciens, il dit de travailler, au lieu d'attendre la fin du monde sans rien faire. Aux Corinthiens, il rappelle que l'Evangile qu'il a prêché est l'Evangile du Christ. Aux Galates, il dit : *Par la grâce que vous avez reçue, ne soyez plus serviteurs, mais fils de Dieu et héritiers.* Aux Romains, il exprime son projet d'aller les visiter. Il écrit aussi une lettre aux *Hébreux,* dans laquelle il parle de Jésus le prêtre par excellence.

De sa prison romaine, Paul s'adresse aux *Philippiens* et leur confie ses souffrances de prisonnier. Aux Ephésiens, il recommande : *Soyez courageux contre le Malin.* Il donne aux *Colossiens* des conseils comme celui-ci : *Vous, les enfants, obéissez en tout à vos parents, parce que c'est une chose agréable au Seigneur.* Il envoie un billet à *Philémon* pour qu'il pardonne à son serviteur Onésime. Avant de mourir, il écrit à *Timothée* et à *Tite,* évêques qui lui sont très chers.

LETTRES DE SAINT PIERRE

Frères, soyez sobres et soyez vigilants ! Votre adversaire, le diable, rôde autour de vous comme un lion rugissant, cherchant qui dévorer. Résistez-lui, fermes dans la foi, sachez que vos frères, dispersés dans le monde, endurent les mêmes souffrances que vous. Ces paroles ont été écrites par Pierre pour exhorter et encourager les chrétiens d'Asie Mineure, en butte à la persécution de Néron. Le chef des Apôtres a écrit deux lettres, très simples, qui révèlent l'ardeur de son amour pour Jésus.

LETTRE DE SAINT JUDE

Saint Jude Thaddée, qui a diffusé l'Evangile en Perse où il a été décapité, a écrit lui aussi comme son frère, saint Jacques, une lettre adressée aux chrétiens pour les mettre en garde contre quelques libertins qui, tout en participant aux assemblées chrétiennes et croyant en Jésus-Christ, se permettaient toutes sortes de dérèglements. Saint Jude leur rappelle le châtiment qui frappa Sodome et Gomorrhe et les villes voisines, et leur destruction par le feu.

LETTRE DE SAINT JACQUES

Jacques, cousin de Jésus et évêque de Jérusalem, écrivit une lettre aux chrétiens dispersés dans le monde pour les encourager dans les persécutions, et pour leur recommander de ne jamais se lasser de faire de bonnes actions. Par des exemples faciles, comme celui du gouvernail d'un bateau qui, bien que petit, dirige un gros navire, ou d'un homme qui, à la vue d'un indigent, lui dit : « Chauffe-toi, rassasie-toi », sans rien lui donner, Saint Jacques invite à pratiquer la charité en actes et pas seulement en paroles.

LETTRES DE SAINT JEAN

Les lettres écrites par saint Jean sont au nombre de trois ; mais la plus importante et la plus belle est la première, dans laquelle il rectifie les erreurs qui se répandaient sur Jésus et sa doctrine. L'exhortation la plus fréquente est celle de nous aimer comme Jésus nous a aimés. Il dit entre autres choses : *Je vous écris, adolescents, parce que vous avez vaincu le Malin ; je vous écris, petits enfants, parce que vous avez connu le Père.*

APOCALYPSE

Le dernier livre du Nouveau Testament est un message d'espérance. L'Apôtre Jean y montre que les épreuves de l'Eglise et de l'homme se concluront par le triomphe définitif des bons dans le Ciel. *Je suis l'Alpha et l'Omega* (première et dernière lettre de l'alphabet grec), dit Jésus. Les chrétiens vivent dans l'attente du retour glorieux du Christ qui est venu sauver tous les hommes. *Viens, Seigneur Jésus !*

table des matières

l'ancien testament

le nouveau testament

LA PLUS BELLE HISTOIRE DU MONDE

a sa suite dans l'album
« LES DOUZE EN MARCHE »

qui raconte
L'HISTOIRE DE L'ÉGLISE
de ses origines à nos jours

Les 900 illustrations en couleurs
sont de G. DE LUCA

Le texte de
A. MONGE
et B. SIMONETTO

Achevé d'imprimer le 19 mars 1982
sur les presses des Edizioni Paoline à Rome
pour le compte de Médiaspaul à Paris

Reg. Edit. n. 009 - Dépôt légal mars 1982

DATA EST
MIHI OM NIS
POTESTAS